T0349557

Cybermobbing – Wenn das Internet zur W@ffe wird

Dr. Catarina Katzer gehört international zu den führenden Forschern auf dem Gebiet „Cybermobbing (Cyberbullying) und sexuelle Gewalt in der Internetwelt". Ihre Arbeiten gelten als wegweisend für die Entwicklung eines ganzheitlichen „Präventionsmanagements mit Medien-Education" in Schulen und Unternehmen und machen sie zur gefragten Referentin und Expertin für Kommissionen des Europarates, des Deutschen Bundestages sowie Regierungsinstitutionen und Ministerien im In- und Ausland.

In ihren vielfältigen Tätigkeiten und Funktionen engagiert sie sich intensiv für die Aufklärung und Sensibilisierung unserer Gesellschaft.

Catarina Katzer

Cybermobbing – Wenn das Internet zur W@ffe wird

 Springer Spektrum

Catarina Katzer
Köln
Deutschland

ISBN 978-3-642-37671-9   ISBN 978-3-642-37672-6 (eBook)
DOI 10.1007/978-3-642-37672-6

Die Deutsche Nationalbibliothek verzeichnet diese Publikation in der Deutschen Nationalbibliografie; detaillierte bibliografische Daten sind im Internet über http://dnb.d-nb.de abrufbar.

Springer Spektrum

Planung und Lektorat: Marion Krämer, Dr. Meike Barth
Redaktion: Maren Klingelhöfer
Grafiken: Stephan Meyer, Dresden
Einbandabbildung: © Tim Flach/Getty Images
Einbandentwurf: deblik, Berlin

Gedruckt auf säurefreiem und chlorfrei gebleichtem Papier

Springer Spektrum ist eine Marke von Springer DE. Springer DE ist Teil der Fachverlagsgruppe Springer Science+Business Media
www.springer-spektrum.de

Vorwort

Das Internet – die global agierende Datenautobahn: Hier können wir Informationen, Gedanken, Filme oder Fotografien austauschen, aber auch neue Freundschaften schließen oder sogar Liebesbeziehungen anbahnen, und das schier grenzenlos.

Doch die vielen positiven Auswirkungen dieses „Kommunikationsmarktes Web 3.0+", wie die Überbrückung bisher unüberwindbarer Distanzen oder der Ausweg vieler Menschen aus der Einsamkeit, dürfen uns den Blick nicht vor den zahlreichen Gefahren verschließen, die durchaus in der Welt des Cyberspace lauern. Vor allem, da das Internet immer stärker auch von einem sehr jungen Publikum nahezu täglich genutzt wird: Bereits zwei Drittel der 12- bis 19-Jährigen in Deutschland sind „on" und surfen täglich im Internet.

Das bedeutet allerdings, dass immer mehr Kinder und Jugendliche auch Opfer von unangenehmen Erlebnissen im Internet werden. Mittlerweile betreffen Mobbing, Stalking oder sexuelle Übergriffe eben nicht mehr nur das reale Lebensumfeld, sondern immer öfter auch den virtuellen Raum des Internets (Campbell et al. 2008; Katzer 2005a, b, 2006; Katzer und Fetchenhauer 2007; Kolodej 2011; Li 2006, 2007). Dabei sind vor allem Internetchatrooms (z. B. Knuddels), Blogs, soziale Netzwerke bzw. Online-Communitys (z. B. Facebook, wer-kennt-wen, Lokalisten, Twitter), Videoplattformen (z. B. YouTube, Clipfish) und Smartphones geeignete Waffen und Tatorte.

Insbesondere wenn wir uns das Thema „Mobbing" anschauen, zeigen Studien aus Großbritannien, Kanada, USA, Deutschland oder Österreich eindeutig, dass sich gerade Formen von verbalem und psychischem Mobbing (Personen gezielt schädigen z. B. durch Gerüchte und Lügen, Hänseln oder Bedrohungen über einen längeren Zeitraum) immer mehr in das Internet verlagern – Gewaltformen also, die wir bisher nur aus dem Klassenraum, vom Schulhof oder dem Schulweg kannten.

Aggression, Bosheit, Streitsucht und Verlogenheit treffen wir also gerade in der Internetwelt besonders häufig an. Doch woran liegt das?

Wie kommt es zu Gewaltformen wie Cybermobbing oder Shitstorm?
Verlieren wir sämtliche Hemmungen?

Ist das Internet immer mehr ein Ort, an dem wir unseren Frust ablassen, andere als soziale Mülleimer missbrauchen oder uns regelrechten Aggressionswettbewerben aussetzen?

Das Internet: Auf der einen Seite, ideales Medium für das Spiel mit Identität und Persönlichkeit gerade in der Pubertät – auf der anderen Seite Tatort für Cybermobbing, Shitstorm und sexuelle Gewalt.

Dies stellt die Jugendlichen selbst, aber auch Eltern, Lehrer, Pädagogen, Sozialarbeiter sowie Polizei, Justiz und Politik vor eine schwierige Aufgabe. All diejenigen also, die mit Kindern und Jugendlichen arbeiten und die in Bereichen wie Erziehung und Bildung, Kriminalitätsbekämpfung und Gewaltprävention tätig sind, müssen sich heute mit dem Internet als neuem Tatort für Gewalt, wie eben Cybermobbing, befassen.

Wir alle müssen uns fragen: Vor welche neuen Herausforderungen stellt das Medium Internet die Bereiche Erziehung und Bildung insgesamt? Was können wir tun, um Cybermobbing vorzubeugen und den Betroffenen zu helfen?

Dieses Buch möchte sich diesen Fragen stellen und hat dabei die folgenden Ziele vor Augen:

1. Eltern, Lehrer und alle anderen Interessierten sollen darüber informiert werden, welche Eigenschaften das Internet zu einer idealen Waffe machen und was genau mit dem Nutzer passiert, sobald er die Welt des Cyberspace betritt. Vor allem das Phänomen Cybermobbing wird genau betrachtet: Wie wird Cybermobbing ausgeübt, wer tut es und welche zum Teil dramatischen Auswirkungen hat dies auf die Opfer? Und: Was kann jeder Einzelne dagegen tun? *Präventionsmanagement* ist hier das Stichwort. Ein Großteil dieses Buches widmet sich deshalb einer praxisnahen Darstellung neuer Strategien der Präventionsarbeit.

2. Dieses Buch möchte aber auch einen Einblick in die Internetlebenswelt von Kindern und Jugendlichen vermitteln und eine Brücke zwischen den Digital Natives (den Jugendlichen von heute, die mit Internet & Co. aufwachsen) und den Digital Immigrants (den Erwachsenen, die ohne Internet & Co. aufgewachsen sind) schlagen: damit Erwachsene als kompetente Medienpartner für Kinder und Jugendliche besser handeln können!

Cybermobbing ist kein Kavaliersdelikt und kann schlimm enden, wie im Fall der 15-jährigen kanadischen Schülerin Amanda Todd. Sie hat sich nach Jahren andauernden Cybermobbings im Oktober 2012 das Leben genommen (www.tagesspiegel.de/medien/digitale-welt/nach-dem-tod-von-amanda-todd-mobbing-im-internet-wer-hilft/7285750.html). Amanda hat aus ihrem Martyrium keinen Ausweg gewusst, denn niemand nahm sie ernst, keiner hat ihr geholfen. Und das, obwohl sie in einem selbst gedrehten Videoclip über YouTube um Hilfe geradezu gebettelt hatte.

Eines müssen wir ganz klar sehen: Kinder und Jugendliche können zwar in der Handhabung sehr versiert mit der Computer- und Internettechnik sein – oftmals besser als die Erwachsenen. Allerdings fehlt es ihnen meist an Lebenserfahrung, um unangenehme Erlebnisse zu verarbeiten oder zu verstehen, was sie mit ihrem eigenen Verhalten anderen antun können. So besteht gerade bei ihnen ein erhöhter Aufklärungsbedarf.

Wichtig ist auch, den Jugendlichen deutlich zu machen, dass Cybermobbing gemeldet werden muss. Denn zahlreiche Formen, wie Beleidigungen, die Verbreitung von Gerüchten und Lügen, Erpressungen oder das Veröffentlichen intimer Fotos ohne Einwilligung der Person, sind Straftaten. Und auch Jugend schützt vor Strafe nicht, wie wir in Kap. 2.3 sehen werden!

Außerdem wird in diesem Buch die Thematik „Cybermobbing" auch im Zusammenhang einer gewaltbereiten und gewaltbefürwortenden Jugendkultur sowie eines übersexualisierten Wertesystems betrachtet. Beides wird Kindern heute in hohem Maße auch über das Internet vermittelt.

Insgesamt müssen wir sehen, dass wir Gefahren bekannt machen sollten, ohne dabei den Nutzen der neuen Medien zu vernachlässigen.

Deshalb möchte dieses Buch das Internet nicht nur als Tatort für Cybermobbing betrachten, sondern auch die positiven Aspekte der sozialen Netzwerke und Kommunikationsräume im Internet berücksichtigen. Das World Wide Web bietet nämlich gerade Jugendlichen in der Pubertät auch ideale Möglichkeiten für die Suche nach der eigenen Identität und für erste sexuelle Selbsterfahrungen. Zudem ist das Internet ein Ort, an dem man anderen helfen oder sich für andere engagieren kann. Ein Aspekt hierbei ist, dass soziale Netzwerke, Chatrooms oder andere Internetportale auch in der Beratung von Cybermobbingopfern (www.save-me-online.de; www.juuuport.de) oder als Ratgeber eine immer bedeutendere Rolle spielen (www.bündnis-gegen-cybermobbing.de, www.klicksafe.de).

Insgesamt müssen wir alle erkennen: Cybermobbing ist ein gesamtgesellschaftliches Problem, denn es betrifft nicht nur Kinder und Jugendliche, sondern auch uns Erwachsene. Möge dieses Buch Aufklärungsarbeit leisten und Anreiz zum Handeln geben!

Oktober 2013 Catarina Katzer

Dank

Ein großes Dankeschön gilt den vielen Mitstreitern, ob Lehrer, Schulleiter, Jugendliche, Politiker, Unternehmer oder geschätzte Kollegen, ohne deren starkes Engagement die erfolgreiche gemeinsame Arbeit nicht möglich und auch dieses Buch niemals entstanden wäre!

Inhalt

1

Das Internet als Waffe

Der Alltag von Kindern und Jugendlichen ist heute immer stärker von Internet, Smartphones, iPads und iPods geprägt. Ohne *simsen* (SMS per Handy verschicken) oder *chatten* (miteinander virtuell kommunizieren z. B. über Chatrooms oder Chatportale) ist soziale Interaktion für sie gar nicht mehr vorstellbar. Allerdings haben dadurch auch Ausgrenzung, Mobbing und Gewalt unter Jugendlichen eine völlig neue Dimension angenommen. Untersuchungen von Hinduja und Patchin aus den USA, von Peter Smith aus Großbritannien und den Forschergruppen um Catarina Katzer oder Herbert Scheithauer aus Deutschland zeigen deutlich: Internet, Handy & Co. fördern neue Gewaltformen wie *Cybercrime, Cybergrooming, Cyberstalking, Happy Slapping, Shitstorm* oder *Cybermobbing* (engl. *Cyberbullying*) (s. Finkelhor et al. 2000; Hinduja und Patchin 2009; Kolodej 2011; Katzer und Fetchenhauer 2007; Kowalski et al. 2008; Patchin und Hinduja 2006; Willard 2006; Ybarra und Mitchell 2004). Denn im Cyberspace ist ihre Ausübung so einfach: Innerhalb von Sekunden können die mit einem Mobiltelefon aufgenommenen Filmsequenzen, die die Vergewaltigung eines Mädchens in der Schulsporthalle, das Verprügeln eines Jugendlichen auf dem Schulhof oder einen Mitschüler auf der Toilette zeigen, sowie Nacktfotos von Minderjährigen oder kinderpornografische Aufnahmen per E-Mail, über soziale Netzwerke oder Videoportale Hunderttausenden von Internet-Usern zugänglich gemacht werden (Belsey 2005, 2006; Cassidy et al. 2009; Gradinger et al. 2009; Jäger et al. 2007; Li 2006; Katzer 2006; Katzer et al. 2009a, b; Riebel et al. 2009; Rivers und Noret 2010; Smith et al. 2008; Staude-Müller et al. 2009; Schultze-Krumbholz und Scheithauer 2009a, b).

Dabei zeigt sich vor allem die Nutzung von Internetchatrooms und sozialen Netzwerken wie Facebook oder wer-kennt-wen als nicht immer ganz unproblematisch. Und gerade diese Kommunikationsformen gehören mittlerweile zu den Wichtigsten für Kinder und Jugendliche im Cyberspace, so auch die aktuelle Jugendmedien- und Kindermedienstudie 2012 des Medienpädagogischen Forschungsverbundes Südwest.

Das World Wide Web hat also auch eine dunkle Seite – es kann zur Waffe werden!

Formen von Gewalt im Internet

Cybercrime
Internetkriminalität, z. B. Datendiebstahl, Kreditkartenbetrug, Computerhacking, Virenangriffe auf Server staatlicher Institutionen, Unternehmen, Banken usw.

Cybermobbing
„[…] jedes Verhalten, das von Individuen oder Gruppen mittels elektronischer oder digitaler Medien ausgeführt wird und wiederholt feindselige oder aggressive Botschaften vermittelt, die die Absicht verfolgen, anderen Schaden oder Unbehagen zu bereiten" (Tokunaga 2010).

Cybergrooming
„Gezieltes Ansprechen von Personen im Internet mit dem Ziel der Anbahnung sexueller Kontakte. Besondere Form der sexuellen Belästigung im Internet" (Wikipedia). In Deutschland auf minderjährige Opfer bezogen, d. h., es wird versucht Vertrauen zu Minderjährigen aufzubauen (z. B. über soziale Netzwerke), um später reale sexuelle Handlungen auszuüben (auch Vergewaltigungen, Sadomasosex, Cybersex vor Webcam usw.).

Cyberstalking
„Beabsichtigtes und wiederholtes Verfolgen, Nachstellen und Belästigen eines Menschen unter Anwendung und Zuhilfenahme von modernen technischen Hilfsmitteln wie Handy oder Internet" (Wikipedia). D. h., überall, wo eine Person im Internet auftaucht, wird sie von einer anderen verfolgt, mit Kommentaren versehen, belagert, belästigt usw.

Happy Slapping
Fröhliches Schlagen „zwischen Jugendlichen, die ihr gegenseitiges Ärgern über das Internet oder über Kamerahandys öffentlich machen" (Wikipedia). D. h., mit einem Handy oder einer Filmkamera aufgenommene Videoclips, die zeigen, wie man Personen verprügelt, schlägt oder anzündet, werden von Handy zu Handy geschickt oder direkt im Internet z. B. über YouTube veröffentlicht.

Shitstorm
Ein Internetphänomen, bei dem „massenhafte öffentliche Entrüstung" sachliche Kritik mit zahlreichen unsachlichen Beiträgen vermischt. Der Duden definiert einen Shitstorm als ‚Sturm der Entrüstung in einem Kommunikationsmedium des Internets, der zum Teil mit beleidigenden Äußerungen einhergeht'. Ein typischer Shitstorm umfasst „Blogbeiträge oder -kommentare, Twitternachrichten oder Facebook-Meldungen". Dabei richtet sich „eine große Anzahl von kritischen Äußerungen […], [die] aggressiv, beleidigend, bedrohend oder anders attackierend geführt [werden]", gegen Unternehmen, Institutionen, Einzelpersonen oder in der Öffentlichkeit aktive Personengruppen, etwa Parteien oder Verbände (Wikipedia).

1.1 Warum sind Internet, Handy & Co. als Waffe geeignet?

Das Internet bietet geradezu ideale Bedingungen für Cybercrime, Cyberstalking, sexuelle Übergriffe oder Cybermobbing. Eine besondere Rolle spielen dabei der hohe Anonymitätsgrad und der damit verbundene Kontrollverlust, die steigende Medienausstattung und Mediennutzung, der hohe Öffentlichkeitsgrad sowie die kinderleichte Handhabung von Internet, Handy & Co.

1.1.1 Anonymität und Kontrollverlust

Die ständig wachsende Anzahl virtueller Kommunikationsräume (z. B. Chat- oder Datingportale, soziale Netzwerke, Blogs, Instant-Messaging-Dienste, Online-Foren, Videoportale) bietet uns allen unzählige Möglichkeiten, ohne die Angabe der wahren Identität, also anonym, mit anderen in Kontakt zu treten. Das liegt daran, dass wir nur über die Tastatur von unserem PC, Laptop oder iPad miteinander kommunizieren. Die Interaktion findet somit ohne unsere physische Präsenz statt.

Welche Folgen hat diese Anonymität nun für die Kommunikation miteinander? Zum einen bedeutet dies: Wir können uns nie sicher sein, mit wem wir in sozialen Netzwerken tatsächlich reden. Selbst die Nutzung einer Webcam z. B. beim Chatten in Facebook oder in Chatrooms garantiert nicht unbedingt, dass man die Person, mit der man chattet, auch wirklich erkennt. Denn jeder kann sich vor der Webcam maskieren, z. B. eine dunkle Sonnenbrille, eine Mütze oder eine Perücke aufsetzen, und somit absolut unerkannt bleiben. Dabei werden vor Webcams häufig auch andere Körperteile als das Gesicht gezeigt, z. B. Geschlechtsteile oder ein nackter Hintern, wie es gerade beim Speeddatingportal Chatroulette oft passiert (O-Ton der 15-jährigen Schülerin Nadine aus Bayern: „Das sind alles Schweine hier!"). Auch dies verhindert ein Erkennen der wahren Person vor der Webcam, wie auch die Videoproduktion „On" vom Medienprojekt Wuppertal (2011) deutlich macht.

Und: In sozialen Netzwerken wie Facebook kann jeder User ein oder mehrere Profile einrichten, mit denen er sich dort bewegen möchte, ohne dabei seine echten persönlichen Daten preisgeben zu müssen (Alter, Beruf, Wohnort, E-Mail-Adresse usw.).

Die Folge: Ein Teil der User von sozialen Netzwerken gibt in seinem Netzwerkprofil auch schon mal ein anderes Geschlecht an, Mädchen werden zu Jungen oder junge Männer zu jungen Frauen (Gender-Swapping). Auch bei der Angabe des Berufes und des Alters wird häufig gelogen und natürlich auch bei den eigenen Eigenschaften wie z. B. dem Aussehen. Mädchen schildern sich mitunter hübscher als sie tatsächlich sind, und sogar verfälschte Fotos oder Fotos wildfremder Personen werden in das eigene Profil eingestellt, um einen besseren Eindruck zu machen.

Wenn man also eine Kommunikationsplattform wie Facebook betritt, kann man ohne Weiteres völlig unerkannt bleiben und damit anonym agieren, während man beim Gang zum Bäcker oder in das Café um die Ecke direkt als Mann oder Frau, jung oder alt wahrgenommen wird.

Für die Opfer, die z. B. über Facebook beleidigt oder verleumdet werden, heißt dies, dass sie oft nicht erkennen können, wer sich hinter der „Online-Maske" versteckt! Das Opfer weiß also nicht, ob der Täter vielleicht ein Mitschüler, sein Sitznachbar oder sogar der angeblich beste Freund ist (Slonje und Smith 2008). „Mir war lange nicht klar, dass mein bester Freund davon wusste", so Tim, ein 15-jähriger Schüler aus Hamburg.

Zum anderen führt der hohe Anonymitätsgrad auch dazu, dass gerade Kinder und Jugendliche offener mit privaten Informationen im virtuellen Raum umgehen als im alltäglichen Umfeld. Im Schutz der Anonymität fallen sämtliche Schranken und Hemmschwellen: Wer würde schon einem wildfremden Mann, den er an der Bushaltestelle zum zweiten Mal gesehen hat, erzählen, wo er zur Schule geht, welche Probleme er mit seinen Lehrern oder mit den Eltern hat? Laut der JIM-Studie teilten im Jahr 2011 bereits 75 % der über 12-Jährigen regelmäßig über soziale Netzwerke anderen mit, womit sie gerade beschäftigt sind oder was sie vorhaben – darüber nachdenken, wer dies alles mitbekommen kann, das tun viele allerdings nicht. Dadurch machen sie sich zum Teil auch erpressbar und damit zum leichten Opfer.

Die Anonymität im Internet bedeutet also auch einen hohen Kontrollverlust für alle Internet-User. Funktionierende Kontroll- oder Sanktionsmechanismen gibt es im Internet nämlich nicht. Selbst wenn in Chatrooms oder sozialen Netzwerken Aufsichtspersonen aktiv sind, sogenannte Scouts, die die Kommunikation verfolgen und beobachten, kann dies Cybermobbing oder sexuelle Übergriffe nicht verhindern. Das hat vorwiegend zwei Gründe:

1. Ein Aussperren unangenehmer User ist nutzlos, da diese über eine Neuanmeldung unter einem anderen Profil bzw. Pseudonym (Nickname) wieder einsteigen können, um aufs Neue Unfrieden zu stiften.
2. Es gibt in Chatrooms aufsichtsfreie Zonen, sogenannte „Flüsterräume", in denen sich die Chatter unbeobachtet unter völligem Ausschluss der anderen Teilnehmer und der Scouts unterhalten können. Ähnliches gilt für soziale Netzwerke wie Facebook, nämlich dann, wenn man sogenannte Facebook-Gruppen bildet, zu denen nur die Gruppenmitglieder Zugang haben.

Dazu kommt, dass jeder seine Spuren im Netz leicht verbergen kann – auch dies erhöht den Kontrollverlust. Wer jetzt argumentiert, dass doch alle Wege, die man im Netz geht, selbstverständlich Spuren hinterlassen, so stimmt dies nicht: Denn für die Internetnutzung kann man z. B. andere PCs oder Internetzugänge als die eigenen benutzen. Und auch wenn es die technische Möglichkeit durchaus gibt, z. B. die IP-Adresse (Internetverbindungszugang des PCs) herauszufinden, wird dies in Deutschland aktuell nicht umgesetzt. Zwar müssen diese Verbindungsdaten nach EU-Recht 6 Monate gespeichert werden (sogenannte Vorratsdatenspeicherung), doch findet diese Speicherung in Deutschland seit ca. 2 Jahren nicht mehr statt. Der Grund: Das Bundesverfassungsgericht hat das deutsche Speichergesetz 2010 gekippt und eine Neuauflage scheitert bis heute am Streit zwischen Justiz- und Innenministerium. Für die aktuelle Lage in Deutschland bedeutet dies aber, dass Verbindungsdaten eines Rechners oder Laptops mit dem Internet maximal 24 Stunden gespeichert und danach automatisch gelöscht werden. Sind 24 Stunden vergangen, kann man also nicht mehr nachvollziehen, von welchem Internetzugang z. B. eine beleidigende Textnachricht auf Facebook oder ein Video auf YouTube veröffentlicht wurde.

Zudem ist es über technische Tools, sogenannte IP-Anonymisierer, die kinderleicht innerhalb weniger Minuten aus dem Internet auf dem eigenen Rechner installiert werden können, möglich, die technischen Zugangsdaten der Internetnutzung (den Internetzugang) vollkommen zu verschlüsseln, also zu „anonymisieren". Mit der Folge, dass nie mehr nachzuvollziehen ist, von welchem Rechner oder Internetanschluss aus z. B. ein Chatroom oder Facebook genutzt wurde.

Dies schafft auch Probleme in Fällen sexueller Übergriffe: So besuchen z. B. auch pädosexuelle Erwachsene oder Heranwachsende solche Chatrooms oder Internetportale, die von der Gruppe 10- bis 14-Jährigen häufig genutzt werden. Dabei geben sich die Erwachsenen z. B. als 14-jährige Jungen oder Mädchen aus, um Kontakt mit Minderjährigen aufzunehmen. Nicht in allen Fällen birgt dies Gefahren. Doch unsere Erfahrungen wie auch die der Organisationen jugendschutz.net oder Innocence in Danger e. V. bestätigen: Über diesen Weg wird häufig versucht, Mädchen zu sogenanntem Posing (vor einer Webcam z. B. in Unterwäsche zu posieren) zu verführen oder durch Erpressungsversuche dazu zu bringen, dass sie sich ausziehen oder sexuelle Handlungen an sich ausführen (z. B. das Geschlechtsteil oder die Brüste zu berühren, Gegenstände in sich einzuführen, zu masturbieren). Dies zeigt auch die Arbeit von Carmen Kerger-Ladleif (2012), die seit Jahren minderjährige Opfer sexueller Übergriffe im Internet betreut (s. auch von Weiler 2012). Auch pornografisches Material wie Fotos von Genitalien oder Sexvideos wird Kindern und Jugendlichen zugeschickt (Katzer 2007a, b, c; Kerger-Ladleif

2007; von Weiler 2012; Wolak et al. 2007). So zeigen eigene Studien (Katzer 2007a), dass bereits im Jahr 2005 in Deutschland jedes zehnte chattende Mädchen zwischen 10 und 18 Jahren aufgefordert wurde, sich auszuziehen, sich zu berühren oder sexuelle Handlungen an sich auszuüben.

Für die Täter bedeutet der hohe Anonymitätsgrad und der dadurch bedingte Kontrollverlust, dass ihre Angst, erwischt zu werden, sinkt. Und das macht sie mutig, denn es droht keine Bestrafung. Und auch die Empathiefähigkeit und das Mitgefühl der Täter für ihre Opfer ist durch das Agieren in der Anonymität, hinter einer virtuellen Maske, weit weniger ausgeprägt als in einer Face-to-Face-Situation. Aufgrund des fehlenden emotionalen Feedbacks, da sie ihren Opfern nicht von Angesicht zu Angesicht gegenüberstehen, sind den Tätern die Auswirkungen ihres Handelns oft nicht klar (Katzer 2011b, c; Schultze-Krumbholz und Scheithauer 2012). Die Täter in der Schule bekommen sehr deutlich mit, wenn ihre Opfer mit verweinten Augen zur Schule kommen oder ihnen Blut nach einer Prügelattacke auf dem Schulhof aus der Nase tropft. Aber die Tränen, die von Cybermobbingopfern vor dem PC geweint werden, die sehen die Cybertäter nicht.

Fassen wir die vielfältigen Folgen, die aus dem hohen Anonymitätsgrad und dem Kontrollverlust im Internet resultieren, noch einmal zusammen:

Folgen von Anonymität und Kontrollverlust im Internet

- Jeder Internet-User kann hinter einer Maske agieren und somit unerkannt bleiben.
- Es gibt keine funktionierenden Kontroll- und Sanktionsmechanismen.
- Die Spuren im Netz können leicht verborgen werden.
- Die Täter von Cybermobbing können somit unerkannt bleiben und sind deshalb häufig schwer zu identifizieren.
- Die zum Teil große Offenheit im Cyberspace bezüglich privater Informationen und Probleme macht besonders Kinder und Jugendliche angreifbar und kann signalisieren: „Ich bin ein leichtes Opfer."
- Die Angst der Cybermobber, erwischt zu werden, ist gering, und somit ist die Hemmschwelle, solche Handlungen auszuüben, viel niedriger als in einer Face-to-Face-Situation.
- Das Mitgefühl der Cybermobber gegenüber ihren Opfern ist deutlich geringer als in einer alltäglichen Situation, z. B. in der Schule, wenn die Täter ihre Opfer direkt vor sich haben.

1.1.2 Bessere Medienausstattung und steigende Mediennutzung

Ein weiterer Grund, der das Internet zu einer idealen Waffe für Cybermobbing und Co. macht, ist die bessere Medienausstattung und steigende Mediennutzung von Kindern und Jugendlichen.

E-Mail-Dienste, Chatrooms und soziale Netzwerke wie Facebook, Instant Messaging, Handys und Smartphones spielen eine immer wichtigere Rolle. Der Alltag ist für Kinder und Jugendliche heutzutage nur noch mit virtuellen Kommunikationsmedien denkbar, sie sind ein wichtiger Bestandteil für die Verwirklichung und die Pflege ihrer sozialen Kontakte (Kowalski et al. 2008).

In Deutschland können wir sogar von einer Handyvollversorgung bei Kindern und Jugendlichen sprechen. Mittlerweile liegt die Verbreitung in Deutschland bei den 12- bis 19-Jährigen bei 94 % und bei den 6- bis 12-Jährigen schon bei über 50 % (Medienpädagogischer Forschungsverbund Südwest 2010a, b, 2011b, c, 2012b, c).

Allerdings spielt dabei heutzutage nicht nur der alleinige Besitz eines Handys eine bedeutende Rolle, sondern auch die Handyausstattung. Schauen wir nur 5 Jahre zurück, hatten die meisten Handys von Jugendlichen weder eine Kamera noch eine Bluetooth-Funktion. Dagegen haben heute rund 94 % der 12- bis 19-Jährigen ein Handy mit Kamera, 85 % ein Handy mit MP3-Player und 86 % verfügen über ein Mobiltelefon mit Bluetooth-Schnittstelle (Medienpädagogischer Forschungsverbund Südwest 2011b).

Das Mobiltelefon hat damit seine eigentliche Grundfunktion verloren! Wir telefonieren heute vorrangig nicht mehr mit unserem Handy oder Smartphone, sondern simsen, twittern, chatten, mailen, spielen, nutzen Apps und vieles mehr. Gerade bei den jugendlichen Nutzern steht an erster Stelle der Handynutzung die Textkommunikation: das Verschicken von SMS (Medienpädagogischer Forschungsverbund Südwest 2011b).

Schauen wir uns nun die Nutzung der verschiedenen Kommunikationsdienste im Internet an, so sehen wir, wie stark verbreitet diese bei Kindern und Jugendlichen sind: Mittlerweile nutzen rund 70 % der Jungen und 71 % der Mädchen im Alter zwischen 12 und 19 Jahren mehrmals wöchentlich bis täglich Instant-Messaging-Dienste wie ICQ oder MSN (Medienpädagogischer Forschungsverbund Südwest 2011b). Und jeder zweite Jugendliche zwischen 12 und 19 Jahren, egal ob Junge oder Mädchen, e-mailt nahezu täglich (Medienpädagogischer Forschungsverbund Südwest 2011b).

Auch soziale Netzwerke (Online-Communitys) wie wer-kennt-wen oder Facebook und Internetchatrooms wie Knuddels sind aus dem täglichen Leben der Jugendlichen nicht mehr wegzudenken. Sie sind ein wichtiges Kommunikations- und Beziehungsmedium (Abb. 1.1). Bereits im Jahr 2011 waren ca. 78 % der 12- bis 19-Jährigen mehrmals in der Woche bis täglich in Online-Communitys wie Facebook aktiv (Medienpädagogischer Forschungsverbund Südwest 2011b).

In den letzten Jahren zeigt sich ein eindeutiger Trend: Die Internetgemeinde wird immer jünger und die Netznutzung beginnt immer früher. Schon 2005 lag das Einstiegsalter bei der ersten Chatroomnutzung durchschnittlich bei 11,9 Jahren. Rund 20 % der Jugendlichen fingen im Alter zwischen 6 und

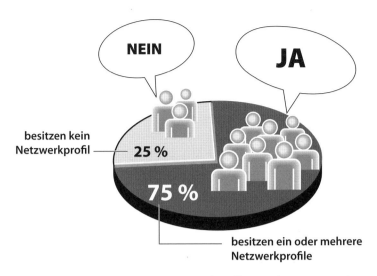

Abb. 1.1 Soziale Netzwerke: Nutzung 2012. (Quelle: Bündnis gegen Cybermobbing 2012)

10 Jahren an zu chatten (Katzer und Fetchenhauer 2007). 2012 waren bereits 40 % der 6- bis 12-Jährigen in sozialen Netzwerken aktiv.

Die Liste der beliebtesten Communitys in dieser Altersgruppe führte 2012 eindeutig noch schülerVZ an, die Ende April 2013 ihre Dienste einstellte: 42 % der 6- bis 12-Jährigen Jugendlichen gab schülerVZ als die meist genutzte Community an, gefolgt von studiVZ und wer-kennt-wen (je 6 %) sowie Lokalisten und MySpace (je 2 %). Allerdings werden mittlerweile immer häufiger auch solche sozialen Netzwerke von den 6- bis 12-Jährigen genutzt, die eher für die älteren User gedacht sind: 2012 tummelten sich bereits 20 % in dieser Altersgruppe bei Facebook (Medienpädagogischer Forschungsverbund Südwest 2012c).

Und auch wenn klassische Chatrooms, wie z. B. Knuddels, heute etwas durch die sozialen Netzwerke an Marktzugang verloren haben, chatten immer noch rund 70 % der 12- bis 19-Jährigen regelmäßig (Medienpädagogischer Forschungsverbund Südwest 2011b). Dies hält sich seit Jahren konstant, wie bereits die Studie aus dem Jahr 2005 der Universität Köln „Cybermobbing in Internet-Chatrooms" zeigt (Katzer 2005a, b). Auch konnte damals wie heute kein Unterschied in der Chatnutzung zwischen Mädchen und Jungen festgestellt werden. Beide Geschlechter sind hier gleichermaßen online aktiv.

Allerdings zeigen sich deutliche Unterschiede in der Internetnutzung in Bezug auf den Bildungsgrad: So ist die Nutzungszeit des Internets bei Hauptschülern deutlich höher als bei Jugendlichen mit höherer Bildung (Medienpädagogischer Forschungsverbund Südwest 2011b). Ähnliches zeigte sich schon 2005: Real- und Gesamtschüler verbrachten deutlich mehr Zeit in Internetchatrooms als Gymnasiasten (Katzer 2005a, b; Katzer und Fetchenhauer 2007).

Die Kommunikationsräume des Internets, Facebook & Co., werden also für Kinder und Jugendliche immer mehr zu Beziehungsmedien, über die neue Bekanntschaften gemacht, Freundschaften geschlossen oder die große Liebe gefunden wird (Döring 2002; Katzer und Fetchenhauer 2007). So zeigt sich deutlich, dass Jugendliche über Internetchatrooms oder soziale Netzwerke auch richtige Freunde finden. Bereits im Jahr 2005 gaben rund 21 % der Chatter an, dass ihre Chatpartner in ihrem Leben eine wichtige Rolle spielen, und für 40 % waren diese sogar so wichtig wie echte Schulfreunde (Katzer 2005a, b). Interessant ist auch, dass es sich beim Chatten in Chatrooms und sozialen Netzwerken häufig um ein gezieltes Treffen mit anderen Personen und nicht um zufällige Begegnungen handelt. So treffen sich viele Jugendliche fast immer mit den gleichen Leuten und sind in einer richtigen Clique. Dabei ist zu beachten, dass es sich bei einem Teil der Chatfreunde auch um Klassenkameraden handelt, die sich nach der Schule in einem bestimmten Lieblingschatroom oder sozialen Netzwerk treffen. Jugendliche suchen im Internet also nicht nur Kontakt zu fremden Personen, sondern auch zu Freunden und Bekannten aus dem schulischen Umfeld.

Im Internet findet also beides statt: Beziehungspflege bereits existierender, realer Kontakte und das Knüpfen neuer Bekanntschaften mit vollkommen fremden Personen. Insgesamt wird deutlich: Die verschiedenen Interaktionsmöglichkeiten des Internets spielen für die Mehrheit der Jugendlichen von heute als Kommunikationsmedium wie auch als Beziehungsmedium eine bedeutende Rolle.

Worüber sollten wir in Zukunft nachdenken? Eines ist klar: Immer mehr Kinder und Jugendliche haben Zugang zu neuen Medien und technologischem Equipment, die auch für Cybermobbing genutzt werden können. Damit werden sie immer leichter auch zu Tätern oder zu Opfern. Wenn wir uns also mit der Problematik des Cybermobbings auseinandersetzen, zeigt sich, dass es nicht leicht ist, Lösungsmöglichkeiten zu finden.

So ist ein generelles Verbot der Internetnutzung nicht sinnvoll. Denn gerade soziale Netzwerke stellen für Kinder und Jugendliche einen wichtigen Treffpunkt dar, um Freundschaften zu pflegen oder zu Mitschülern, aber auch völlig fremden Personen Kontakt aufzunehmen.

Wie wir in Kap. 4 sehen werden, spielen deshalb eine aktive Elternarbeit sowie die Präventionsarbeit an Schulen eine herausragende Rolle.

Dabei stellen sich uns auch ganz neue Fragen:

- Wie sind die Täter von Cybermobbing besser ausfindig zu machen?
- Müssen wir neue Möglichkeiten der Strafverfolgung nutzen, wie z. B. die verdeckte Ermittlung im Internet (bis 2011 in der Schweiz möglich, dann abgeschafft – sehr zum Leidwesen der Polizei und Kriminalbehörden)?

- Wie sind Täter, insbesondere auch minderjährige Täter, im Fall von Cybermobbing zu bestrafen?
- Brauchen wir ein Cybermobbinggesetz?
- Welche Rolle spielen die Anbieter von Online-Plattformen wie Facebook?

Insgesamt muss der Schutz von Kindern im Internet stärker in das Bewusstsein unserer Gesellschaft gerückt werden. Eine wichtige Rolle hierbei spielt eine gezielte Öffentlichkeitsarbeit wie z. B. durch das Zentrum für Kinderschutz im Internet I-KiZ, initiiert 2012 durch das Bundesministerium für Familie, Senioren, Frauen und Jugend, oder die Arbeit des Bündnisses gegen Cybermobbing e. V.

1.1.3 Öffentlichkeit im Netz

Das Internet ist ein Medium mit einem Öffentlichkeitsgrad, den es vorher noch nie gegeben hat. Über die virtuelle Datenautobahn können wir alle direkt von zu Hause, vom Arbeitsplatz, aus dem Auto, der Bahn oder vom Strand auf Hawaii Millionen von Menschen weltweit erreichen: Man denke allein an die 1 Mrd. Facebook-Nutzer. Niemals vorher in unserer Geschichte konnten wir so einfach und schnell, nur mit ein paar Mausklicks, zu Hunderttausenden von Menschen Kontakt aufnehmen, diesen von uns selbst erzählen oder Neuigkeiten verbreiten, die uns gerade in den Sinn kommen. Schon 2003 konnte eine Untersuchung des Pew Internet & American Life Project in den USA (Lenhart 2003) feststellen, dass 44 % der amerikanischen erwachsenen User Inhalte im Internet veröffentlichten (z. B. 17 % für das Internet etwas geschrieben und 21 % Fotos gepostet haben).

Wir alle können also einem Millionenpublikum alles mitteilen, was wir möchten: Wünsche, Lebensziele, Erfahrungen, Schulsorgen, Probleme am Ausbildungsplatz, mit Vorgesetzen, den Eltern, dem Freund oder der Freundin. Zudem können wir Fotos vom aktuellen Aufenthaltsort oder den Ferien auf Mallorca veröffentlichen usw. Postet man z. B. auf Facebook, ohne vorher zumindest seinen Freundeskreis einzuschränken, in welcher McDonald's-Filiale man gerade seinen Big Mac isst und Milchshake trinkt, dann wissen theoretisch eine Milliarde Facebook-User Bescheid. Dies macht zum einen natürlich gerade den Reiz des Internets aus, insbesondere für Jugendliche in der Pubertät. So sagt der Harvard-Professor Nicholas Christakis: „Facebook stillt genau das tiefe menschliche Bedürfnis danach, mit anderen Menschen verbunden zu sein [...]. Wir Menschen haben ja eine große Neugierde, was andere Menschen angeht, und der kann man auf ‚Facebook' ungeniert nachgeben" (www.spiegel.de/unispiegel/wunderbar/selbstentbloessung-im-internet-tiefes-menschliches-beduerfnis-a-547445.html, 31.08.2012). Das zu verfolgen, was Tausende von Menschen tagtäglich tun, kann seiner Meinung nach einen regelrechten Suchtcharakter entwickeln.

Und auch, sich selbst einem großen Publikum dar- und vorzustellen, ist eine Sehnsucht, der viele Jugendliche gerne nachgehen. Nach Untersuchungen von McKenna et al. (2005) sind Personen im Internet sogar besonders motiviert, authentische Selbstbilder zu entwickeln und anderen zu vermitteln. Auch können Nutzer von sozialen Netzwerken allein durch das Betrachten ihres eigenen Netzwerkprofils eine Steigerung ihres Selbstwertgefühls empfinden (Gonzales und Hancock 2011). Facebook & Co. sind somit zum Teil auch als Verstärker für das eigene Ego zu sehen.

Einmal ein Star sein, wenn auch nur für kurze Zeit – das kann quasi jeder über das Internet erreichen. Bei allem, was man im Netz veröffentlicht, muss man sich aber darüber im Klaren sein, dass es auch viele Personen geben wird, die das, was man hier von sich gibt, albern, dumm, trivial oder kindisch finden und auch solche Kommentare öffentlich machen. Das, was den Reiz des Öffentlichen ausmacht, kann sich also auch ins Gegenteil verkehren, nämlich dann, wenn das Veröffentlichte zum Anlass für Hassattacken, Psychoterror oder eben Cybermobbing wird.

Liebsch spricht im Zusammenhang mit Cybermobbing auch von neuen Formen „virtueller symbolischer Gewalt" (Liebsch 2011). Das bedeutet, eine Person wird nicht direkt, körperlich geschädigt, sondern ihr „moralisches und ethisches Gesicht" wird verletzt oder sogar vernichtet. Und dieses „moralische Gesicht" wird im Sinne von Ansehen verstanden, das eine Person bei anderen genießt und das über die hohe Öffentlichkeit des Internets in Sekundenschnelle für immer zerstört werden kann.

So kann z. B. der Ruf eines 15-jährigen Mädchens im Nu dahin sein: Eine Schülerin war innerhalb einer Woche an ihrer ganzen Schule als Schlampe oder Hure verschrien, da über Facebook ihre angeblich abartigen sexuellen Vorlieben haarklein geschildert wurden und ihr zahlreiche sexuelle Abenteuer mit älteren Männern aus dem Internet nachgesagt wurden.

Und wer erinnert sich nicht an das Star-Wars-Kid, den 16-jährigen übergewichtigen Jungen, der eine Kampfszene mit Laserschwert aus der Star-Wars-Trilogie nachspielte und auf Video aufzeichnete, das dann von Mitschülern über das File-Sharing-Netzwerk Kazaa veröffentlicht wurde. Innerhalb weniger Tage hatten mehrere Millionen Internet-User dieses Video angesehen und bewertet. Einige fanden es cool, doch viele gaben herablassende oder gar bösartige Kommentare ab und machten sich über den dicken Jungen lustig.

In diesem Zusammenhang ist auch das Phänomen des Shitstorm (Entrüstungswelle im Internet) zu nennen. Mittlerweile ist es zu einem richtigen Sport geworden, im Internet über Personen (auch Prominente) herzuziehen und deren Verhalten öffentlich zu kritisieren. Man möge sich bitte an den

Hype um die Sportlerin Ariane Friedrich erinnern, die sich über ihre Facebook-Seite von einem Mann sexuell verfolgt und belästigt sah und dann, als sie sich nicht anders zu helfen wusste, den Namen ihres Peinigers im Internet preisgab (FAZ, 27.04.2012). Die Öffentlichkeit hielt in großem Maße zu ihr – allerdings gab es auch zahlreiche Stimmen, die in einem sogenannten Shitstorm im Internet gegen sie wetterten und sie beschimpften, weil sie den Namen öffentlich gemacht hatte. Viele argumentierten, die Sportlerin hätte sich dadurch sogar strafbar gemacht. Zum Glück ging diese Geschichte für Ariane Friedrich glimpflich aus – von einer Strafverfolgung sah man ab. Doch man sieht an diesem Beispiel, dass ein Opfer, das sich öffentlich wehrt, angegriffen und sehr schnell selbst zum Täter gemacht werden kann.

An diesem Beispiel wird deutlich: Shitstorm oder Cybermobbing findet nicht nur unter Kindern und Jugendlichen statt. Immer häufiger werden Fälle von Erwachsenen bekannt. So zeigt eine aktuelle Studie der University of Sheffield und der Nottingham University, dass 14–20 % der Universitätsmitarbeiter mehrmals wöchentlich Opfer von Cybermobbingattacken werden. Und auch Unternehmen berichten immer häufiger von ähnlichen Vorfällen. Die Auslöser bei Erwachsenen können vielfältig sein: Möglicherweise stecken private (z. B. persönliche Unzufriedenheit, Rache, Neid, Eifersucht, aber auch übersteigerter Ehrgeiz) oder berufliche Gründe (schlechtes Arbeitsklima, Probleme mit Kollegen, Gefühl der Überforderung, Umstrukturierung am Arbeitsplatz, Angst vor Jobverlust usw.) dahinter. Konkrete Zahlen haben wir für Deutschland aktuell noch nicht, allerdings sind eigene Studien hierzu geplant.

Die Öffentlichkeit des Internets sorgt übrigens auch dafür, dass es aus Sicht der Täter sehr einfach ist, an Opfer zu gelangen: Wenn z. B. nahezu alle Mitschüler oder Arbeitskollegen über Facebook aktiv sind, kann man viel leichter und auch schneller sein Opfer finden und ohne große Anstrengung die richtige Konstellation für einen Angriff ausmachen. Während man in der Schule oder am Arbeitsplatz eine ideale Situation genau abpassen muss, kann man im Internet sofort zum Angriff übergehen.

1.1.4 Kinderleichte Handhabung

Die Welt der Bits und Bytes war noch nie so bedienerfreundlich wie heute, denn gerade die Anwendung der vielfältigen Internettools und der gesamten Mobilfunk- und Smartphone-Technologie ist für die Digital Natives genauso wie für die Digital Immigrants oder Silversurfer (Generation 60 plus) kinderleicht geworden.

Ob E-Mail-Programme (z. B. Outlook, Windows Live Mail), Instant Messaging (z. B. ICQ), Chatrooms (z. B. Knuddels), private Blogs (z. B. Fashion), soziale Netzwerke (z. B. Facebook, wer-kennt-wen), Speeddatingportale (z. B.

Chatroulette), Videoplattformen (z. B. Clipfish, YouTube), Online-Spiele (z. B. World of Warcraft, Auto Theft, Doom), Cloud-Computing (Datenspeicherung im virtuellen Raum), Fotoportale (z. B. Instagram), Verkaufs- und Einkaufsplattformen (z. B. Ebay, Amazon, Immobilienscout) oder Endgeräte wie iPads, Smartphones (denken wir nur an das Kultobjekt iPhone 1 bis 5 mit Videofunktion, Bluetooth und Apps) und vieles mehr – alles ist mittlerweile von nahezu jedem problemlos zu nutzen.

Denken wir nur noch einmal kurz an das DOS-Betriebssystem zu Zeiten des Commodore 64 zurück: Hier musste man ein regelrechter Computerexperte sein, um dieses bedienen zu können.

Heute sind wir dagegen alle mit ein paar Klicks innerhalb weniger Minuten „on". So erfolgt die Anmeldung auf YouTube lediglich durch die Angabe eines Benutzernamens und einer E-Mail-Adresse, wobei die E-Mail-Adresse z. B. unter GMX und selbstverständlich wie der Benutzername mit vollkommen falschen persönlichen Angaben erstellt werden kann.

Auf Facebook läuft es ähnlich: Jeder kann in Sekundenschnelle ein Profil von sich anlegen – egal, welche Inhalte oder Informationen man auf seinem Profil veröffentlichen möchte, sozusagen als eigene Visitenkarte, ob Fotos, Verlinkungen zu anderen Websites oder Freunden. Es erfordert allerdings einen erheblichen Suchaufwand, wenn wir z. B. bei Facebook bestimmte Funktionen einschränken möchten. Wollen wir verhindern, dass die eigenen Daten mit anderen automatisch geteilt werden, Fotos z. B. nur für einen kleinen Freundeskreis einsehbar machen oder Einladungen nicht an alle der eine Milliarde Facebook-User versenden, sind bestimmte Funktionen auszuschalten, die wir aber erst einmal finden müssen.

Dabei ist auch die auf uns einstürzende Informationsflut durch den ungehinderten Zugang zum Cyberspace so groß, dass wir äußerst intelligente Suchstrategien entwickeln müssen, um in den Milliarden von Webseiten das zu finden, was wir tatsächlich benötigen. Viele Informationen sind nur unter einem erheblichen Aufwand zu finden, so die Kommunikationswissenschaftlerin Prof. Miriam Meckel (2012). Und Schulz und Kollegen (2002) betonen, dass außerdem die Menge an reinem „Informationsmüll" im Netz immens hoch sei. Leichte Handhabung heißt also nicht automatisch auch sinnvoller Nutzen!

Hinzu kommt, dass es im Internet ebenfalls sehr einfach ist, an Informationen oder Inhalte zu gelangen, deren „Konsum" für bestimmte Nutzergruppen im alltäglichen Leben verboten ist. Kauft z. B. ein 16-Jähriger Alkopops bei einem Discounter, wird er normalerweise nach seinem Personalausweis gefragt: Denn die Abgabe von Spirituosen oder Alkopops (Art. 1 Alkopopsteuergesetz) an Jugendliche unter 18 sowie alkoholische Getränke wie Wein, Bier oder Sekt an Jugendliche unter 16 ist in Deutschland strafbar (§ 9 Jugendschutzgesetz)!

Besucht hingegen ein Jugendlicher eine Website mit Hardcorepornografie oder Sadomasoinhalten, erhält er ungehindert seines jugendlichen Alters Zugang zu brutalen gewalttätigen Sexszenen. Und das, obwohl die Verbreitung gewalthaltiger Schriften an Minderjährige in Deutschland ebenfalls unter Strafe steht (§ 131 StGB Gewaltdarstellungen).

Das Internet setzt also durchaus Regeln aus dem realen Alltag außer Kraft, so ist z. B. die Überprüfung des Alters im virtuellen Raum kaum möglich.

Gerade weil die Internethandhabung so kinderleicht ist, wir das Internet aber nicht kontrollieren können, ist es für Minderjährige so einfach, auf Inhalte zu stoßen, die für sie extrem schädlich oder verletzend sind. Somit müssen wir verstärkt auf den Medienschutz gerade der jüngsten Internetnutzer achten. Wie unsere Familienministerin Schröder es bei der Gründung des Zentrums für Kinderschutz im Internet I-KiZ am 10. September 2012 so passend ausdrückte: „Wir brauchen ein intelligentes Risikomanagement!" Dies kann z. B. in Form einer umfassenden Medienerziehung von Kindern und Jugendlichen durch Sensibilisierung, Aufklärung, Prävention und einer starken Vernetzung aller Akteure (Jugendschutz, Bildung, Erziehung, Wissenschaft und Wirtschaft) erfolgen.

1.1.5 Medienethische Konsequenzen: Verändertes Gewalterleben sowie neue Täter- und Opfersituation

Die Möglichkeiten, die das Internet bietet, haben nicht nur einen idealen Tatort für Cybercrime, Cyberstalking oder Cybermobbing geschaffen, sie haben auch die Gewaltsituation auf drei bedeutenden Ebenen verändert:

1. verändertes Gewalterleben durch die Verknüpfung von realer mit virtueller Gewalt,
2. neue Situation der Täter,
3. neue Situation der Opfer.

1.1.5.1 Verändertes Gewalterleben durch die Verknüpfung von realer und virtueller Gewalt

Durch das Internet hat sich ein völlig anderes Erleben von Gewalt entwickelt. So findet immer häufiger eine Verknüpfung von realer und virtueller Gewalt statt. Dies wird deutlich, wenn z. B. reales Verprügeln auf dem Schulhof stattfindet oder ein Mädchen auf der Schultoilette vergewaltigt, dies dann gefilmt und im Internet gezeigt wird, oder wenn jemand eine Minderjährige zu sexuellen Handlungen vor der Webcam in einem Internetchatroom auffordert (Katzer 2011a, 2012a, b). Eine Trennung von realer und virtueller Gewaltwahrnehmung löst sich zunehmend auf (Wiegerling 2011). Gewalt in den Lebenswelten des Internets, wie z. B. Facebook, vermischt sich immer mehr mit den realen Gewalterfahrungen im Alltag. Die Gefahr: Gewalt wird zur Normalität. Die Folge ist möglicherweise ein „Entmoralisierungsprozess", so Prof. Mariola Sulkowska-Janowska (2011), ein Abstumpfen gegenüber Bildern, die Grausamkeiten an Menschen zeigen, oder direkten Beobachtungen brutaler Handlungen z. B. über eine Webcam. Dies stützen auch die Beobachtungen, die deutsche Lehrer an ihren Schulen machen: 1. Gewalt unter Jugendlichen hat sich verändert, 2. Internet und Co. fördern Aggression und Gewalt (Bündnis gegen Cybermobbing 2013c).

1.1.5.2 Neue Situation der Täter

Für die neue Tätersituation im Cyberspace (Katzer 2011b; Scheithauer und Schultze-Krumbholz 2009a, b) gilt nicht nur eine geringere Hemmschwelle, kriminelle Handlungen im virtuellen Raum auszuüben („Man kann im Internet leicht andere fertigmachen, denn man braucht keine Angst haben, erwischt zu werden", so Jan, 15-jähriger Schüler aus München), und ein geringeres Mitgefühl für die Cyberopfer als für Opfer aus dem physischen Umfeld wie z. B. der Schule. Häufig haben die Cybertäter auch kein Gefühl für ihr eigenes straffälliges Verhalten, das sie im Netz ausüben (Katzer 2012a, b). D. h., die Wahrnehmung des eigenen Verhaltens variiert deutlich zwischen virtuellem und physischem Umfeld: „Mir war zuerst gar nicht klar, dass ich mich strafbar mache, wenn ich ein Foto, das ich mit meinem Handy von meinem Freund aufgenommen habe, im Internet einfach hochlade", O-Ton Michael, 14 Jahre, aus Düsseldorf.

Des Weiteren zeigt sich, dass sich bestimmte Formen von aggressivem Verhalten mittlerweile zur Normalität in der Internetkommunikation der Jugendlichen entwickeln. D. h., andere im Cyberspace regelmäßig ärgern, beleidigen, beschimpfen oder beim Chatten stören, gehört oft zum normalen Online-Verhalten dazu und wird gar nicht mehr als schlimm, sondern als ganz normaler alltäglicher Umgang wahrgenommen (Katzer und Fetchenhauer 2007).

Auch können wir einen neuen virtuellen Voyeurismus feststellen: Denn es ist nirgendwo so leicht, andere bei ihren Handlungen zu beobachten, wie im Cyberspace, auch bei kriminellem Verhalten. Der Reiz, einmal bei etwas „Verbotenem" zuzuschauen, ist oft groß. Das bedeutet aber auch, dass z. B. ein Beobachter, der dabei zuschaut, wie jemand auf Facebook gemobbt wird, sehr schnell zum Mittäter oder Dulder der Tat werden kann: „Irgendwie tat mir mein Mitschüler leid, aber ich wusste nicht, was ich tun sollte, und irgendwie war ich auch froh, dass ich nicht das Opfer war, so habe ich halt nix gemacht", so Tom, 15-jähriger Schüler aus Köln.

Die Wahrnehmung von Gewalt verändert sich also deutlich und die Gewaltgrenzen verschieben sich (Katzer 2011c). Dies findet auch seine Entsprechung in einigen Motiven der Cybermobber. So können wir feststellen, dass Langeweile, Spaß, Unterhaltung, Wettstreit oder Trophäenjagd (Wer hat das blutigste Prügelvideo oder das peinlichste Foto eines Mitschülers?) häufig eine starke Rolle spielen. Auch der schnelle Ruhm, den quasi jeder über das Internet vermeintlicherweise glaubt, erlangen zu können, hat bei einem Teil der Täter eine große Bedeutung. Von einer großen Menge bewundert zu werden, weil man eben so ein cooler Typ ist und ein peinliches Video von seinem Lehrer oder einem Mitschüler auf YouTube veröffentlicht und Tausende dieses dann anschauen, weiterempfehlen und auch als gut bewerten können, ist für viele ein Anreiz: Ein großes Publikum für böse Jungs und böse Mädels – man wird schnell zum gefürchteten Helden!

1.1.5.3 Neue Situation der Opfer

Auch für die Opfersituation im Cyberspace gilt, dass sie sich deutlich von der Opfersituation im alltäglichen Umfeld unterscheidet. So haben wir es bei der Opfersituation im Cyberspace praktisch mit einer Endlosviktimisierung zu tun: Gemeinheiten und Verletzungen bleiben ein Leben lang im Netz erhalten (Katzer 2010a, b, 2011a, b). Jedes Opfer ist somit einer nie endenden Schmach ausgesetzt, da nichts löschbar ist: Kein peinliches Foto und kein beleidigender Eintrag ist aus dem Internet jemals zu entfernen (WDR-5-Radiosendung „Funkhaus Wallraffplatz": Bilder für die Ewigkeit – Fotos im Internet und wie man sie los wird, 30.06.2012).

Dazu kommt eine extreme Öffentlichkeit und Reichweite der Viktimisierung, denn Hunderttausende, ja Millionen User auf Facebook können nachverfolgen, was mit dem Opfer passiert ist, auch Lehrer, Freunde, Eltern oder der Bäcker um die Ecke. Dabei existiert für die Cyberopfer auch kein Schutzraum mehr, denn die Täter kommen über den PC oder über das Mobiltelefon direkt in das eigene private Zuhause – auch ins Kinderzimmer.

Gerade durch diese Endlosviktimisierung und den hohen Öffentlichkeitsgrad werden die Verletzungen durch Cybermobbing von den Opfern zum Teil stärker empfunden als Verletzungen, die durch Mobbing in der Schulsituation entstehen. Dies gilt insbesondere, wenn Fotos oder Videoaufnahmen involviert sind, so Smith (2009). Genau dies zeigte sich im Fall des 13-jährigen Joel aus Österreich. Er warf sich im Frühjahr 2011 vor einen fahrenden Zug, weil er die Schmach, auf Facebook als Schwuler bezeichnet und mit Homosexuellenwebsites und -chatrooms in Verbindung gebracht zu werden, nicht mehr ausgehalten hat (SAT.1-Sendung „Kerner": Cybermobbing, März 2011, www.youtube.com/watch?v=zLmjWiGUD2g).

Auch in Deutschland gibt es bereits einige durch Cybermobbing ausgelöste Fälle versuchten Suizids (ZDF-Sendung „hallo deutschland": Tatort Internet, 27.04.2012). Obwohl dies zum Glück noch Ausnahmen darstellen, ist die Anzahl der Fälle in der Kinder- und Jugendpsychiatrie, die mit Cybermobbing zu tun haben, in den letzten Jahren deutlich gestiegen (Brunner 2012).

Aufgrund der rasanten Weiterentwicklung technologischer Möglichkeiten (z. B. wurde Facebook erst seit 2008 für die breitere Öffentlichkeit nutzbar gemacht) und der damit einhergehenden Risiken und Gefahrenproblematik fühlen sich gerade viele Eltern und auch Lehrer überfordert. „Ich hatte doch keine Ahnung – was macht man denn auf Facebook?", so die verzweifelte Mutter von Joel, der sich das Leben nahm. Laut der FIM-Studie 2012 (Medienpädagogischer Forschungsverbund Südwest 2012a) fühlen sich über 50 % der Eltern nur unzureichend bis gar nicht medienkompetent im Umgang mit ihren Kindern. Auch eine Evaluationsstudie im Rahmen des Projektes Fit in Fair Play des Malteser Hilfsdienst e. V. und die aktuelle Cyberlife-Lehrer-Studie (Bündnis gegen Cybermobbing 2013c) zeigen, wie sehr Lehrer befürchten, die zukünftige Schulsituation durch den Einfluss der neuen Medien nicht mehr bewältigen zu können. Hier müssen wir Abhilfe schaffen!

Es ist offensichtlich, dass wir in Zukunft mit einem neuen Gewaltumfeld zurechtkommen müssen, wobei auch die Tätererfassung, Tatvermeidung und Opferbetreuung tangiert werden. Jugendmedienschutz, Bildungsinstitutionen und Politik sind also gefordert und müssen neue Rahmenbedingungen schaffen, damit wir als Gesellschaft mit dieser neuen Situation umgehen lernen (SWR-2-Radiosendung „Wer stoppt den Mob im Internet?", 10.04.2012). Wie dies aussehen kann, wird in Kap. 4 näher ausgeführt.

Veränderung der Mobbingsituation durch das Internet

- Mobbing unter Schülern hat sich verändert und verlagert sich zunehmend ins Internet.
- Neue Gewaltformen wie Cybermobbing sind auf dem Vormarsch, in allen Schulformen.
- Cybermobbing ist öffentlich, denn Hunderttausende können über Facebook & Co. zusehen.
- Cybermobbing ist endlos – nichts, was einmal im Netz steht, kann gelöscht werden.
- Cybermobbing traumatisiert ein Opfer in vielen Fällen noch stärker als Mobbing, das „nur" auf dem Schulhof oder in der Schulklasse stattfindet.
- Erhöhte Anforderungen durch neue Medien an die Lehrer verursachen bei ihnen häufig Angst und Unsicherheit.
- Viele Eltern fühlen sich wenig medienkompetent und dadurch überfordert.

- Wie beurteilen Sie gerade bei Kindern und Jugendlichen die steigende Medienausstattung?
- Welche Bedeutung haben Anonymität und Virtualität für Opfer und Täter von Cybermobbing?
- Denken Sie einmal selbst an Ihr Online-Verhalten, sind Sie bei bestimmten Erlebnissen schon einmal misstrauisch geworden?
- Welche Hilfe oder Unterstützung im Umgang mit Internet & Co. würden Sie sich wünschen?

1.2 Wie Kinder und Jugendliche das Internet erleben

1.2.1 Virtuelles Leben zwischen Faszination und Gefahr

Die Online-Welt ist ein spannender Ort: Egal, ob man auf der Suche nach neuen Freunden oder der großen Liebe ist, man mit Fans von TV-Soaps wie „Gute Zeiten, schlechte Zeiten" chatten will, anderen mitteilen möchten, ob man Kinoblockbuster wie „Harry Potter" und „James Bond 007" mag, oder einfach nur zur Selbstdarstellung, nach dem Motto „Ich stehe gerade bei Saturn und kaufe mir das neueste iPad" – nichts kann das Mitteilungsbedürfnis im Internet aufhalten!

Und all das macht das Web gerade für Kinder und Jugendliche so unglaublich attraktiv und faszinierend zugleich: Die Welt zu erkunden, ohne das Haus oder den Heimatort verlassen zu müssen, Fragen beantwortet zu bekommen, nur indem man bei Google oder Wikipedia nachschaut, Telefonnummern alter Schulfreunde einfach online wiederzufinden, aber auch die Möglichkeit, sich selbst anders darzustellen, als man im tatsächlichen Leben ist – all diese unzähligen Möglichkeiten hat es vor dem Zeitalter des Internets nicht gegeben. So wundert es nicht, dass die Zahl der jugendlichen Online-User rasant gestiegen ist.

Mittlerweile sind mehr als 75 % der 10- bis 18-Jährigen in Deutschland täglich „on". D. h., sie versenden E-Mails, schauen nach, welche Freunde gerade auf Facebook aktiv sind oder wer ein neues Video auf YouTube gepostet hat, ob jemand neue Freundschaftsanfragen gestellt hat, man „geaddet" wurde und vieles mehr.

Aber das, was den Reiz des Internets ausmacht, darf unsere Augen nicht davor verschließen, dass gerade dadurch viele Kinder und Jugendliche Gefahren ausgesetzt sind, auf die sie gar nicht vorbereitet sind. Vor allem jugendliche Naivität, Unbefangenheit, aber auch ungezügelte Neugierde können im Internet anfällig machen für unangenehme Erlebnisse wie Cybermobbing.

Und auch der reine Zufall kann dazu führen, dass Kinder und Jugendliche auf unerwünschte Inhalte stoßen, wie die 14-jährige Schülerin Claudia aus München berichtet: „Ich habe einfach nur das Wort *long* bei einer Suchmaschine eingegeben und habe eine Webseite gesehen, die Fotos mit großen männlichen Geschlechtsteilen zeigt."

Wir wissen also meist gar nicht, dass viele Kinder oft nur einen Klick entfernt sind von rechtsradikalem Gedankengut, Hardcorepornografie, Selbstmordforen (Etzersdorfer et al. 2003), Gewaltcommunitys, in denen die Teilnehmer sich virtuell gegenseitig verprügeln, Bauanleitungen für Bomben, Folterungen und Tötungsdelikten vor laufender Webcam (Gore- und Snuffvideos) oder Freundschaftsanfragen für kannibalistische Zeremonien (Der Kannibale von Rothenburg).

Fazit: Wir müssen hinschauen und aufpassen, worauf Kinder und Jugendliche online treffen!

Verpassen wir Erwachsene es, Kindern unsere Werte und Normen zu vermitteln, kann es auch passieren, dass sie ungehindert falsche Vorbilder aufnehmen und sich nach diesen ausrichten. So wie ein 14-jähriger Junge unlängst in einem Workshop sagte: „Weiber sind doch alle Schlampen, die wollen doch über den Tisch geworfen und hart genommen werden!" Auf die Frage, woher er das denn so genau wüsste, gab er folgende Antwort: „Das sieht man doch überall im Internet!"

Kinder und Jugendliche können durchaus über das, was sie im Internet sehen, dazu angeleitet werden, auch selbst solche Inhalte zu erstellen, die eben nicht immer nur harmlose Ferienbilder oder lustige Schnappschüsse der letzten Klassenfahrt zeigen: „Wir haben den kopfüber einfach ins Klo getaucht und gefilmt, weil wir das im Netz gesehen haben und das gut fanden, um ihm eins auszuwischen" (Marvin, 15 Jahre, aus Düsseldorf).

Auch kommt es vor, dass mit dem Handy gefilmte Video- oder Fotoaufnahmen, die zeigen, wie ein Mitschüler gnadenlos krankenhausreif geschlagen wird, über Videoplattformen (z. B. YouTube) oder Fotodienste (z. B. Instagram) veröffentlicht werden.

Diese Beispiele machen deutlich, wie wichtig es ist, dass wir alle das Internet auch als Instrument begreifen, das Kindern Werte und Verhaltensweisen vermittelt, sei es über Filme, Fotos und Websites oder durch den direkten Online-Kontakt mit anderen Personen.

- Nicht selten treffen jüngere Internetnutzer auf ungeeignete (z. B. pornografische, brutale und gewalthaltige) Inhalte im Netz. Gerade bei den sehr jungen Usern kann die Konfrontation mit solchen Inhalten länger andauernde psychische Folgen haben und sogar schwere Traumatisierungen auslösen.

> • Das Internet vermittelt über die Konfrontation mit Gewalt und Brutalität Kindern und Jugendlichen auch ein bestimmtes Werte- und Normensystem, das die Gewaltanwendung gegenüber anderen Menschen befürwortet oder regelrecht zu solchem Verhalten anstiftet.

Wenn wir Kindern also eine uneingeschränkte Mediennutzung erlauben wollen, gleichzeitig aber darauf achten möchten, wie wir sie vor ungeeigneten Inhalten schützen können, bewegen wir uns auf einem sehr schmalen Grad. Drei Dinge, die im Folgenden erläutert werden, sollten wir deshalb über das Internetverhalten von Kindern und Jugendlichen wissen:

1. Wie bekommen Kinder und Jugendliche Zugang zum Internet? Gehen sie z. B. vom eigenen Kinderzimmer aus online oder vom Computerraum in der Schule?
2. Welche ungeeigneten Inhalte werden von Kindern und Jugendlichen gezielt aufgesucht und auf welche können sie ganz zufällig treffen?
3. Wer sind die Kinder und Jugendlichen online, d. h., unter welchem Pseudonym, Nickname oder Profil treten sie im Netz auf?

Nur dann, wenn wir die Antworten auf diese Fragen kennen, können wir auch gemeinsam mit unseren Kindern oder Schülern eine sinnvolle Präventionsarbeit leisten und Gefahren vermeiden bzw. minimieren.

1.2.2 Wie bekommen Kinder und Jugendliche Zugang zum Internet?

Computer oder Laptop, iPad und Smartphone haben mittlerweile die häusliche Alltagswelt der Jugendlichen fast völlig durchdrungen. Dabei ist der eigene Computer schon seit Jahren aus den Kinderzimmern nicht mehr wegzudenken: Bereits 2005 besaßen schon 74 % der deutschen Kinder und Jugendlichen im Alter zwischen 10 und 19 Jahren einen eigenen PC oder ein eigenes Laptop. Und: Von den Kindern und Jugendlichen, die damals bereits regelmäßig das Internet besuchten, hatten die meisten schon einen eigenen internetfähigen PC im Kinderzimmer stehen – also außerhalb der Reichweite der Eltern! Das heißt, schon im Jahr 2005 nutzte mehr als die Hälfte den eigenen PC, um ins Internet zu kommen. Mit dem PC der Eltern gingen lediglich 22 % online, mit einem PC in der Schule 8 % und mit dem PC von Freunden nur 7 % (Katzer 2005a, b, 2007c).

Viele Eltern waren also weit entfernt von dem, was ihre Kinder im Internet taten, und hatten auch kaum einen Einblick in das, was ihre Kinder im Internet erlebten. Das sahen auch viele Jugendliche damals so: In einer Studie gaben über 900 jugendliche Internet-User zwischen 10 und 19 Jahren an, dass die Eltern ihre Internetnutzung kaum hinterfragten. Nur rund ein Fünftel der Jugendlichen bestätigte, dass ihre Eltern ab und zu kontrollierten, wo sie sich im Internet aufhalten (Katzer 2005a, b).

Allerdings hat sich dies in den letzten Jahren nicht sehr geändert: Auch heute wissen nur wenige Eltern Bescheid über das, was ihre Kinder im Internet tun. So zeigt eine aktuelle Studie des Bündnisses gegen Cybermobbing, dass nur 14 % der Eltern in Deutschland regelmäßig auf die Internetnutzung ihrer Kinder achten und kontrollieren, was sie online tun (Bündnis gegen Cybermobbing 2013b). Dabei fühlt sich die Hälfte der Eltern selbst laut neuesten Untersuchungen auch nur wenig medienkompetent, so der Medienpädagogische Forschungsverbund Südwest in seiner FIM-Studie 2011. Und trotzdem lassen viele Eltern ihre Kinder von ihrem eigenen Kinderzimmer das Internet besuchen.

Zugegeben, es wird auch zunehmend immer schwieriger für die Eltern, das Internetverhalten der eigenen Kinder zu überblicken. Denn in der letzten Zeit zeichnet sich ein ganz neuer Trend ab: Immer mehr Jugendliche nutzen nämlich ihre Handys oder Smartphones, um ins Internet zu gehen. 2011 waren das bereits 29 % der 12- bis 18-Jährigen, so die JIM-Studie des Medienpädagogischen Forschungsverbundes Südwest (2011b).

Dank Internetflatrate sind die Kosten überschaubarer geworden. Somit kann jeder von unterwegs zu relativ kleinen Preisen mit Freunden chatten oder Fotos posten. Für Kinder und Jugendliche wird es also immer einfacher, ohne Wissen der Eltern im Internet zu surfen, E-Mails zu verschicken oder sonstige Welten des Cyberspace zu erkunden.

Aber gerade deshalb gilt: Wir müssen uns mit dem Internet befassen und mit unseren Kindern und Schülern Risiken und Gefahren, aber natürlich auch den Nutzen diskutieren. Und wenn es nun so ist, dass viele Kinder und Jugendliche das Internet alleine und selbständig kennenlernen und erleben, müssen gerade wir Erwachsenen oder auch ältere Geschwister und Freunde zumindest bestimmte Themen und Webinhalte ansprechen und mit ihnen diskutieren. Dazu gehört insbesondere, auf die möglichen Gefährdungspotenziale hinzuweisen, wie z. B. die neuen Gewaltphänomene Shitstorm und Cybermobbing, aber auch Gewaltvideos, Kinderpornografie oder Gangsta-Rap, die im Internet kursieren, oder rechtsradikale Gruppierungen, die auf der Suche nach neuen Anhängern sind.

Denn eines ist klar: Viele Jugendliche suchen im Netz auch aus reiner Neugierde solche Websites auf, die eigentlich für sie ungeeignet sind, wie wir im Folgenden sehen werden.

1.2.3 Persönlichkeit, Identität und Internetnutzung

Schauen wir uns noch einmal an, welche Bedeutung soziale Netzwerke wie wer-kennt-wen und Facebook in den letzten 5 Jahren bei Kindern und Jugendlichen gewonnen haben: Alleine in Deutschland besitzen über 75 % der 10- bis 18-Jährigen mindestens ein Profil in einem sozialen Netzwerk (Bündnis gegen Cybermobbing 2013b).

Wir sehen also, dass soziale Netzwerke unbestritten zu einem festen Bestandteil des Alltaglebens von Kindern und Jugendlichen rund um den Globus geworden sind. Auch wenn neue Studien zeigen, dass der Hype in der Altersgruppe der 17- bis 20-Jährigen langsam etwas nachlässt: Das Interesse gerade bei Kindern im Grundschulalter und pubertierenden Jugendlichen wird hingegen immer stärker.

Das heißt also: Genau in den Lebensphasen, in denen Kinder zum ersten Mal versuchen, sich auch sozial zu verorten, und Jugendliche verstärkt ihre persönliche und sexuelle Identität bilden, treten Inhalte, Kontakte und „Online-Freunde" aus dem virtuellen Raum immer mehr neben das reale private oder schulische Umfeld.

Das soziale Beziehungsnetz, also Gruppen, Cliquen und Strömungen, die gerade bei Jugendlichen in der Pubertät die Persönlichkeitsentwicklung entscheidend mit beeinflussen, kommt also immer häufiger nicht nur aus der eigenen Schule oder der Nachbarschaft, sondern aus anderen Städten, Bundesländern oder sogar von anderen Kontinenten.

Somit stellt sich nicht nur die Frage: Warum nutzen Teenager soziale Netzwerke?, sondern auch: Welche Bedeutung hat die Persönlichkeit für die Internetnutzung? Und vor allem: Welche Bedeutung haben soziale Netzwerke für die Persönlichkeitsbildung?

1.2.3.1 Warum nutzen Teenager soziale Netzwerke?

Wenn wir uns Kinder und Jugendliche genauer anschauen, dann sehen wir, dass sie das Internet und seine Kommunikationstreffpunkte aus ganz unterschiedlichen Gründen nutzen. Mitglied auf Facebook zu sein, bedeutet für viele Jugendliche zum einen: „Ich bin cool, gehöre dazu und bin Teil eines Netzwerkes, das um die ganze Welt gespannt ist." Zum anderen versuchen sie aber auch, durch die Nutzung sozialer Netzwerke bestimmte Bedürfnisse zu befriedigen. So ist für viele gerade die Suche nach neuen Freunden und das ständige Verbundensein mit anderen in einem sozialen Raum ein wichtiger Grund für die Mitgliedschaft auf Facebook & Co. Soziale Netzwerke werden also durchaus auch genutzt, um das Gefühl der Gruppenzugehörigkeit zu stärken und die Kontakte zu Freunden zu intensivieren. Eine aktuelle Studie des Bündnisses gegen Cybermobbing (2013b) zeigt, dass rund die Hälfte der Jugendlichen genau aus diesem Grund soziale Netzwerke aufsucht.

Außerdem spielt die Suche nach nützlichen Tipps und Ratschlägen z. B. für Mode, Make-up und Styling, aber auch nach ganz konkreten Vorbildern, für das, was man später einmal werden möchte, eine bedeutende Rolle. Dies bestätigen im Jahr 2013 rund 42 % der deutschen Jugendlichen. Dabei versuchen 46 % auch Kontakt zu Personen zu bekommen, die ganz anders sind als sie selbst (Bündnis gegen Cybermobbing 2013b). D. h. also, der pubertären Neugierde und dem Nervenkitzel, etwas anderes, völlig Fremdes kennenzulernen, wird in sozialen Netzwerken sehr häufig nachgegangen.

Und auch das Spiel mit der eigenen Identität ist bei der Nutzung von sozialen Netzwerken von erheblicher Bedeutung, nach dem Motto: „Wer bin ich und wer möchte ich gerne sein?" D. h., das Internet wird vermehrt auch zu einem Medium für die Suche nach sich selbst und zu einer Spielwiese für das Austesten verschiedener Fähigkeiten und Persönlichkeitseigenschaften. So zeigt sich, dass sich 32 % der deutschen Jugendlichen in sozialen Netzwerken ganz anders darstellen, als sie in Wirklichkeit sind, und rund 40 % versuchen, im Internet auszutesten, wie sie bei anderen Leuten ankommen (Bündnis gegen Cybermobbing 2013b). Wir werden später noch sehen, dass viele Mädchen und Jungen, wenn sie durch die Online-Welt wandern, durchaus ihre Identität verändern oder auch ihr Geschlecht falsch angeben (z. B. Gender-Swapping).

Allerdings werden viele Jugendliche auch aus einem ganz praktischen Grund Mitglied in einem sozialen Netzwerk: Einfach weil bereits die meisten ihrer Freunde und Mitschüler hier aktiv sind und sie so besser mitbekommen, was insgesamt läuft und welche Themen gerade „in" sind. Denn viele Neuigkeiten und auch Termine oder Verabredungen werden heutzutage über soziale Netzwerke verbreitet und ausgetauscht. Dieser Hintergrund trifft in Deutschland auf 70 % der Jugendlichen zu (Bündnis gegen Cybermobbing 2013b).

Aber auch die Sorge, von anderen in der Schule zum Außenseiter abgestempelt zu werden, wenn man eben nicht auf Facebook ist, kann ein Grund für die Mitgliedschaft in einem sozialen Netzwerk sein. Sozialer Druck als Grund für die Facebook-Nutzung: Dies betonen immerhin ca. ein Drittel der deutschen Jugendlichen (Bündnis gegen Cybermobbing 2013b).

Dabei spielt bei der Nutzung sozialer Netzwerke auch die Suche nach Unterhaltung oder Voyeurismus für Kinder und Jugendliche eine nicht unbedeutende Rolle (Boyd 2007): „Wenn ich mich z. B. zu Hause langweile, dann schaue ich einfach mal nach, was auf Facebook so abgeht" (Kevin, 15 Jahre).

Wir sehen also, die Nutzung sozialer Netzwerke kann aus ganz unterschiedlichen Motiven heraus geschehen und muss auch nicht immer aus freien Stücken stattfinden. So kann ein extremer Gruppendruck durch die eigenen

Freunde dazu führen, dass man sich bei Facebook anmeldet. Wie es beispielsweise Chris (15 Jahre) schildert: „Eigentlich finde ich das gar nicht so super, aber alle meine Freunde sind eben drin, und wenn ich mich da ausschließe, dann bekomme ich nicht mit, wann irgendetwas läuft … und die würden auch über mich ablästern, da habe ich keinen Bock drauf …"

1.2.3.2 Welche Bedeutung hat die Persönlichkeit für die Internetnutzung?

Alles, was Jugendliche in sozialen Netzwerken letztlich suchen, hängt natürlich auch in starkem Maße mit den eigenen Persönlichkeitsmerkmalen zusammen. Persönliche Eigenschaften, Fähigkeiten und Erfahrungen beeinflussen eben nicht nur, wie wir in unserem Alltag denken und handeln, sie wirken selbstverständlich auch auf das, was wir im Internet tun. Welche Bedeutung hat unsere Persönlichkeit nun für die Art, wie wir das Internet und seine Online-Kommunikationsformen nutzen?

Zunächst einmal sollten wir uns darüber klar werden, dass allein schon unser Geschlecht den Umfang und die Art der Internetnutzung prägt. So benutzen weibliche User insgesamt das Internet nach wie vor nicht so intensiv und so vielfältig wie männliche Nutzer. Besonders ausgeprägt ist dieser Geschlechtsunterschied im mittleren und höheren Alter, zeigt sich aber auch bei Studierenden und Teenagern (vgl. Sieverding 2005; Boyd 2007).

So können wir auch bei Kindern und Jugendlichen deutliche Geschlechtsdifferenzen bei der Nutzung von sozialen Netzwerken und Online-Computerspielen feststellen. Gerade Jungen besuchen soziale Netzwerke häufiger, um gezielt neue, fremde Leute kennenzulernen. Mädchen hingegen wollen über Facebook & Co. in erster Linie mit den Freunden reden, die sie auch aus ihrem realen Alltag bereits kennen, wie z. B. aus der Schule oder der Nachbarschaft (Boyd 2007).

Dieser Geschlechtsunterschied hängt zum Teil auch damit zusammen, dass Jungen in der Pubertät generell risikofreudiger sind als Mädchen. Die meisten Mädchen bleiben nämlich überwiegend bei Vertrautem und versuchen eher, den Kontakt zu schon bekannten Personen zu intensivieren und fremde Kontakte zu vermeiden. Allerdings gibt es selbstverständlich auch risikofreudige, neugierige und frühreife Mädchen, die in sozialen Netzwerken auf der Suche nach dem Kick sind: Sie suchen gezielt Kontakt zu Unbekannten und Fremden und bevorzugen sexuelle Inhalte und Gespräche (Katzer 2007a, b).

Bei der Nutzung von Computerspielen liegen Jungen deutlich vor den gleichaltrigen Mädchen: So spielen aktuell in Deutschland rund 63 % aller Jungen zwischen 12 und 19 Jahren mehrmals in der Woche bis täglich Computer-, Konsolen- oder Online-Spiele, während es bei den Mädchen nur etwa

20 % sind, auf die dies zutrifft (Medienpädagogischer Forschungsverbund Südwest 2012b). Dabei differiert auch die Wahl der genutzten Spiele deutlich zwischen Jungen und Mädchen: So bevorzugen Mädchen eher gewaltlose Strategie- und Denkspiele, während Jungen überwiegend gewalthaltige Action- oder Sportsimulationsspiele auswählen (s. auch Steffgen und Pfetsch 2007).

Ein entscheidender Faktor, der mit beeinflusst, was wir im Internet bzw. mit dem PC und mit Spielkonsolen tun, ist also das Geschlecht (Wolfradt und Doll 2001, 2005). Aber: Die Nutzung von Internet & Co. wird auch von anderen Persönlichkeitseigenschaften beeinflusst. Gerade spezifische Persönlichkeitsfaktoren wie Extraversion (Geselligkeit, Offenheit, Kontaktfreudigkeit), Neurotizismus (soziale Ängstlichkeit, Nervosität, Stressanfälligkeit) oder Persistenz (Gewissenhaftigkeit, Verlässlichkeit, Diszipliniertheit) lassen die Art der Internetnutzung durchaus nicht unberührt (Dimensionen des Fünf-Faktoren-Modells; Wolfradt und Doll 2001; Swickert et al. 2002; Tuten und Bosnjak 2001): So z. B. die Art, wie wir uns generell fremden Menschen gegenüber verhalten, ob wir auf diese direkt und offen zugehen oder im Gegenteil eher vorsichtig und ängstlich auf sie reagieren. All das entscheidet also auch mit, wie wir im Netz auftreten und was wir dort tun!

Aktuelle Untersuchungen zeigen ganz deutlich: Sind wir z. B. eher gewissenhafte, hinterfragende Personen, die auch von einem besonderen Leistungsstreben bestimmt werden, nutzen wir die Möglichkeiten des Internets sehr häufig zur Informationssuche und zur Wissensanreicherung. Wir versuchen also durch das Internet als Informationsmedium eine Vielfalt von Hintergründen und Tatsachen herauszufinden, um z. B. bestimmte Leistungsanforderungen zu erbringen oder unser eigenes Leistungsniveau insgesamt zu verbessern (Leistungsstreben ist eine Facette der Persönlichkeitsdimension Gewissenhaftigkeit).

Schauen wir uns auch hier noch einmal weibliche und männliche Internetnutzer im Vergleich an: Bei männlichen Usern, die eine hohe Verweildauer in sozialen Netzwerken aufweisen, können wir z. B. durchaus einen Zusammenhang mit sozialer Ängstlichkeit und Kontaktscheue im Umgang mit anderen Menschen (Neurotizismus) feststellen. Demgegenüber ist die verbrachte Online-Zeit bei weiblichen Usern häufig vom Grad der Impulsivität abhängig. Wie lange Mädchen und Frauen online sind, hängt also oft von dem emotionalen Zustand ab, in dem sie sich befinden.

Männliche User machen demgegenüber ihre Online-Zeit häufig gezielt davon abhängig, wie gut es ihnen gelingt, ein ganz konkretes Bedürfnis zu befriedigen. Sie versuchen z. B. über ihre Online-Kontakte zu lernen, wie sie die eigenen sozialen Ängste im Umgang mit anderen Personen, mit Kollegen oder der Familie besser kontrollieren können. Durch die soziale Gemeinschaft im virtuellen Raum, in dem sie ohne ihre eigene physische Präsenz handeln und agieren können, bauen sie ihre soziale Ängstlichkeit und Unsicherheit gegenüber anderen ab: Sie werden mutiger und selbstsicherer.

Die Suche nach sozialen Kontakten über virtuelle Gruppen kann aber auch mit dem Bedürfnis zusammenhängen, immer alles genau wissen und hinterfragen zu wollen (Persistenz). Denn über den Austausch mit einer großen Anzahl von Personen im virtuellen Raum bekommen wir viele unterschiedliche Informationen, die auf dem normalen Face-to-Face-Weg nicht zu erlangen wären.

Insgesamt können wir zeigen, dass besonders extravertierte, also gesellige und kontaktfreudige Personen, bestimmte Internetdienste wie Chatrooms und soziale Netzwerke gezielt dazu nutzen, um ihr Bedürfnis nach Kommunikation und Geselligkeit zu befriedigen.

Allerdings lassen sich deutlich auch Wechselwirkungen zwischen Persönlichkeitsmerkmalen, einer konkreten Situation und der gewählten Kommunikationsform nachweisen. So konnten Hertel et al. (2005) zeigen, dass gerade extravertierte Personen in Konfliktsituationen eher versuchen, diese im direkten Face-to-Face-Gespräch zu lösen. Demgegenüber greifen emotional instabile Personen (ängstlich, nervös, stressanfällig usw.) insbesondere in Kommunikationssituationen, die auch mit Problemen, Konflikten oder Meinungsverschiedenheiten aufgeladen sind, viel stärker zu asynchronen, virtuellen Online-Medien wie z. B. der E-Mail.

Das heißt also: In problematischen Situationen mit anderen Personen hilft solchen Menschen die physische Abwesenheit bei der Online-Kommunikation, ihre Unsicherheit so gut wie möglich zu reduzieren und die Situation besser unter Kontrolle zu bekommen. Ein großer Vorteil: Sie können sich besser und länger überlegen, was und wie sie sich genau ausdrücken möchten. Da sie der „Konfliktpartei" ja nicht direkt gegenüberstehen, gewinnen sie also mehr Selbstsicherheit.

Doch sind soziale Netzwerke nur für diejenigen bedeutsam, die sie auch wirklich nutzen? Wenn wir uns jetzt gerade einmal solche Gruppen von Jugendlichen anschauen, die soziale Netzwerke eben nicht (oder nicht mehr) nutzen, dann fällt auf, dass man im Großen und Ganzen zwei Gruppen von Nicht-Usern unterscheiden kann (Boyd 2007):

1. die „zugangslosen Nichtnutzer", die keinen Internetzugang haben. Entweder besitzen sie keine Endgeräte, oder die Eltern unterbinden und verbieten die Internetnutzung.
2. die „Ablehner", die z. B. gegen Giganten wie Facebook rebellieren wollen. Allerdings fallen in diese Kategorie auch solche Jugendlichen, die glauben, Facebook sei nur etwas für coole Typen, und sich selbst nicht dazugehörig

fühlen. Es gibt aber auch „Ablehner", die sich selbst hingegen zu cool für soziale Netzwerke finden und diese nur als „stupid" bezeichnen. Allerdings können wir bei vielen „Ablehnern" feststellen, dass sie durchaus über ein Profil in einem sozialen Netzwerk verfügen und auch ab und zu einmal hineinschauen! Den Schritt, sich so ganz abzumelden, machen also doch die Wenigsten.

Der Grund für die Nichtnutzung sozialer Netzwerke kann also zum einen an den fehlenden Zugangsmöglichkeiten liegen. Wobei dieser Tatbestand ja immer weiter abnimmt, denn kaum ein Jugendlicher in den zivilisierten westlichen Ländern hat heute keinen Zugang zum Internet. Zum anderen kann die Nichtnutzung auch aus reiner Überzeugung erfolgen. Somit kommen auch hier wieder Persönlichkeitsfaktoren mit ins Spiel.

Aber: Soziale Netzwerke verschwinden aus dem Bewusstsein der Jugendlichen nie völlig. Allein schon deshalb nicht, weil sich in ihrem Umfeld immer Menschen befinden werden, die in sozialen Netzwerken aktiv sind. Und diesen kann man nicht aus dem Weg gehen. Soziale Netzwerke sind also in der Pubertät immer präsent – auch bei den Nichtnutzern!

1.2.3.3 Welche Bedeutung haben soziale Netzwerke für die Persönlichkeitsbildung?

Eines ist klar: Soziale Netzwerke sind auch deshalb so spannend für Kinder und Jugendliche, weil sie anderen Personen ein Bild von sich selbst auf ganz verschiedene Arten vermitteln können: Alles, was Jugendliche anderen über sich mitteilen wollen, können sie zunächst in ihrem Kinderzimmer vor dem PC entwickeln und dann für Hunderttausende öffentlich machen – ob Berichte über Hobbys, sportliche Erlebnisse, Ferien, Lieblingssongs, -bücher, -stars, Fotos, Videoclips, Verlinkungen mit anderen Websites oder Personen usw.

Das Internet ist eben nicht nur ein Raum, um miteinander zu kommunizieren, es ist auch eine Bühne, auf der es den Nutzern durchaus auch um Selbstdarstellung und das gezielte Vermitteln von bestimmten Selbstbildern und Eindrücken geht (Renner et al. 2005). Ein großer Vorteil des virtuellen Raumes ist es also, dass man sich von seiner wahren Person lösen, sich also „entpersonalisieren" kann (Döring 2002).

Die gezielte Manipulation anderer gehört damit zum Teil auch bei der Erstellung eines eigenen Online-Profils dazu: Der Nutzer möchte nämlich durch die Angaben in seinem Profil beeinflussen, was andere von ihm denken sollen. Er versucht also mit seinem Online-Verhalten und dem, was er von sich preisgibt und erzählt, ein ganz bestimmtes Bild von sich bei anderen wachzurufen.

Denn ob jemand auf Facebook mit ihm Freundschaft schließen will, sich in ihn verliebt oder ihn als sympathisch, offen, attraktiv, introvertiert, kompetent oder gewissenhaft empfindet, hängt auch damit zusammen, wie gut er im Internet ein bestimmtes Image von sich präsentieren kann (durch Texte, Fotos, Links usw.).

Grundsätzlich versucht man also jedes Mal, wenn man sich in einer Kommunikationssituation (sei es Face-to-Face oder auch über Mails oder Chats) befindet, sich selbst über ein bestimmtes Verhalten zu definieren und seinem Gegenüber einen bestimmten Eindruck zu vermitteln. Der Fachbegriff dafür lautet *impression management*: Wir wollen uns selbst präsentieren und darstellen (Goffman 1959/1973).

Wie man allerdings versucht, dieses *impression management* auszuüben, hängt in starkem Maße auch vom sozialen Umfeld ab und von den Normen und Werten, die in diesem sozialen Umfeld und Beziehungsnetzwerk (z. B. Familie, Gruppe, Clique, Gang) gelten. Man wird also auch immer versuchen, genauso zu handeln, dass es von der Gruppe, der man angehört oder zu der man gerne gehören will, anerkannt wird.

Die Menschen, die einen direkt umgeben, haben also einen großen Einfluss auf das, was man tut und wie man sich darstellt. In der Pubertät sind es zum Großteil die Peers, die eine starke Bedeutung für das eigene Handeln, die Persönlichkeitsentwicklung und Selbstfindung haben: Jugendliche lernen also viele soziale Normen und Werte, die ihnen den Weg weisen, wie sie sich angemessen zu verhalten haben, welche Einstellungen sie bezüglich bestimmter Themen (z. B. Sexualität, Gewalt, Schule, Arbeit, Religion) haben usw., von ihrem sozialen Umfeld.

Und dieses soziale Umfeld der Jugendlichen besteht eben heute nicht mehr nur aus Mitschülern, besten Schulfreunden, der Gang oder Clique aus der Nachbarschaft, sondern immer stärker auch aus Peers aus dem Netz, also ihren Online-Bekanntschaften. Damit werden also auch soziale Netzwerke immer mehr zu Arenen und Bühnen, in denen soziale Identität und Gruppenzugehörigkeit erschaffen wird. Dies geschieht zum Teil auch über Personen, die die Jugendlichen nicht immer persönlich kennen. Marvin aus München beschreibt dies folgendermaßen: „… die Leute, die ich online treffe, sind genauso wichtig wie meine Freunde hier zu Hause … von denen lerne ich auch total coole Dinge, und die würden mir sofort helfen, wenn es mir mal dreckig geht …"

Daran sehen wir, Online-Freunde haben gerade für Jugendliche eine besondere Bedeutung. Vor allem, wenn sich im Laufe der Zeit ein richtiges Vertrauensverhältnis aufgebaut hat, lassen viele Jugendliche nichts mehr auf die Online-Freundschaft kommen. So sind Bekanntschaften auf Facebook für die Hälfte der deutschen Jugendlichen ein wichtiger Bestandteil ihres Lebens (Bündnis gegen Cybermobbing 2013b). Und rund ein Drittel der unter 18-Jährigen fühlt sich in sozialen Netzwerken deutlich wohler als in der eigenen Schulklasse bzw. ist hier deutlich beliebter als in der Schule.

Hinzu kommt, dass die Mehrheit der Jugendlichen in Deutschland angibt, sich selbstbewusster und wohler in ihrer Haut zu fühlen und auch beliebter in der Klasse geworden zu sein, seit sie ein Profil in einem sozialen Netzwerk hat (Bündnis gegen Cybermobbing 2013b). Wir sehen also, die Bedeutung der virtuellen Cyberwelten für die Persönlichkeit und Identitätsentwicklung wächst.

Das, was andere von einem Jugendlichen denken und in sozialen Netzwerken über ihn äußern, betrifft ihn also und macht ihn nachdenklich. Werden seine Freundschaftsanfragen immer wieder abgelehnt, will niemand wirklich mit ihm reden und wird er eher beschimpft, so hat dies auch Einfluss auf sein Selbstbild.

Neue Studien zeigen ganz klar, dass unangenehme Erlebnisse, die man im virtuellen Raum macht, z. B. auf Facebook, in Online-Rollenspielen oder Lebenswelten wie Second Life, negative Auswirkungen auf den emotionalen Zustand haben. So führt man nicht selten die unangenehmen Erfahrungen auf das eigene Fehlverhalten zurück, dies zeigen auch Coyne und Kollegen (2009).

Das, was man also durch andere Personen im virtuellen Raum erlebt, ihre Reaktionen auf das eigene Verhalten oder die Selbstdarstellung, hat auch entscheidende Auswirkungen auf das gesamte Selbstbild. Man lernt sich selbst also auch in dem Licht zu beurteilen, in dem man von anderen gesehen wird. D. h., es kommt zu einer Selbstreflexion aus dem Blickwinkel der anderen.

Die Art, wie das eigene Verhalten in sozialen Netzwerken oder Chatrooms aufgenommen und von den anderen Usern beurteilt wird, prägt also das weitere Verhalten. Und dies gilt auch für das Alltagsleben, dem Real Life! Auf diese Verknüpfungen zwischen Virtual und Real Life weist auch eine aktuelle Studie des Bündnisses gegen Cybermobbing (2013b) hin. Wie wir bereits weiter oben gesehen haben, sind für den Großteil der Jugendlichen zwischen 10 und 18 Jahren Einstellungen und Verhalten von ihren Online-Freunde sehr wichtig und haben durchaus Vorbildfunktion für ihr Alltagsleben. Damit wird das Cyberlife für Jugendliche immer mehr auch zu einem Bestandteil der Entwicklung und der Veränderung ihrer Persönlichkeit.

Auf diese möglichen Zusammenhänge wies bereits Sherry Turkle in ihren Studien aus den 1990er Jahren für MUDs (Multiple User Dungeons) hin, lange bevor die Facebook-Ära überhaupt begonnen hatte. MUDs sind einigen sicherlich bekannt als die ersten Online-Rollenspiele, in denen die Nutzer selbst kreierte Rollen und Charakteren in Form von Avataren (virtuelle Personen) annehmen und als diese in dem Rollenspiel agieren konnten. Turkle konnte damals schon deutlich zeigen, dass Spieler durchaus ihre positiven Erfahrungen im MUD, wie z. B. neue soziale Kompetenzen, besserer Umgang mit anderen, in ihr alltägliches Leben (Real Life) übertragen haben (Turkle 1999).

Ähnliches zeigte sich auch für die Nutzung sogenannter Newsgroups: Sie erwiesen sich als durchaus nützlich bei der Bewältigung von Identitätskrisen. So konnten z. B. junge homosexuelle Männer, die sich über Newsgroups mit anderen Gleichgesinnten austauschten und über ihre persönlichen Probleme und Konflikte reden konnten, ihre Selbstakzeptanz deutlich steigern. D. h., sie fühlten sich deutlich wohler in ihrer Haut und hatten ein positiveres Bild von sich als vorher (z. B. McKenna et al. 2005).

Wir sehen also: Persönlichkeit entsteht immer in einem Zusammenspiel und aus den Wechselwirkungen zwischen der Person selbst und den situativen Faktoren, also z. B. den Menschen, die die Person umgeben, den sozialen und materiellen Verhältnissen, den kulturellen Gegebenheiten und vielem mehr (s. auch Wiswede 2004).

1.2.3.4 Das Spiel mit der Identität

Wer sich in einem Internetchatroom oder einem sozialen Netzwerk wie Facebook aufhalten will, muss zu Beginn eine Identität angeben. Dazu gehört, dass man sich z. B. einen Nickname gibt, ein Pseudonym, unter dem man in einem Internetchatroom wie Knuddels bekannt sein möchte, oder dass man ein Profil auf Facebook erstellt, das Angaben zur Person wie Geschlecht, Alter, Hobbys und auch Fotos usw. enthalten kann.

Die Welt der Virtualität im Internet (insbesondere anonyme Chatrooms) stellt eindeutig auch einen Ort für das Austesten *anderer* Identitäten dar. Dabei zeigt sich, dass hier die Gruppe der 14- bis 16-Jährigen am stärksten involviert ist. So muss das, was in einem Profil steht, nicht immer die Wahrheit sein! Vielfach wird gerade hier gelogen, dass sich die Balken biegen. Dazu kommt, dass viele Jugendliche nicht nur ein Profil, sondern mehrere Profile im Netz haben, so legen sie z. B. in sozialen Netzwerken durchschnittlich zwei Profile an (Bündnis gegen Cybermobbing 2013b). Und beim Chatten haben deutsche Jugendliche im Durchschnitt drei verschiedene Nicknames (Identitäten in Chatrooms) (Katzer 2005a, b). Je nachdem, welchen Chatroom man gerade besucht, ist man „dollerhecht", „superman" oder „detti14".

Aufgrund der Anonymität, die in Internet-Chatrooms und sozialen Netzwerken vorherrscht, ist es also für Nutzer und Nutzerinnen ein Leichtes, auch unter einem aufregenden Phantasienamen oder Angabe des falschen Geschlechts (Gender-Swapping) aufzutreten. So testen immerhin 25 % der Mädchen ab und zu schon mal aus, wie es ist, in Chatrooms oder sozialen Netzwerken als Junge aufzutreten bzw. ganz neutral, sozusagen „ungeschlechtlich", zu sein. Von den Jungen sind es sogar 30 %, die online ein anderes

Geschlecht annehmen. Dabei können wir eine kleine Gruppe von Mädchen und Jungen ausmachen, die das Internet *ausschließlich* unter der Abgabe des anderen Geschlechts besucht. Rund 7 % der Jungen treten immer nur als weibliche User auf und 6,5 % der Mädchen sind bei ihren Online-Besuchen immer männliche User (Katzer 2005a, b)

Vor dem Hintergrund, dass sich auf diese Weise auch Eigenschaften der eigenen Person zeigen können, die im schulischen oder familiären Umfeld nicht auffallen, ist das Spiel mit der eigenen Identität oder anderen Rollenbildern im anonymen Raum durchaus auch positiv zu bewerten. Zum Beispiel trauen sich Jugendliche dadurch oft, ihre Meinung online stärker zu vertreten, werden mutiger, entschlossener, durchsetzungsfähiger, öffnen sich anderen Personen leichter, üben das Gespräch mit anderen und lernen andere Seiten an sich kennen.

Gerade Jugendliche, die wegen äußerer Merkmale in der Schule besonders häufig gehänselt werden (z. B. Brille, Pickel, Zahnspange, pummelige Figur), schlüpfen online öfter in eine „andere Haut". Sie geben schon mal ein falsches Alter an oder beschreiben ihr Aussehen (Haare, Gewicht, Körpergröße usw.) ganz anders, als es tatsächlich ist. Auch wenn sich Jugendliche unattraktiv fühlen, nutzen sie die Anonymität des Internets dafür, sich z. B. hübscher, schlanker, größer, attraktiver darzustellen, als sie in Wirklichkeit sind.

Wenn wir uns einmal konkrete Facebook-Profile oder Nicknames aus Chatrooms von Jugendlichen anschauen, ist besonders auffällig, dass sich Mädchen deutlich häufiger als Jungen Bezeichnungen, Profilnamen oder Identitäten geben, die sexuell geprägt sind: So zeigen eigene Studien (Katzer 2007a, c), dass rund 52 % der Chatteilnehmerinnen mindestens einen Nickname mit sexuellen Anspielungen haben (z. B.: littlecuty, babygirl, luder, sexgöttin, sweetkissgirl, süßemaus), bei den Jungen sind es lediglich 16,7 % (z. B.: chickenfucker, playboy, sweetboy, kleinerboy, donjuan).

Allerdings ist zu beachten, dass die sexuellen Anspielungen in den Nicknames oder Profilen der Mädchen meist nicht auf ein außergewöhnlich stark ausgeprägtes Interesse an sexuellen Themen oder Gesprächen hindeutet. Für die Mädchen ist es heute vielfach ganz normal, dass sie sich im Internet eine sexuell gefärbte Identität geben. Die sexuelle Selbstinszenierung über das Internet spielt bei vielen Mädchen eben eine ganz wichtige Rolle, so auch Volpers (2011). Dabei stellen sich nicht wenige (auch sehr junge Mädchen) auf den Fotos, die sie in ihren Profilen veröffentlichen, sehr aufreizend dar. Dies wird auch als „Posing" bezeichnet. Push-up-BH, Stilettos und Hotpants auf Profilfotos sind somit keine Seltenheit – auch nicht bei 12- bis 14-Jährigen.

Der Einsatz sexueller Merkmale oder körperlicher Attraktivität gehört also bei der pubertären Selbstwahrnehmung der Mädchen im alltäglichen wie auch im virtuellen Umfeld als Selbstverständlichkeit dazu und wird durch mediale Vorbilder wie Britney Spears & Co. („Schlampenimage") noch verstärkt. Somit denken die meisten Mädchen nicht unbedingt darüber nach, dass sexuelle Anspielungen in ihren Nicknames und Profilen von manchen Chatpartnern möglicherweise als sexuelles Interesse interpretiert werden und sexuelle Übergriffe regelrecht provozieren können.

Doch spielen nicht nur sexuelle Anspielungen bei der Suche nach dem Nickname oder der Profilvergabe eine wichtige Rolle, sondern auch aggressive oder bedrohliche Beschreibungen. Dabei zeigt sich uns ein Bild, das wir bereits aus dem schulischen Bereich kennen: Jungen versuchen viel stärker als Mädchen, ein aggressives, bedrohliches Image herzustellen. In Internetchatrooms äußert sich dies z. B. dadurch, dass Jungen häufiger bedrohliche (z. B.: dirtydevil, badboy, blackman) oder aggressive Nicknames (z. B.: killerkop, gangster, fightmaster, streitplaner) auswählen als Mädchen: So gaben sich im Jahr 2005 21 % der Jungen mindestens einen bedrohlichen Nickname (nur 5,7 % der Mädchen) und 23,3 % mindestens einen aggressiven Nickname (nur 8,4 % der Mädchen) (Katzer 2007c).

Dass wir auch hier wieder einen Geschlechtsunterschied feststellen können, bestätigt wiederum, dass sich Jungen in der Pubertät bei ihrer Identitätssuche stärker mit der Rolle des „harten Kerls" oder dem „Machoimage" auseinandersetzen als Mädchen.

Hier zeigt sich auch ein deutlicher Zusammenhang zwischen der Auswahl bedrohlicher oder aggressiver Nicknames oder Profile, dem Besuch von Rechtsradikalen-, Prügel- oder Pornochatrooms, der Tendenz zu delinquentem Verhalten (Diebstahl, Schädigung von Personen, Sachbeschädigung usw.) und einer positiven Gewalteinstellung: Jugendliche, die überwiegend bedrohliche und aggressive Namen bei ihren Chatauftritten oder Facebook-Profilen wählen, suchen häufig auch gezielt rechtsradikale oder pornografische Webinhalte, Chatrooms oder Internetplattformen auf. Auch zeigen sie sich in ihrem Verhalten häufiger aggressiv, delinquent (stehlen, machen Dinge kaputt usw.) und stehen einer Gewaltanwendung, z. B. zur Durchsetzung ihrer Ziele, eher positiv gegenüber (Katzer und Fetchenhauer 2007).

Hier sollte noch kurz erwähnt werden, dass das Internet auch bei Amokläufen eine bedeutende Rolle spielt. Gerade bei jugendlichen Amokläufern zeigen Untersuchungen Zusammenhänge mit der Netzidentität und den Vorlieben bei der Internetnutzung. Nicht nur, dass nahezu sämtliche Amokläufe zuvor in Internetforen oder Communitys angekündigt werden, die Täter verwenden meist aggressive Nicknames oder Profile, schildern Endzeitstrategien, äußern sich depressiv und geben als Dauerbeschäftigungen Online-Strategiespiele wie Doom oder Counter-Strike an (Scheithauer et al. 2008).

Die Identität, die Jugendliche in Chatrooms über den Nickname oder bei ihren Facebook-Profilen kreieren, gibt also zum Teil auch einen Hinweis auf die wahre Persönlichkeit. Und: Die Einstellungen und Meinungen der Jugendlichen äußern sich somit nicht nur in dem Verhalten, das sie im schulischen oder familiären Umfeld zeigen, sondern auch in dem Verhalten, das sie im Internet anwenden. Wer im schulischen Umfeld eher zu den Bad Boys gehört, der wird im Internet meist nicht zum Nice Guy mutieren. Vielmehr können wir feststellen, dass starke Ähnlichkeiten zwischen dem schulischen Verhalten und dem Internetverhalten bestehen (Katzer und Fetchenhauer 2007; Katzer et al. 2009a, b).

Die Anonymität im Internet verleitet auch dazu, sogenannte Fake-Profile (falsche Profile) anzulegen, um anderen zu schaden: D. h., es erstellt jemand im Namen einer anderen Person ein Profil auf Facebook, die selbst aber gar nichts von diesem Profil weiß. Dieses Profil wird dann gezielt dazu genutzt, um Lügen, Verleumdungen oder böse Dinge (z. B. abartige sexuelle Vorlieben, Verliebtsein in einen Lehrer usw.) über diese Person zu verbreiten (Cybermobbing), oder auch, um kriminelle Handlungen durchzuführen (Cybercrime).

Möchten wir also eine sinnvolle Präventions- und Interventionsarbeit leisten und Kinder auf Internetrisiken vorbereiten, ist es wichtig:

- zu wissen, wie sich Kinder und Jugendliche in Internetchatrooms oder sozialen Netzwerken präsentieren, und
- zu verstehen, warum sie sich im Internet auf eine bestimmte Art und Weise, z. B als kleinebiene oder dirtydevil, darstellen.

Folgende Zusammenhänge werden in Bezug auf Persönlichkeit, Identität und Internetnutzung anhand dieser Beispiele ganz deutlich:

Persönlichkeitsbildung unter Einfluss des Internets

- Virtuelle Kommunikationsräume, ob Chatrooms, Newsgroups, Instant Messenger oder soziale Netzwerke wie Facebook, haben einen großen Vorteil: Sie bieten zahlreiche Schutzräume, in denen Personen anonym, ohne ihr „wahres Ich" bloßstellen zu müssen, Selbstdarstellung erproben oder über ihre Probleme mit Gleichgesinnten sprechen und soziale Unterstützung erhalten können.
- Das Internet wird auch zu einer Spielwiese für das Austesten der eigenen Person. Dazu gehört, dass User sich im Netz maskieren und z. B. ein anderes Geschlecht annehmen (Gender-Swapping), um sich einmal völlig anders zu erleben und andere Seiten an sich zu erkennen.
- Identität und Persönlichkeitsbildung als Teil der Auseinandersetzung mit dem sozialen Umfeld bezieht immer stärker auch das Internet und seine vielfältigen Kommunikationsräume mit ein.
- Das Cyberlife lässt das Alltagsleben von Kindern und Jugendlichen nicht mehr unberührt. Selbst dann nicht, wenn sie gar nicht mehr als aktive User in sozialen Netzwerken auftreten.
- Das Leben, das Kinder im Internet führen, prägt immer stärker auch ihre Persönlichkeit, ihre Identität und die Entwicklung von Normen und Wertvorstellungen. Das Internet wird somit auch zu einem neuen Sozialisationsmedium neben Familie und Eltern, Schule und Freunden.

1.2.4 Sexualität im Netz

Natürlich spielt Sexualität gerade in der Jugend eine ganz besondere Rolle. Die Suche nach den ersten sexuellen Erfahrungen, Zungenküsse, Petting und die Frage: Wie komme ich beim anderen Geschlecht an? Bin ich sexuell attraktiv?, all das beschäftigt Jugendliche in der Pubertät fast ständig.

Da passt es aus ihrer Sicht natürlich sehr gut, dass virtuelle Kommunikationsformen im Internet wie Chatrooms (z. B. Knuddels), Online-Foren (z. B. Facebook, Twittervision) oder Videoplattformen (z. B. YouTube) ideale Informationsportale darstellen. Denn hier ist nahezu alles rund um das Thema Sex zu finden: von Leitfäden „Wie benutze ich ein Kondom?", „Wie verhindere ich, dass ich direkt beim ersten Mal schwanger werde?", über Flirt-tipps bis hin zu Ratschlägen „Wie bekomme ich ein Mädchen rum?".

Das Internet ist somit ein idealer Ort, um an Informationen zu sexuellen Themen zu kommen. So wie für die 15-jährige Sabine aus Münster: „Ich habe noch nie Sex mit einem Jungen gehabt und ich will einfach wissen, wie das erste Mal bei anderen war. Doch darüber will ich mit meiner besten Freundin nicht sprechen, weil die schon eine festen Freund hat … Ich will eben nicht doof dastehen …"

Es passiert also nicht selten, dass Mädchen wie Sabine ganz gezielt nach Ge-sprächspartnern suchen, um sich über sexuelle Erfahrungen auszutauschen.

1.2.4.1 Sexuelle Selbstfindung im Netz

Doch müssen wir das Internet nicht mehr nur als reines Informationsmedium sehen: Es wird zunehmend auch zu einem Medium für die sexuelle Selbst-erfahrung oder Selbstfindung von Jugendlichen. Das Internet ist ja gerade für Jugendliche in der Pubertät auch eine geeignete Plattform, um auszutesten, wie sie am besten bei anderen ankommen, oder um herauszufinden, wie sie gerne sein möchten.

Kein anderes Kommunikationsmedium bietet unter dem Deckmantel der Anonymität eine vergleichbare Möglichkeit, z. B. mit der eigenen sexuellen Identität zu spielen oder Flirtstrategien direkt auszuprobieren. Ein solches Verhalten können wir in zunehmenden Maße gerade auch bei jungen Auslän-derinnen feststellen, bei denen Sexualität ein Tabuthema im familiären Um-feld darstellt (Katzer und Fetchenhauer 2007).

Gerade eben aus Sicht derjenigen Jugendlichen, bei denen zu Hause über Sexualität nicht gesprochen werden darf, sind Chatrooms, Facebook & Co. also ideal, sich über die eigene Sexualität auszutauschen oder erste sexuelle Erfahrungen zu machen (Katzer 2007c).

Allerdings sollten wir diese sexuelle Selbstfindung und Selbsterfahrung über das Internet auch kritisch betrachten: Finden gerade sehr junge Mädchen und Jungen den ersten Kontakt mit Sexualität über das Internet, kann dies durchaus negative Auswirkungen auf die Vermittlung sexueller Werte und Normen haben. Dieses Risiko besteht vor allem dann, wenn die Begriffe „Sexualität" und „Erotik" mit gesellschaftlich gesehen abnormen Formen und Vorstellungen von Sexualität verbunden werden: wenn man z. B. ständig Vergewaltigungsszenen per Videoclip geschickt bekommt.

Hier wird dann das Verständnis von Sexualität in die Nähe von Pornografie und Gewalt gerückt. Die Gefahr: Kinder und Jugendliche können sich auf diesem Weg ein sexualisiertes Wertesystem aneignen, das bizarre sexuelle Einstellungen und Praktiken propagiert (z. B. Gäng-Bäng, gemäß dem Motto: Je früher man möglichst viele Sexualkontakte direkt hintereinander, sozusagen im Akkord hat, umso angesehener ist man bei seinen Peers).

Dabei kann es auch zu einer Verwechslung der Begriffe Liebe und Sexualität kommen: Viele Jugendliche verstehen heute oft gar nicht mehr, wie man öffentlich Händchen halten kann oder sich langsam beim Kuscheln annähert und kennenlernt. Es muss eben oft gleich der tiefe Zungenkuss sein. Damit sich solche Bilder von Sexualität unter den Jugendlichen durchsetzen können, spielt natürlich der hohe Verbreitungsgrad durch das Internet, die Vernetzung von Tausenden von Nutzern und Nutzerinnen, eine erhebliche Rolle. Die fatale Folge: Eine Minderheitenmeinung wird den Jugendlichen als gesellschaftliche Norm vermittelt!

Somit können wir bei der sexuellen Selbstfindung und Selbsterfahrung, die bei Kindern und Jugendlichen heutzutage verstärkt auch über das Internet stattfindet, durchaus gefährliche Tendenzen feststellen. Doch die Suche nach sexueller Selbstfindung und intimen Gesprächspartnern birgt noch eine weitere Online-Gefahr für Mädchen und Jungen: sexuelle Viktimisierungen (direkte sexuelle Übergriffe) durch Gleichaltrige und pädosexuelle Erwachsene.

1.2.4.2 Gefahren sexueller Viktimisierung

Vor allem das Kennenlernen der eigenen Sexualität ist für die Jugendlichen von besonderer Bedeutung. Sie wollen wissen, zu wem sie sich hingezogen fühlen, wie ihr Körper reagiert und was Sexualität bedeutet. Dabei suchen sie natürlich auch in Erwachsenen oder etwas älteren Peers Ansprechpartner und Vorbilder. Allerdings kann sich dieser positive Aspekt des Kennenlernens der eigenen Sexualität in das Gegenteil umkehren und erhebliche physische oder psychische Folgen bei den Opfern hervorrufen: nämlich dann, wenn Sexualität durch Zwang und Gewalt vermittelt wird (die Begriffe sexuelle Aggression, sexualisierte Gewalt, sexuelle Viktimisierung und sexuelle Übergriffe werden im Folgenden synonym verwendet) (Krahé und Scheinberger-Olwig 2002). Eine neue Problematik ist dadurch entstanden, dass sich solche Praktiken immer mehr in das Internet verlagern. Wie wir am folgenden Fall sehen:

Fast jeden Nachmittag trifft sich die 10-jährige Anna mit einer Chatclique in einem Internetchatroom. Doch plötzlich will sich Anna in ihrem Lieblingschat nicht mehr verabreden. Auf Drängen einer Freundin erzählt sie, was während eines Chatbesuchs passiert ist. Ein männlicher Chatteilnehmer, der angab 13 Jahre alt zu sein, forderte Anna auf, ihm in einen „Flüsterraum" zu folgen. Dort hat er sexuelle Anspielungen gemacht („… ich bin ganz heiß und will meinen Penis in deine Scheide stecken, du bist sicherlich ganz eng, und das ist so geil für mich …"). Erschrocken verließ Anna den Chatroom.

Gerade in Internetchatrooms und Online-Foren ist der Austausch pornografischen Materials (z. B. Selbstbefriedigungs- oder Vergewaltigungsszenen, Fotos von einem erigiertem Penis usw.) sowie direkte sexuelle Übergriffe auf minderjährige Mädchen und Jungen (z. B. Chatter sollen sich vor einer Webcam ausziehen, ihre Genitalien berühren) keine Ausnahme. Insbesondere durch den Einsatz von Webcams können Chatter andere Chatteilnehmer direkt an dem teilhaben lassen, was sie selbst vor dem eigenen Bildschirm machen. Somit ist auch das Filmen sexueller Handlungen vor dem PC möglich.

Da diese Filme gespeichert und zu jeder Zeit an Hunderttausende User verbreitet werden können, entsteht eine Art sexueller Voyeurismus im virtuellen Raum. Und die Opfer haben kaum eine Möglichkeit, die Viktimisierung über das Internet aufzuhalten.

Oft sind es Naivität oder Unbefangenheit der jungen Nutzer und Nutzerinnen, die sie anfällig für sexuelle Übergriffe machen. Aber auch die gezielte Suche nach sexuellen Gesprächspartnern und das Reden über Sex, z. B. auf Facebook, erhöht ebenfalls das Risiko sexueller Viktimisierungen.

Allerdings gibt es einen bedeutenden Geschlechtunterschied: Schon im Jahr 2005 konnten unsere eigenen Studien zeigen, dass Mädchen deutlich häufiger als Jungen in Internetchatrooms oder Flüsterräumen Opfer sexueller Übergriffe werden. So berichtete in unserer Studie (Katzer 2007a, 2010a) z. B.

- fast jede zweite Schülerin, dass sie beim Chatten gegen ihren Willen bereits nach sexuellen Dingen gefragt worden ist,
- mehr als jede dritte, dass sie ungewollt nach eigenen sexuellen Erfahrungen gefragt wurde, und
- jede zehnte, dass sie von einem anderen Chatteilnehmer schon einmal aufgefordert wurde, sexuelle Handlungen an sich selbst vor der Webcam auszuführen.

Trotzdem darf die Gruppe der minderjährigen Jungen, die im Internet sexuelle Gewalt erfahren, nicht aus unserem Blickfeld geraten: Denn gerade Jungen sind oft unaufgeklärt und wissen nicht, dass auch sie Opfer sexueller Übergriffe werden können. Sie meinen meist: „So was passiert doch nur den Mädchen …" Und weil Jungen oft sehr gezielt im Internet (gerade auch in Chatforen) nach Informationen über Sexualität, Körperlichkeit, Mädchen und Pubertät suchen, passen die Täter ihre Strategie genau an diese Bedürfnisse an. Dies beschreibt auch Ulrike Tümmler-Wangen (2007) von der Beratungsstelle kibs in München. Unter dem Vorwand, sie wollten die Jungen aufklären und ihnen sinnvolle Ratschläge geben, bauen gerade pädosexuelle Täter den Erstkontakt zu den Jungen auf und intensivieren diesen dann im Laufe der Zeit. Hierbei kommt es in vielen Fällen zum Austausch von Pornofilmen oder Videoclips und Nacktfotos (s. auch Katzer 2007c), aber eben auch zu konkreten sexuellen Handlungsvorschlägen (z. B. sie sollen sich berühren oder onanieren).

Verschiedene Gründe erhöhen das Risiko, dass Jungen Opfer sexueller Übergriffe im Internet werden:

- Gerade Jungen stehen heute unter starkem Druck, sexuelle Erfahrungen machen zu müssen, um bei den anderen Peers anerkannt und „in" zu sein.
- Bei Jungen findet Sexualaufklärung kaum oder nur sehr rudimentär statt, weder durch die Eltern noch in der Schule.
- Jungen als Opfer sexueller Gewalt, besonders auch im Internet, sind kaum Thema.
- Jungen lernen nicht, wie sie sich gegen sexuelle Gewalt wehren sollen.
- Gerade Jungen suchen in der Pubertät nach männlichen Ansprechpartnern, um über ihre Sexualität zu reden.

Auch wenn wir es überwiegend mit weiblichen Opfern sexueller Gewalt im Internet zu tun haben, dürfen wir in der Prävention die Gruppe der männlichen Opfer nicht außen vor lassen und sollten somit zukünftig geschlechtsspezifische Präventionskonzepte einsetzen!

1.2.4.3 Opfer sind nicht gleich Opfer

Zunächst sind einmal die Zahlen sexueller Übergriffe auf Minderjährige über die verschiedenen Kommunikationskanäle des Internets alarmierend. Und da gerade bei jüngeren Opfern die akute emotionale Belastung besonders hoch ist und die Gefahr einer Langzeitbelastung besteht, müssen wir mögliche Spätfolgen stärker in unser Blickfeld rücken. Aber, und dies ist außerordentlich wichtig: Opfer sind nicht gleich Opfer!

So haben wir es gerade bei den sexuell viktimisierten Mädchen nicht mit einer homogenen Gruppe zu tun, sondern mit verschiedenen Opfertypen (zu den nachfolgenden Ausführungen s. Katzer 2007a, c) wie z. B.:

1. „Die Braven-Schockierten": Diese Gruppe reagiert bereits bei leichter Anmache völlig schockiert und weist somit die stärksten akuten Belastungen (z. B. Angst, Frustration, Niedergeschlagenheit) und stärksten emotionalen Langzeitbelastungen (Nicht-vergessen-Können) nach sexuellen Online-Übergriffen auf. Dies liegt zum einen an ihrem Alter. So sind sie mit 13 und 14 Jahren sehr jung und verfügen im Normalfall noch nicht über echte sexuelle Erfahrungen. Zum anderen sind sie während ihrer Online-Besuche sowie in ihrem schulischen Umfeld eher „brave" Mädchen und zeigen überhaupt kein Interesse an sexuellen Themen oder Sexgesprächen. In unserer Präventionsarbeit müssen wir diese Gruppe von Opfern besonders im Blick haben und sie auf mögliche Risiken vorbereiten.

2. „Die Unbelasteten": Diese Gruppe zeigt nach sexuellen Übergriffen im Internet überhaupt keine emotionalen Belastungen. Auch hier spielt das Alter der Mädchen eine Rolle: Mit Durchschnittlich 14,5 bis 15 Jahren spricht vieles dafür, dass sie mit dem Thema Sexualität (z. B. Küssen) größtenteils recht vertraut sind. Außerdem verfügen sie über eine größere Interneterfahrung als jüngere Mädchen. Unangenehme Erlebnisse, auch sexuelle Anmachen, sind für sie nichts vollkommen Neues oder Beunruhigendes.

3. „Die Abenteurerinnen": Diese Gruppe sehr junger Mädchen (Durchschnittsalter 13,2 Jahre) ist für unsere Präventionsarbeit ebenfalls sehr wichtig. Diese Mädchen haben insgesamt am häufigsten *schwere* sexuelle Übergriffe erlebt (z. B. haben sie Pornos und Nacktfotos oder Aufforderungen zu Sex vor der Webcam erhalten). Allerdings fühlen sich gerade diese „Abenteurerinnen" kaum belastet. Dies liegt daran, dass diese Mädchen nicht rein zufällig zu Opfern werden! Denn sie zeigen ein besonders starkes Interesse an der „erotischen Erwachsenenwelt" (besuchten Pornochatrooms) und haben Spaß an sexuellen Chatgesprächen. Sie suchen auch gezielt Gespräche mit anderen über ihr eigenes Aussehen, über Körperlichkeit und Sexualität usw. Somit haben wir es hier mit einer Gruppe von sexuell neugierigen, sozusagen „frühreifen" Chatteilnehmerinnen zu tun. Dabei spielt auch eine risikofreudige Persönlichkeit der Mädchen eine Rolle.

Sexuelle Übergriffe kommen also nicht immer unerwartet. Junge Mädchen können sich durchaus selbst in Gefahr bringen. Dies bestätigt sich auch bei Mädchen, die ihre älteren Chatpartner im realen Umfeld kennenlernen und treffen wollen (s. auch EU Kids Online 2010; „Cyber Sex"-Studie 2006). Sie wissen meist, dass es sich um ältere, auch schon Erwachsene handelt, und genießen die Aufmerksamkeit und auch den Flirt mit der Gefahr. Das heißt aber nicht, dass diese Mädchen immer überblicken, welchen Risiken sie sich letztendlich aussetzen!

Bei Mädchen kommt noch ein weiteres Gefährdungspotenzial hinzu: Sie sind im virtuellen Umfeld des Internets viel ehrlicher als Jungen (Katzer 2005a, b). Aber gerade die wahrheitsgemäße Preisgabe von Namen, Alter, Wohnort oder Schule kann dazu führen, dass Mädchen für Erpressungsversuche, die sexuelle Handlungen zum Ziel haben, deutlich anfälliger sind als Jungen. Allerdings macht auch eine starke emotionale Vernachlässigung, also das Fehlen von Ansprechpartnern für Sorgen und Probleme oder einer Vertrauensperson insgesamt, Jugendliche anfälliger für Grooming oder sexuelle Übergriffe.

Fassen wir die Risiken sexueller Viktimisierung in Chatrooms, Facebook und Co. zusammen, so sollten wir gerade in der Präventionsarbeit drei Fakten vor Augen haben:

1. Zum einen haben wir es mit ganz unschuldigen jungen Opfern zu tun, die aufgrund ihrer Erlebnisse einen schweren Schock und Traumatisierungen erleiden können.
2. Zum anderen kann auch provokantes Chatverhalten (sexueller Nickname, Flirten, Sexgespräche usw.) der Mädchen selbst sexuelle Übergriffe begünstigen.
3. Jungen als Opfer sexueller Online-Übergriffe müssen stärker berücksichtigt werden

Als Fazit können wir festhalten, dass der Weg von der sexuellen Selbstfindung und Selbsterfahrung zur sexualisierten Gewalt bzw. zu sexuellen Übergriffen oft nicht weit ist. Wir müssen somit bereits in jungen Jahren Mädchen und auch Jungen darüber aufklären und informieren, welche Risiken im Internet lauern und welchen Gefahren sie sich selbst aussetzen können.

1.2.4.4 Handlungsempfehlungen

Wie wir gesehen haben, sind sexuelle Übergriffe im Internet ein komplexer Problembereich. Hintergrundinformationen und Handlungsmöglichkeiten müssen viel stärker auch Eltern und Lehrern vermittelt werden.

Dabei besteht Aufklärungsbedarf auch bei den Mädchen und Jungen selbst: Sexuelle Übergriffe im Internet dürfen nicht geduldet werden. Erhalten z. B. minderjährige Chatter Fotos von Geschlechtsteilen oder Videoclips mit Vergewaltigungsszenen, handelt es sich um Straftaten (§ 131 StGB Gewalthandlungen, § 184 StGB Verbreitung pornografischer Schriften). Auch wenn Privatfotos der Mädchen im Bikini, die arglos an andere Chatter geschickt werden, hinsichtlich pornografischer Details verändert und über das Internet veräußert werden, handelt es sich um einen Missbrauch ihrer Privatsphäre und somit um eine Straftat nach § 201a Abs. 1–3 StGB.

Im schulischen und familiären Umfeld müssen somit Risiken, denen man im Internet ausgesetzt ist, thematisiert werden. Hierbei müssen wir auch beachten, dass Mädchen in Chatrooms und sozialen Netzwerken oft viel ehrlicher sind als Jungen und deutlich seltener lügen. Hier ist Vorsicht geboten: Denn gerade die wahrheitsgemäße Preisgabe von Namen, Alter, Wohnort, Schule usw. kann dazu führen, dass Mädchen verletzbarer und für sexuelle Übergriffe anfälliger sind.

Und auch sexuelle Anspielungen in den Nicknames oder Profilen wie babygirl, luder, sexgöttin usw. können von so manchem Chatpartner als sexuelles Interesse interpretiert werden und Übergriffe provozieren!

Dabei müssen wir auch die Frage nach den *Tätern* sexueller Übergriffe im Internet im Blick haben, die häufig kaum zu beantworten ist. Der hohe Anonymitätsgrad gerade in Internetchatrooms oder in sozialen Netzwerken verhindert zum Großteil die Identifizierung und die Sanktionierung der Täter.

Zahlreiche Erfahrungsberichte (auch bezüglich gefilmter Vergewaltigungen mittels Mobiltelefonen und anschließender Verbreitung der Filme über Internetchatrooms oder Videoplattformen) weisen allerdings darauf hin, dass unter den Tätern nicht nur pädosexuelle Erwachsene zu finden sind, sondern auch Jugendliche, die sexuelle Übergriffe auf gleichaltrige oder auch auf jüngere Chatter ausüben (Balci und Reimann 2006; Katzer und Fetchenhauer 2007). Wir sehen, die Präventionsarbeit muss sich auch mit jugendlichen Online-Tätern sexualisierter Gewalt befassen.

Insgesamt zeigt sich uns also folgendes Bild: Das Internet hat sich mittlerweile auch zu einem bedeutenden Raum für die sexuelle Selbsterfahrung junger Menschen entwickelt. Sie kommen online viel unkomplizierter und schneller an Informationen über Sexualität oder finden auch eher Gesprächspartner. Und dies hat auch seine positiven Seiten, gerade für das Spiel mit der eigenen Identität. So können Mädchen im Internet auch einfach einmal testen, wie es ist, ein Junge zu sein, z. B. um herauszufinden, was Jungen an Mädchen besonders gut finden. Es ist aber auch eine Möglichkeit des Austestens und sich Kennenlernens für diejenigen Jugendlichen, die sich ihrer Sexualität nicht sicher sind und nicht genau wissen, ob sie hetero- oder homosexuell veranlagt sind.

Allerdings existieren darüber hinaus gerade für die minderjährigen User auch zahlreiche Gefahren sexualisierter Gewalt, die stärker in der Präventionsarbeit beachtet werden müssen. Aufklärung tut also Not! Wie dies insgesamt sinnvoll geschehen kann, werden wir anhand verschiedener neuer Konzepte der Präventionsarbeit in Kap. 4 sehen.

1.2.5 Pornografie, Rechtsradikalismus und Gewalt im Netz

1.2.5.1 Pornografie im Netz

Bereits vor Jahren wurde in den Medien von der „Generation Porno" gesprochen, der sexuellen Verwahrlosung – aber nicht erst durch das Internet.

Natürlich ist ein gesteigertes Interesse an sexuellen Themen in der Pubertät nicht verwunderlich, wobei gerade das Verbotene eine besondere Rolle spielt. Und dazu gehören auch Pornos in Film- und Druckversion. Allerdings müssen wir nicht sofort aufschreien, nur weil gerade Jungen in einem bestimmten Alter sich für Nacktbilder und Sexfilmchen interessieren. Trotzdem sollten wir beachten, dass es es heute viel einfacher ist, an pornografisches Material zu kommen, als vor dem Internetzeitalter: Jeder Online-User ist nur einen Mausklick vom nächsten Pornokick entfernt – auch Kinder und Jugendliche. Das Internet ist hierfür ein geradezu ideales Medium, denn es ermöglicht einen schnellen, nahezu unbeobachteten Zugang. Und dies gilt eben nicht nur für harmlose Sexfilmchen, sondern eben auch für Darstellungen von Sodomie, Hardcore- oder Sadomasosex und Kinderpornografie. Vorbilder also, die für Minderjährige nicht unbedingt geeignet sind!

Während pubertierende Mädchen im Internet durchaus ein sexuelles „Aufklärungsmedium" sehen, über das sie konkrete Gesprächspartner für sexuelle Themen finden möchten, nutzen pubertierende Jungen meist einen anderen Weg, um sich zu informieren. Sie suchen eher besonders anschauliches Ansichtsmaterial: „Pornos und Co."

Dies ist allerdings keine ganz neue Entwicklung: Schon im Jahr 2005 besuchten 15,3 % der 10 bis 18 jährigen Jungen ab und zu sogenannte „Pornochatrooms", um über Sex zu reden oder auch Sexualpartner zu finden. In der Gruppe gleichaltriger Mädchen waren es demgegenüber „nur" 4,5 %, die schon mal einen solchen Pornochatroom aufgesucht hatten (Katzer 2007a, b).

Zur gleichen Zeit haben schwedische Studien von Wallmyr und Welin (2006) gezeigt, dass fast alle der damals befragten 15-Jährigen männlichen Internet-User bereits pornografisches Material in Form von Filmen oder Fotos online angeschaut hatten. Bei den Mädchen waren es deutlich weniger. Auch schauen sich Mädchen eher Sexfilme an, die im Fernsehen gezeigt werden, als dass sie im Internet gezielt nach Pornos suchen. Und überhaupt: Die Mehrheit der Mädchen lehnt Pornos rigoros ab. Jungen hingegen finden sie cool und stimulierend und nutzen diese auch häufig, um die eigene sexuelle Erregung zu steigern oder um zu onanieren (Wallmyr und Welin 2006).

Insgesamt ist es allerdings bedenklich, dass der Zugang zu pornografischen Inhalten über das Internet, auch zu Hardcore- oder Sadomasothemen, meist ein Kinderspiel ist. D. h., Zugangsbeschränkungen existieren nicht: Egal, ob 10 oder 60 Jahre, jeder kommt online an jede Form von Pornografie!

Und die negativen Auswirkungen von dauerhaftem harten Pornokonsum gerade bei Jugendlichen sind eindeutig: So werden pornografische Sexszenen bei häufigem Konsum als immer realistischer und echter wahrgenommen. Dies führt auch insgesamt zu einer eher lockeren Einstellung gegenüber der eigenen Sexualität (Rüth 2010). Das bedeutet also: Auch die Vermittlung sexualisierter Werte durch das Internet spielt eine wichtige Rolle für das Sexualverhalten von Jugendlichen.

Gerade die Verbindung von Pornografie und Gewalt mit sexuellen Handlungen kann dazu führen, dass Minderheitenmeinungen von den Jugendlichen als gesellschaftliche Norm angenommen werden. So z. B. das bereits erwähnte Phänomen „Gäng-Bäng": Hierzu treffen sich mehrere Jungen zum Sex mit einem Mädchen z. B. abends in der Schulsporthalle: „Alle sagen, man muss als 14-jähriges Mädchen mit mindestens zehn Jungs nacheinander Sex (sozusagen im Akkord) gehabt haben, sonst ist man nicht cool … Man steht irgendwie unter totalem Druck" (Melanie, 14 Jahre).

Auch wenn das steigende Interesse gerade an Online-Pornografie, das bei Jungen in der Pubertät besonders groß ist, nicht gleich auf eine sexuelle Verwahrlosung der Jugendgeneration hindeutet: Eine gewisse sexuelle Fehlsozialisation durch einen zu hohen Pornokonsum (auch Hardcorepornografie) unter bestimmten Bedingungen ist nicht von der Hand zu weisen! Dies bestätigt auch Prof. Konrad Weller (2010), der allerdings deutlich hervorhebt, dass Pornokonsum gerade im vorpubertären Alter auch etwas mit einer Art Mutprobe zu tun haben kann. Gerade Jungen wollen sich z. B. mit Pornoclips, die sie auf den Handys haben, brüsten und bei den Gleichaltrigen einen tollen Eindruck machen (s. auch Attwood 2005). Trotzdem: In den letzten Jahren ist gerade auch der Zugriff auf stark gewalthaltige Pornografie im Internet für Jugendliche sehr leicht geworden.

Hierbei spielt auch die massive Verbreitung von „Porno- oder Gangsta-Rap" eine nicht unbedeutende Rolle. Bushido, Sido & Co. erfreuen sich einer großen Beliebtheit, insbesondere in der Gruppe der 14- bis 16-jährigen Migranten. Im Mittelpunkt dieser speziellen Musikgattung stehen allgemeine Gewaltverherrlichung und sexuelle Ausbeutung mit Gewaltanwendung gegenüber Mädchen und Frauen. Dabei werden Frauen als reine Sexobjekte angesehen, die ihrem Peiniger zu Willen sein müssen und keine Rechte haben.

Die Vorbilder aus der Rapperszene, die mit Texten wie „Kathrin hat geschrien vor Schmerzen, aber es hat mir gefallen – ihr Arsch hat geblutet, doch ich bin gekommen …" Tausende 14- bis 18-Jähriger begeistern, werden durchaus auch von Mädchen bewundert. Auch wenn sie die Inhalte eher ablehnen, finden sie die Typen aufgrund ihres Erfolges interessant und bewundern sie zum Teil gerade deshalb.

Und neue Studien zeigen: Kommen Jugendliche überwiegend mit harter Pornografie in Kontakt, kann ihre Einstellung zur Sexualität durchaus nachhaltig beeinflusst werden.

Gerade auch Jugendliche aus bestimmten sozialen Milieus lassen sich oft von brutalen, sexistischen Grundhaltungen und Vorbildern beeinflussen. Insbesondere wenn noch kulturelle Hintergründe hinzukommen, die die Gewaltanwendung und die Unterdrückung von Frauen nicht kategorisch ablehnen. Dies bestätigen auch viele derjenigen, die in der Jugendhilfe bzw. Jugendsozialarbeit tätig sind. So sieht auch Thomas Rüth vom Jugendhilfenetzwerk Katernberg, NRW, aufgrund seiner Erfahrung zahlreiche Risiken eines hohen gewalthaltigen, frauen- oder schwulenfeindlichen Pornokonsums in der Pubertät.

Das Risiko, dass starker Pornokonsum negative Auswirkungen auf Einstellungen und Verhalten von Kindern und Jugendlichen haben kann, wird noch durch bestimmte Faktoren gefördert (Rüth 2010):

- wenn ein Wertesystem, das Pornokonsum als so alltäglich ansieht wie das nachmittägliche Kaffetrinken, durch Eltern oder das schulische Umfeld nicht zurechtgerückt wird,
- wenn eine Jugendkultur auf Kinder und Jugendliche während ihrer Persönlichkeitsentwicklung einwirkt, die als Vorbilder Interpreten von Gangsta- oder Porno-Rap propagiert,
- wenn Kinder bereits im Elternhaus lernen, dass Pornografie der Normalität entspricht und keine Verarbeitungsmöglichkeiten haben,
- wenn Kinder und Jugendliche aus benachteiligten Milieus oder auch aus problematischen familiären Verhältnissen stammen.

Alles in allem dürfen also die Risiken, die für die Minderjährigen hinter dem virtuellen sexuellen Cyberkick lauern können, nicht unbeachtet bleiben.

1.2.5.2 Rechtsradikalismus, Nazipropaganda und Gewalt im Netz

Doch haben die jugendlichen Internetnutzer nicht nur ein gesteigertes Interesse an Sexualität im Internet. Auch rechtsradikale und gewaltverherrlichende Webinhalte üben insbesondere auf einen Teil der männlichen Internet-User eine besondere Anziehung und Faszination aus. Das hängt auch damit zusammen, dass sich in der Pubertät gerade Jungen auf ihrer Identitätssuche häufig mit dem Image des „harten Kerls" auseinandersetzen müssen. Wer kennt ihn nicht, den Spruch: „Ein Indianer kennt keinen Schmerz!"

Zum anderen spielt in manchen Kulturen die Gewaltbereitschaft eine besondere Rolle in der Erziehung. Dies wirkt sich natürlich auch auf die Einstellung der Jugendlichen gegenüber Gewalt aus. Gerade sie müssen sich mit gewaltverherrlichenden Normen und aggressiven Jungenbildern auseinandersetzen. So werden diese Jugendlichen ihre Vorbilder eher in den Verfassern von Gangsta-Rap wie Bushido oder Sido suchen.

Doch ist die gezielte Suche nach Rechtsradikalismus und Gewalt im Netz nicht erst mit dem Web 2.0 entstanden. Bereits im Jahr 2005 wurden von einem Teil der Jugendlichen gezielt Webangebote mit rechtradikalem Hintergrund oder gewaltverherrlichenden Inhalten aufgesucht. Eigene Studien konnten zeigen, dass damals bereits jeder zehnte der 10- bis 19-jährigen Jungen schon einmal einen Chatroom mit rechtsradikalen Inhalten besucht hatte. Und rund 5 % taten dies bis zu zehnmal im Monat. Auch sogenannte Prügelchatrooms, in denen sich die Teilnehmer anhand von Avataren gegenseitig verprügeln oder schädigen können (z. B. dem gegnerischen Avatar ein Messer in den Bauch rammen), wurden von rund 7,3 % der befragten Jungen gezielt genutzt (Katzer 2007a, b).

Natürlich sind diese Zahlen immer vor dem Hintergrund der Internetwelt zu sehen, wie sie im Jahr 2005 aussah:

* Zur damaligen Zeit war das Internetangebot noch deutlich eingeschränkter als heute: So gab es weder Facebook noch Twitter oder YouTube.
* Die Gewährleistung permanenter Zugangsmöglichkeiten zum Internet rund um die Uhr, insbesondere durch Internetflatrates, Smartphones und WLANs, war damals ebenfalls noch nicht vorhanden.

Der nahezu unbeschränkte Online-Zugang zu den unzähligen stetig ansteigenden Online-Angeboten in unserer heutigen Zeit macht somit die gezielte Nutzung von rechtsradikalen oder gewaltverherrlichenden Webangeboten, aber auch den zufälligen Kontakt zu ihnen, immer leichter. So ist es sehr wahrscheinlich, dass Kinder und Jugendliche immer öfter auf Nazipropaganda oder Gewaltverherrlichung treffen können.

Allerdings ist in vielen Fällen die reine Neugierde der Jugendlichen der Auslöser für den Online-Konsum von gewaltverherrlichenden Webinhalten. Und: Nicht immer erkennen Jugendliche sofort, dass sie sich im Internet mit rechtsradikalen Inhalten befassen. Gerade rechtsradikale Gruppierungen verstecken sich oft hinter einer Fassade wie z. B. Umwelt- oder Kulturvereinen oder versuchen, über jugendaffine Musik und Videoclips Sympathisanten und neue Mitglieder zu gewinnen.

Ob also durch jugendliche Neugierde oder durch Zufall – Minderjährige können kinderleicht mit solchen Themenbereichen in Kontakt kommen, auf die sie eigentlich nicht unreflektiert treffen sollten!

Insgesamt müssen wir uns die Frage stellen, wie Gewalt, auf die Kinder und Jugendliche im Cyberspace treffen, aus Sicht unserer heutigen Gesellschaft zu beurteilen ist, und wie wir darauf reagieren müssen. Im Wesentlichen sollten wir diesbezüglich zwei Dinge beachten:

1. Aggressives, gewalttätiges Verhalten im Kindesalter stellt insgesamt einen bedeutsamen Prädiktor für dissoziales und delinquentes Verhalten im Jugend- und Erwachsenenalter dar (Scheithauer 2003, 2006).
2. Ein bedeutender Risikofaktor für aggressives oder kriminelles Verhalten bei Kindern und Jugendlichen ist der Kontakt zu bzw. die Mitgliedschaft in Banden und Cliquen (Thornberry 1998) bzw. die Einbindung in soziale Netzwerke (auch Schülerschaft, Klasse usw.), die aggressiven und gewaltbefürwortenden Verhaltensmustern und Regeln folgen (Lösel und Bliesener 2003).

Und all dies gilt nun in zunehmendem Maße auch für die Online-Welt. So werden den Jugendlichen gerade in rechtsradikalen oder gewaltverherrlichenden Facebook-Gruppen, Freundescliquen in Chatrooms, Newsblogs sowie anderen Internetforen mit solchen Inhalten entsprechende Wertvorstellungen und Verhaltensmuster vorgelebt und vermittelt. Die frühzeitige Vorbeugung und Prävention in den alltäglichen Lebenswelten von Kindern und Jugendlichen spielt somit die bedeutendste Rolle, so auch Potter und Mercy (1997). Wir sollten deshalb verstärkt darauf achten, welche Kontakte Minderjährige im Internet pflegen und welche Vorbilder sie sich über das Internet suchen.

> Wir sollten zukünftig zwei Aspekte in Bezug auf den Jugendschutz vor pornografischen oder gewaltverherrlichenden Inhalten im Internet besonders berücksichtigen:
> 1. Die Anbieter von Erwachsenenchatrooms, Erotikwebpages usw. sind gefordert, Schranken einzubauen, so dass Kinder und Jugendliche nicht völlig ungehindert auf diese Inhalte treffen können. Gerade Mädchen wünschen sich mehr Regulierungen direkt im Internet (aber auch, dass ihre Eltern und Lehrer offene Gesprächspartner werden) (Grimm et al. 2010).
> 2. Um gerade bei den sehr jungen Internet-Usern besser im Blick haben zu können, was sie im Internet tun, sollten Eltern Filter- oder Schutzprogramme nutzen. Auch wenn diese nicht einen vollkommenen Schutz vor pornografischen oder gewaltverherrlichenden Inhalten aus dem Netz bieten, diese Hürde zu umgehen, erfordert doch einen erheblichen Aufwand.

1.2.6 Das Internet: Ein neuer Lebensraum mit Risiken

Ohne Zweifel ist das Internet ein neuer Lebensraum, der für Kinder und Jugendliche ein wichtiges Kommunikationsmedium darstellt, aber auch für die Selbsterfahrung immer bedeutender wird. Kein anderes Medium bietet eine vergleichbare Möglichkeit, die Neugierde zu sämtlichen Themen befriedigen zu können, mit der eigenen Identität zu spielen oder auch völlig neue Erfahrungen mit vollkommen fremden Personen zu machen.

Wie wir gesehen haben, sind Chatrooms, YouTube und Facebook dabei auch ideale Plätze für die sexuelle Selbsterfahrung von Jugendlichen. Vielfach findet sogar das erste Informieren und Erleben von Sexualität immer häufiger in den virtuellen Räumen des Internets statt. Diese gesamten Entwicklungen beinhalten aber auch, dass Kinder und Jugendliche immer mehr Gefahren und Risiken im Internet ausgesetzt sind.

Aufgrund von Neugierde, Unwissenheit, aber auch Naivität können Kinder und Jugendliche

- leicht Kontakt zu Pornografie, Nazipropaganda, Gewaltverherrlichung (z. B. Gangsta- und Porno-Rap, Snuff- und Gorevideos) und selbstzerstörerischen Inhalten (z. B. Anaforen, die Magersüchtigen Anleitung zur Gewichtsreduktion geben) bekommen,
- mit gewaltbefürwortenden Verhaltensweisen und Wertvorstellungen durch ihre Peers aus dem Netz (z. B. Chatpartner, Facebook-Freunde, Blogger) konfrontiert werden,
- die Begriffe „Liebe" und „Sexualität" entkoppelt wahrnehmen, wenn Sexualität auf den reinen Geschlechtsakt reduziert und stark mit Gewalt in Verbindung gebracht wird.

Das Internet ist somit ein weites Feld, das viele positive, aber auch negative Entwicklungen hervorgebracht hat. Und in eben diesem Spannungsfeld müssen wir uns bewegen, wenn wir Kinder und Jugendliche vor den Risiken im Internet schützen möchten. Die Zauberformel heißt deshalb: Hinschauen, was online passiert, und nicht wegklicken! Aktive Präventionsarbeit ist hier das Stichwort. Wie diese für die verschiedenen Zielgruppen genau aussehen kann, sehen wir in Kap. 4.

- Welchen Nutzen, aber auch welche Problembereiche für Jugendliche sehen Sie persönlich, wenn Sie das Internet allgemein betrachten?
- Glauben Sie, dass eine eingeschränkte Internetnutzung die Gefahren für Kinder und Jugendliche verringern kann?
- Wie könnte man Kinder und Jugendliche vor dem Konsum von Pornografie, Rechtsradikalismus und Gewalt im Netz schützen?
- Wie würden Sie reagieren, wenn Sie erfahren würden, dass ein Jugendlicher in ihrem Umfeld Opfer sexueller Übergriffe im Internet geworden ist?
- Was wäre aus Ihrer Sicht sinnvoll, um Kinder und Jugendliche auf lauernde Gefahren und Risiken im Internet vorzubereiten?

Literatur

Attwood, F. (2005). What do people do with porn? Qualitative research into the consumption, use and experience of pornography and other sexually explicit media. *Sexuality and Culture, 9,* 65–86.

Balci, G., & Reimann, A. (2006). Gewaltvideos auf dem Handy. Verprügelt, vergewaltigt und gefilmt. www.spiegel.de/politik/deutschland/0,1518,418236,00.html. Zugegriffen: 13. Juni 2006.

Belsey, B. (2005). Cyberbullying: An emerging threat to the always on generation. www.cyberbullying.ca. Zugegriffen: 1. Feb. 2009.

Belsey, B. (2006). Bullying.org: A Learning Journey. *Bulletin – Newfoundland and Labrador Teachers Association, 49*(4), 20.

Boyd, D. (2007). *Why youth (heart) social network sites: The role of networked publics in teenage social life. MacArthur Foundation Series on Digital Learning – Youth, Identity, and Digital Media Volume.* Cambridge: MIT.

Brunner, R. (2012). Prävention und frühe Intervention bei selbstverletzenden und suizidalen Handlungen bei Jugendlichen im sozialen Kontext Schule, Ergebnisse einer schulbasierten Interventionsstudie. Vortrag auf Fachtagung des Landesverbands der bayerischen Schulpsychologen (LBSP): Die Kraft und die Bedeutung des Sozialen für die Organisation Schule, am 22. Juni 2012 in Freising.

Bündnis gegen Cybermobbing (2012). Initiative zur Bekämpfung der Ursachen und Auswirkungen von Mobbing, Aggression und Gewalt im Netz, Präsentationsvorlage des Vereins.

Bündnis gegen Cybermobbing (2013a). Cyberlife-Eltern-Studie: Cyberlife im Spannungsfeld zwischen Faszination und Gefahr – Bestandsaufnahme und Gegenmaßnahmen. Unterstützt durch ARAG Versicherung.

Bündnis gegen Cybermobbing (2013b). Cyberlife-Schüler-Studie: Cyberlife im Spannungsfeld zwischen Faszination und Gefahr – Bestandsaufnahme und Gegenmaßnahmen. Unterstützt durch ARAG Versicherung.

Bündnis gegen Cybermobbing (2013c). Cyberlife-Lehrer-Studie: Cyberlife im Spannungsfeld zwischen Faszination und Gefahr – Bestandsaufnahme und Gegenmaßnahmen. Unterstützt durch ARAG Versicherung.

Cassidy, W., Jackson, M., Brown, K. N. (2009). Sticks and stones can break my bones, but how can pixels hurt me?: Students' experiences with cyber-bullying. *School Psychology International, 30*(4), 383–402.

Christakis, N. (2012). www.spiegel.de/unispiegel/wunderbar/selbstentbloessung-im-internet-tiefes-menschliches-beduerfnis-a-547445.html. Zugegriffen: 31. Aug. 2012.

Coyne, I., Chesney, T., Logan, B., & Madden, N. (2009). Griefing in a virtual community: An exploratory survey of Second Life residents. *Zeitschrift für Psychologie/Journal of Psychology, 217*(4), 214–221.

„Cyber Sex"-Studie: Children of the Revolution (2006). Royal KPN NV und „My Child Online", Niederlande. www.stern.de/digital/online/cyber-sex-studie-children-of-the-revolution-562533.html (abgerufen 06. Juni 2006).

Döring, N. (2002). *Sozialpsychologie des Internet* (2. Aufl.). Göttingen: Hogrefe.

Etzersdorfer, E., Fiedler, G., & Witte, M. (2003). *Neue Medien und Suizidalität. Gefahren und Interventionsmöglichkeiten.* Göttingen: Hogrefe.

EU Kids Online (2010): Risks and safety on the internet. The perspective of European children: Initial findings from the EU Kids Online survey of 9–16 year olds and their parents. http://www2.lse.ac.uk/media@lse/research/EUKidsOnline/EUKidsII%20%282009-11%29/home.aspx (abgerufen 05.06.2011).

Finkelhor, D., Mitchell, K., & Wolak, J. (2000). Online victimization: A report on nation's youth, University of New Hampshire, National Center of Missing & Exploited Children. www.unh.edu/ccrc/Youth_Internet_info_page.html.

Goffman, E. (1959/1973). *The presentation of self in everyday life.* Edinburgh.

Gonzales, A. L., & Hancock, J. T. (2011). Mirror, mirror on my Facebook wall: Effects of exposure to Facebook on selfesteem. *Cyberpsychology, Behavior and Social Networking, 14,* 79–83.

Gradinger, P., Strohmeier, D., & Spiel, C. (2009). Traditional bullying and cyberbullying. Identification of risk groups for adjustment problems. *Journal of Psychology, 217*(4), 205–213.

Grimm, P., Rhein, S., & Müller, M. (2010). Porno im Web 2.0. Vistas.

Hertel, G., Schroer, J., Batinic, B., Konradt, U., & Naumann, S. (2005). Kommunizieren schüchterne Menschen lieber per E-Mail? Einflüsse der Persönlichkeit auf die Präferenz von Kommunikationsmedien. In K.-H. Renner, A. Schütz, & F. Machilek (Hrsg.), *Internet und Persönlichkeit. Differentiell-psychologische und diagnostische Aspekte der Internetnutzung* (S. 134–147). Göttingen: Hogrefe.

Hinduja, S., & Patchin, J. W. (2009). *Bullying beyond the Schoolyard. Preventing and responding to Cyberbullying.* Corwin.

Jäger, R. S., Fischer, U., Riebel, J., & Fluck, L. (2007). *Mobbing bei Schülerinnen und Schülern in der Bundesrepublik Deutschland. Eine empirische Untersuchung auf der Grundlage einer Online-Befragung.* Koblenz-Landau: Zentrum für empirische pädagogische Forschung (zepf): Universität Koblenz-Landau.

Katzer, C. (2005a). Bullying im Cyberspace: Aggression und Gewalt im Chat. Vortrag auf dem X. Workshop aggression, Universität Luxemburg, Sektion Psychologie.

Katzer, C. (2005b). Aggressionen in Internetchatrooms. Vortrag auf der 10. Tagung der Fachgruppe Sozialpsychologie, Friedrich-Schiller-Universität Jena.

Katzer, C. (2006). Cyberbullying in Chatrooms: Wer wird Opfer? Risikofaktoren bei Schulopfern und Chatopfern. Vortrag auf dem XI. Workshop aggression, Philipps-Universität Marburg.

Katzer, C. (2007a). Gefahr aus dem Netz – Der Internet-Chatroom als neuer Tatort für Bullying und sexuelle Viktimisierung von Kindern und Jugendlichen. Dissertation, Universität Köln.

Katzer, C. (2007b). *Gefahr aus dem Netz – Sexuelle Viktimisierung in Internet-Chatrooms.* München: DJI-Deutsches Jugendinstitut.

Katzer, C. (2007c). Tatort Chatroom: Aggression, Psychoterror und sexuelle Belästigung im Internet. In Innocence in Danger, Deutsche Sektion e. V. und Bundesverein zur Prävention von sexuellem Missbrauch an Mädchen und Jungen e. V. (Hrsg.),

Mit einem Klick zum nächsten Kick. Aggression und sexuelle Gewalt im Cyberspace (S. 11–27). Köln: Mebes & Noack.

Katzer, C. (2010a). Tatort Internet – Sexuelle Gewalt in den neuen Medien: Problemanalyse, Prävention & Intervention. In Die Kinderschutz-Zentren (Hrsg.), *Sexualisierte Gewalt an Kindern und Jugendlichen – Ein altes Thema und seine neuen Risiken in der medialen Ära*. Berlin: Bundesarbeitsgemeinschaft d. Kinderschutz-Zentren.

Katzer, C. (2010b). Cyberbullying: Risk factors and Correlates. 47. DGP Conference, 26.–30. September 2010, Bremen.

Katzer, C. (2011a). Tatort Internet: Herausforderung für die Bereiche Bildung, Erziehung & Politik, 15. Karlsruher Gespräche: Ins Netz gegangen? Google Kulturen Global, ZAK, Februar 2011, Karlsruhe.

Katzer, C. (2011b). Das Phänomen Cyberbullying – Genderaspekte und medienethische Konsequenzen. In P. Grimm, & H. Badura (Hrsg.), *Medien – Ethik – Gewalt, Neue Perspektiven*. Stuttgart: Franz Steiner.

Katzer, C. (2011c). Das Internet als Tatort: Cyberbullying und sexuelle Gewalt – Wer sind die Täter, wer wird zu Opfern? In L. Jugendschutz Niedersachsen (Hrsg.), *Cybermobbing – Medienkompetenz trifft Gewaltprävention*. Hannover.

Katzer, C. (2012a). *Tatort Internet – Herausforderung für Politik, Bildung und Erziehung*. KIT – Universität des Landes Baden-Württemberg und nationales Forschungszentrum in der Helmholtz-Gemeinschaft, Karlsruhe.

Katzer, C. (2012b). Die Widersprüche des Internets: Tatort für Cybermobbing & Co. und gleichzeitig ein sozialer Raum. Fachtagung „Die Kraft des Sozialen", Landesverbands der bayerischen Schulpsychologen (LBSP) am 22.06.12 Freising.

Katzer, C., & Fetchenhauer, D. (2007). Cyberbullying: Aggression und sexuelle Viktimisierung in Chatrooms. In M. Gollwitzer, J. Pfetsch, V. Schneider, A. Schulz, T. Steffke, & C. Ulrich (Hrsg.), *Gewaltprävention bei Kindern und Jugendlichen. Band I: Grundlagen zu Aggression und Gewalt in Kindheit und Jugend* (S. 123–138). Göttingen: Hogrefe.

Katzer, C., Fetchenhauer, D., & Belschak, F. (2009a). Cyberbullying in chatrooms – Who are the victims? *Journal of Media Psychology, 21*(1), 25–36.

Katzer, C., Fetchenhauer, D., & Belschak, F. (2009b). Einmal Bully, immer Bully? Ein Vergleich von Chatbullying und Schulbullying aus der Täterperspektive. *Zeitschrift für Entwicklungspsychologie und Pädagogische Psychologie, 41*(1), 33–44.

Kerger-Ladleif, C. (2007). Können wir die Kids überhaupt noch einholen? Fortbildungskonzept für Multiplikatoren zum Thema Kinderpornografie im Internet. In Innocence in Danger, Deutsche Sektion e. V. und Bundesverein zur Prävention von sexuellem Missbrauch an Mädchen und Jungen e. V. (Hrsg.), *Mit einem Klick zum nächsten Kick. Aggression und sexuelle Gewalt im Cyberspace* (S. 114–120). Köln: Mebes & Noack.

Kerger-Ladleif, C. (2012). *Kinder beschützen. Sexueller Missbrauch – Eine Orientierung für Mütter und Väter. Köln:* Mebes & Noack.

Kolodej, C. (2011). Mobbing im Medienkontext. In P. Grimm, & H. Badura (Hrsg.), *Medien – Ethik – Gewalt, Neue Perspektiven*. Stuttgart: Franz Steiner.

Kowalski, R. M., Limber, S. P., & Agatston, P. W. (2008). *Cyber bullying: Bullying in the digital age*. Malden: Blackwell.

Krahé, B., & Scheinberger-Olwig, R. (2002). *Sexuelle Aggression. Verbreitung und Risikofaktoren bei Jugendlichen und jungen Erwachsenen.* Göttingen: Hogrefe.

Lenhart, A. (2003). Adolescents, parents and technology: Highlights from the Pew Internet & American Life Project. http://www.pewInternet.org/ppt/Adolescents, ParentsandTechnology-Lawlor10.03.03a.nn.ppt (abgerufen Juli 2009).

Li, Q. (2006). Cyberbullying in schools. A research of gender differences. *School Psychology International, 27,* 157–170.

Liebsch (2011). In P. Grimm, & H. Badura (Hrsg.), *Medien – Ethik – Gewalt, Neue Perspektiven.* Stuttgart: Franz Steiner.

Lösel, F., & Bliesener, T. (2003). Aggression und Delinquenz unter Jugendlichen. Untersuchung von kognitiven und sozialen Bedingungen. *Polizei & Forschung, 20,* 28.

McKenna, K. Y. A., Buffardi, L., & Seidman, G. (2005). Selbstdarstellung gegenüber Freunden und Fremden im Netz. In K.-H. Renner, A. Schütz, & F. Machilek (Hrsg.), *Internet und Persönlichkeit. Differentiell-psychologische und diagnostische Aspekte der Internetnutzung* (S. 175–189). Göttingen: Hogrefe.

Meckel, M. (2012). Informationen sind der Kitt unserer Gesellschaft. Interview mit der Zeit. www.zeit.de/campus/2012/01/sprechstunde-miriam-meckel/seite-3 (abgerufen Dezember 2012)

Medienpädagogischer Forschungsverbund Südwest. (2010a). JIM-Studie 2010. Jugend, Information, (Multi-)Media. Basisuntersuchung zum Medienumgang 12- bis 19-Jähriger in Deutschland.

Medienpädagogischer Forschungsverbund Südwest. (2010b). KIM-Studie 2010. Kinder und Medien. Computer und Internet. Basisuntersuchung zum Medienumgang 6- bis 13-Jähriger in Deutschland.

Medienpädagogischer Forschungsverbund Südwest. (2011a). FIM-Studie 2011. Familie, Interaktion & Medien. Untersuchung zur Kommunikation und Mediennutzung in Familien.

Medienpädagogischer Forschungsverbund Südwest. (2011b). JIM-Studie 2012. Jugend, Information, (Multi-)Media. Basisuntersuchung zum Medienumgang 12- bis 19-Jähriger in Deutschland.

Medienpädagogischer Forschungsverbund Südwest. (2011c). KIM-Studie 2011. Kinder und Medien. Computer und Internet. Basisuntersuchung zum Medienumgang 6- bis 13-Jähriger in Deutschland.

Medienpädagogischer Forschungsverbund Südwest. (2012a). FIM-Studie 2012.

Medienpädagogischer Forschungsverbund Südwest. (2012b). JIM-Studie 2012. Jugend, Information, (Multi-)Media. Basisuntersuchung zum Medienumgang 12- bis 19-Jähriger in Deutschland.

Medienpädagogischer Forschungsverbund Südwest. (2012c). KIM-Studie 2012. Kinder und Medien. Computer und Internet. Basisuntersuchung zum Medienumgang 6- bis 13-Jähriger in Deutschland.

Medienprojekt Wuppertal Filmbeitrag (2011). „On": „Streit im Netz: Cyber-Mobbing unter Jugendlichen". www.medienprojekt-wuppertal.de/3_45.php (abgerufen 02.02.2012).

Patchin, J. W., & Hinduja, S. (2006). Bullies move beyond the schoolyard. A preliminary look at cyberbullying. *Youth Violence and Juvenile Justice, 4*(2), 148–169.

Potter, L. B., & Mercy, J. A. (1997). Public health perspective on interpersonal violence among youths in the United States. In D. M. Stoff, J. Breiling, J. D. Maser (Hrsg.). *Handbook of antisocial behavior* (S. 3–11). New York: Wiley.

Renner, K.-H., Schütz, A.,& Machilek, F. (Hrsg.). (2005). *Internet und Persönlichkeit. Differentiell-psychologische und diagnostische Aspekte der Internetnutzung.* Göttingen: Hogrefe.

Riebel, J., Jäger, R. S., & Fischer, U. (2009). Cyberbullying in Germany – an exploration of prevalence, overlapping with real life bullying and coping strategies. *Psychology Science Quarterly, 51,* 298–314.

Rivers, I., & Noret, N. (2010). I H8 U': Findings from a Five-Year Study of Text and Email Bullying. *British Educational Research Journal, 36*(4), 643–671.

Rüth, T. (2010). Wie nutzen Jugendliche Pornografie und wie wirkt sie? Steuert das Internet unsere Sexualentwicklung? In Die Kinderschutz-Zentren (Hrsg.), *Sexualisierte Gewalt an Kindern und Jugendlichen – Ein altes Thema und seine neuen Risiken in der medialen Ära.* Berlin: Bundesarbeitsgemeinschaft d. Kinderschutz-Zentren.

Scheithauer, H. (2003). *Aggressives Verhalten von Jungen und Mädchen.* Göttingen: Hogrefe.

Scheithauer, H., Hayer, T., Petermann, F., & Jugert, G. (2006). Physical, verbal, and relational forms of bullying among German students: Age trends, gender differences, and correlates. *Aggressive Behavior, 32,* 261–275.

Scheithauer, H., Bondü, R., Meixner, S., Bull, H. D., & Dölitzsch, C. (2008). Sechs Jahre nach Erfurt – Das Berliner Leaking–Projekt. Ein Ansatz für die Prävention von School Shootings und Amokläufen an Schulen. *Trauma & Gewalt, 2*(1), 2–13.

Schultze-Krumbholz, A., & Scheithauer, H. (2009a). Cyberbullying unter Schülern – Erste Ergebnisse einer Studie an Berliner und Bremer Schulen. Vortrag auf dem IX. Workshop Aggression, 6.–8. November 2009, Berlin: Bundesarbeitsgemeinschaft d. Kinderschutz-Zentren.

Schultze-Krumbholz, A., & Scheithauer, H. (2009b). Social-Behavioural Correlates of Cyberbullying in a German Student Sample. *Zeitschrift für Psychologie/Journal of Psychology, 217,* 224–226.

Schultze-Krumbholz, A., & Scheithauer, H. (2012). Das Medien-Helden Programm zur Prävention von Cybermobbing. In S. Drewes, & K. Seifried (Hrsg.), *Krisen im Schulalltag. Prävention, Management und Nachsorge.* Stuttgart: Kohlhammer.

Schulz, W., Held, T., & Kops, M. (2002). *Perspektiven der Gewährleistung freier öffentlicher Kommunikation. Ein interdisziplinärer Versuch unter Berücksichtigung der gesellschaftlichen Bedeutsamkeit und Marktfähigkeit neuer Kommunikationsdienste.* Baden-Baden: Nomos.

Sieverding, M. (2005). Der „Gender Gap" in der Internetnutzung. In K.-H. Renner, A. Schütz, & F. Machilek (Hrsg.), *Internet und Persönlichkeit. Differentiell-psychologische und diagnostische Aspekte der Internetnutzung* (S. 159–172). Göttingen: Hogrefe.

Slonje, R., & Smith, P. K. (2008). Cyberbullying: Another main type of bullying? *Scandinavian Journal of Psychology, 49,* 147–154.

Smith, P. (2009). Cyberbullying: Abusive relationships in Cyberspace. *Zeitschrift für Psychologie/Journal of Psychology, 217,* 180–182.

Smith, P., Mahdavi, J., Carvalho, M., Fisher, S., Russell, S., & Tippett, N. (2008). Cyberbullying: Its nature and impact in secondary school pupils. *Journal of Child Psychology & Psychiatry, 49,* 376–385.

Staude-Müller, F., Bliesener, T., & Nowak, N. (2009). Cyberbullying und Opfererfahrungen von Kindern und Jugendlichen im Web 2.0. *Kinder- und Jugendschutz in Wissenschaft und Praxis, 54*(2), 42–47.

Steffgen, G., & Pfetsch, J. (2007). Does anger treatment reduce aggressive behavior? In G. Steffgen, & M. Gollwitzer (Hrsg.), *Emotions and aggressive behavior* (S. 94–114). Ashland: Hogrefe & Huber.

Sulkowska-Janowska, M. (2011). Aestehtics of Violence of/in the Media Culture. In P. Grimm & H. Badura (Hrsg.), *Medien – Ethik – Gewalt, Neue Perspektiven.* Stuttgart: Franz Steiner.

Swickert, R. J., Hittner, J. B., Harris, J. L., & Herring, J. A. (2002). Relationships among Internet use, personality and social support. *Computers in Human Behaviors, 18,* 437–451.

Thornberry, T. P. (1998). Membership in youth gangs and involvement in serious and violent offending. In R. Roeber, & D. F. Farrington (Hrsg.), *Serious and violent juvenile offenders: Risk factors and successful interventions* (S. 147–166). Thousand Oaks: Sage.

Tokunaga, R. S. (2010). Following you home from school: A critical review and synthesis of research on cyberbullying victimization. *Computers in Human Behavior, 26,* 277–287.

Tümmler-Wangen, U. (2007). Jungen als Opfer sexueller Übergriffe im Internet. In Innocence in Danger, Deutsche Sektion e. V. und Bundesverein zur Prävention von sexuellem Missbrauch an Mädchen und Jungen e. V. (Hrsg.), *Mit einem Klick zum nächsten Kick.* Köln: Mebes & Noack.

Turkle, S. (1999). *Leben im Netz. Identitäten in Zeiten des Internet.* Reinbek bei Hamburg: Rowohlt.

Tuten, T. L., & Bosnjak, M. (2001). Understanding the differences in web usage: The role of need for cognition and the five factor model of personality. *Social Behavior and Personality: An International Journal, 29*(4), 391–398.

Volpers, H. (2011). Gefährdungspotenziale für Kinder und Jugendliche im Web 2.0. In P. Grimm & H. Badura (Hrsg.), *Medien – Ethik – Gewalt, Neue Perspektiven.* Stuttgart: Franz Steiner.

Wallmyr, G., & Welin, C. (2006). Young people, pornography, and sexuality: Sources and attitudes. *The Journal of School Nursing, 22,* 290–295.

Weller, K. (2010). Wie nutzen Jugendliche Pornografie und wie wirkt sie? Steuert das Internet unsere Sexualentwicklung? In Die Kinderschutz-Zentren (Hrsg.), *Sexualisierte Gewalt an Kindern und Jugendlichen – Ein altes Thema und seine neuen Risiken in der medialen Ära.* Berlin: Bundesarbeitsgemeinschaft d. Kinderschutz-Zentren.

Weiler, J. von (2012). SEXploitation – Viktimisierung durch interaktive Medien. Impulsvortrag anlässlich des 12. Berliner Präventionstags „Schöne neue Welt – total vernetzt! Fluch oder Segen?", 23.11.2012, Berlin.

Wiegerling, K. (2011). Imaginäre Lebenswelten – Ausblick auf künftige Handlungsstrategien und Konzepte. In P. Grimm, & H. Badura (Hrsg.), *Medien – Ethik – Gewalt, Neue Perspektiven*. Stuttgart: Franz Steiner.

Willard, N. (2006). *Cyberbullying and cyberthreats. responding to the challenge of online social cruelty, threats, and distress.* Oregon: Center for Safe and Responsible Internet Use.

Wiswede, G. (2004). *Sozialpsychologie-Lexikon.* München: Oldenbourg.

Wolak, J., Mitchell, K., & Finkelhor, D. (2007). Unwanted and wanted exposure to online pornography in a National Sample of Youth Internet Users, *Pediatrics, 119*(2), 247–257.

Wolfradt, U., & Doll, J. (2001). Motives of adolescents to use the Internet as a function of personality traits, personal and social forces. *Journal of Educational Computing Research, 24,* 13–27.

Wolfradt, U., & Doll, J. (2005). Persönlichkeit und Geschlecht als Prädiktoren der Internetnutzung. In K.-H. Renner, A. Schütz, & F. Machilek (Hrsg.), *Internet und Persönlichkeit. Differentiell-psychologische und diagnostische Aspekte der Internetnutzung* (S. 148–158). Göttingen: Hogrefe.

Ybarra, M. L., & Mitchell, K. J. (2004). Online aggressors/targets, aggressors, and targets: A comparison of associated youth characteristics. *Journal of Child Psychology and Psychiatry, 45,* 1308–1316.

2

Cybermobbing

2.1 Was ist Cybermobbing?

> „Darf ich mich vorstellen: Ich bin Amanda Todd aus Kanada. Heute bin ich tot – ich habe mir das Leben genommen, weil ich es nicht mehr ausgehalten habe. Meine Freunde haben mich über Facebook gedemütigt, zum Außenseiter abgestempelt und psychisch völlig fertiggemacht. Alle in meiner Schule haben davon gewusst und auch meine Eltern, aber keiner hat mir geholfen."

Haben Beschimpfungen, Beleidigungen und Boshaftigkeiten durch das Internet eine völlig neue Dimension angenommen? Oder ist derartiger Psychoterror nichts Neues und passiert heute nur in einem anderen Umfeld?

Zum Glück enden Erlebnisse wie die von Amanda (Abb. 2.1) nicht immer mit einem Suizid. Aber eines wird immer deutlicher: Die Folgen für Kinder und Jugendliche, die es bei ihren Altersgenossen schwer haben, anerkannt zu werden, und von ihnen häufig gedemütigt oder unter psychischen Druck gesetzt werden, sind oft dramatisch. Zudem ist auch die Anzahl der Fälle in der Jugendpsychiatrie, die mit selbstverletzenden Handlungen (z. B. sich an nicht einsehbaren Körperteilen wie Armen und Beinen zu „ritzen") oder Suizidversuchen aufgrund solcher Erfahrungen in Verbindung stehen, in den letzten Jahren auffällig angestiegen (Brunner 2012).

Dass Kinder und Jugendliche nicht immer nur nett zueinander sind, das wissen wir alle, auch aufgrund eigener Erfahrungen, die wir in unserer Jugend gemacht haben. Aggressionen, körperliche und auch psychische Gewalt unter Kindern und Jugendlichen sind also nicht neu. Allein deshalb verwundert es eigentlich nicht, dass auch im Internet nicht nur Nettigkeiten ausgetauscht werden (Katzer 2005a, b, 2011a, b; Katzer et al. 2009a, b; Li 2006; Patchin und Hinduja 2006; Raskauskas und Stoltz 2007; Slonje und Smith 2008; Smith 2009; Willard 2006; Ybarra und Mitchell 2004).

Bereits im Jahr 2005 konnten wir in Deutschland durch erste Beobachtungen verschiedener Chatrooms zeigen (z. B. Bravo-Chatroom, Knuddels), dass Kinder und Jugendliche hier gezielt gedemütigt, beleidigt oder wüst be-

Abb. 2.1   Amanda Todd. (© Facebook/YouTube)

schimpft wurden – und dies war durchaus keine Ausnahme (Katzer 2005a, b, s. auch Kolp 2005). Diese Erfahrungen, die Jugendliche zwischen 10 und 18 Jahren während ihrer Chatbesuche damals gemacht haben, zeigen sehr starke Ähnlichkeiten mit einer Form von Aggression und Gewalt, die uns aus dem schulischen Umfeld bekannt ist: Wir kennen sie unter der Bezeichnung *Mobbing,* im englischen Sprachraum spricht man von *Bullying.* Ist das Internet mit Chatrooms, Facebook und YouTube nun auch ein Tatort für Mobbing unter Schülern geworden?

Schauen wir uns den Fall von Sylvia Hamacher aus Deutschland an: Als es begann, ist Sylvia ein junges, zielstrebiges Mädchen, gut in der Schule und nicht unbeliebt. Plötzlich änderte sich alles:

> „Als ich meinen 14. Geburtstag nicht mit allen Mädchen aus meiner Klasse feierte […], änderte sich von heute auf morgen alles. Meine Freundinnen ließen mich sitzen, ignorierten mich und begannen mich zu beleidigen. Ich wurde zur Außenseiterin, ohne dass man mir einen Grund dafür nannte. Durch den gemeinsamen ‚Feind‘ wuchs die Klasse zusammen und der Kreis der Involvierten wurde […] immer größer, bis schließlich die ganze Schule mitmachte. Dabei spielte auch das Internet eine nicht unwesentliche Rolle, besonders ICQ und schülerVZ wurde dazu genutzt, sich untereinander abzusprechen und neue Gerüchte über mich zu streuen. Auch richteten meine Mitschüler ein Forum ein, in dem fleißig über mich abgelästert wurde“, so berichtet Sylvia auf ihrer eigenen Website (www.sylvia-hamacher.de).

Wenn wir nun den Fall von Sylvia genauer unter die Lupe nehmen, dann fallen gerade auch beim Vorgehen über das Internet Anzeichen für das Phänomen „Mobbing" auf:

- Sylvia wurde über einen längeren Zeitraum immer wieder beschimpft, beleidigt und gedemütigt.
- Es waren mehrere Gruppen beteiligt: Täter, Unterstützer und auch Zuschauer bzw. Dulder.
- Hinter den gemeinen Taten stand die klare Absicht, Sylvia Schaden zuzufügen. Allerdings passierte all dies nicht nur in der Schulklasse, sondern auch in virtuellen sozialen Räumen: ICQ und schülerVZ.

Die anonymen Kommunikationsräume des Internets scheinen also geradezu ideale Möglichkeiten für Mobbing zu bieten (Li et al. 2012). Vor allem Formen von verbalem und psychischem Mobbing (z. B. jemanden beleidigen, unter Druck setzen, Gerüchte und Lügen über ihn verbreiten) können kinderleicht über das Internet ausgeübt werden. Aber auch die mögliche Vernetzung verschiedener technologischer Equipments miteinander, wie Foto- oder Videohandy, Smartphone und Internetkommunikation (z. B. Chatrooms, soziale Netzwerke, YouTube), macht es so einfach, auch Fotos und Videoclips von Mitschülern in unangenehmen oder intimen Situationen (z. B. auf der Schultoilette sitzend oder beim Ausziehen) zu veröffentlichen. Und das ist dann für die Betroffenen besonders peinlich, denn ein großes Publikum kann dies ja mit ansehen!

Wir müssen uns hier also auch die Frage stellen: Findet möglicherweise eine Verlagerung vom Schulmobbing in das Internet statt oder setzt sich Schulmobbing im Internet einfach nur fort?

Um nun diese neue Form von Mobbing im Internet konkret bezeichnen zu können, hat sich der Begriff *Cybermobbing* oder im englischen Sprachraum auch *Cyberbullying* etabliert (Campbell et al. 2008; Katzer und Fetchenhauer 2007; Li 2007; Smith et al. 2008). (Zur Verständniserleichterung werden im Folgenden nur noch die Begriffe „Mobbing" und „Cybermobbing" verwendet.)

Wollen wir nun den Begriff „Cybermobbing" genau beschreiben und verstehen, ist es sinnvoll, dass wir uns zunächst die Ursprünge der allgemeinen traditionellen Mobbingforschung anschauen.

2.1.1 Wie alles angefangen hat: Traditionelles Mobbing in der Schule

Das Konzept „Mobbing unter Schülern" hat sich in den letzten 25 Jahren als ganz eigenständiger Bereich der Aggressions- und Gewaltforschung etabliert

(Aalsma und Brown 2008; Katz et al. 2001; Olweus 1978; Salmivalli 2004; Salmivalli et al. 1996). Dabei ist Mobbing charakterisiert durch „Handlungen oder Verhaltensweisen eines oder mehrerer Schüler gegenüber einem anderen Schüler, die das konkrete Ziel haben, diesen Schüler zu schädigen oder zu verletzen, und die über einen längeren Zeitraum ausgeübt werden" (Veenstra et al. 2005).

Wichtig ist auch, dass in Fällen von Mobbing immer auch ein Machtungleichgewicht zwischen Täter(n) und Opfer besteht. Allerdings muss dieses Machtungleichgewicht nicht unbedingt in körperlichen Größen- oder Kraftunterschieden bestehen: Auch äußerlich empfundene Makel (Pickel, Übergewicht, Brille usw.), fehlende Statussymbole (keine Markenkleidung, kein Smartphone, keine teuren Ferien usw.) oder auch besondere Beliebtheit bei den Lehrern und generelle Unbeliebtheit in der Klasse („Streber") können als Machtungleichgewicht empfunden werden (Boulton und Underwood 1992; Lagerspetz und Björkqvist 1994; Nansel et al. 2001; Newman und Murray 2005; Smith und Brain 2000; Smith et al. 2004; Salmivali und Poyhönen 2012; Wolke et al. 2001).

Außerdem ist neben einer gezielten Schädigung, Dauerhaftigkeit und einem Machtungleichgewicht für eine Mobbingsituation ebenfalls typisch, dass die Betroffenen zunehmend isoliert werden, so Kolodej (2011).

Und: Mobbing zeichnet sich auch dadurch aus, dass wir mehrere Beteiligte in der Mobbingsituation ausmachen können. Diese sind der oder die Täter, das Opfer und die Bystander, also diejenigen, die den Täter unterstützen, die Zuschauer oder Dulder (Scheithauer und Hayer 2007). Typische Tatorte für Mobbing im klassischen Sinn sind der Klassenraum, der Schulhof, der Schulweg, der Schulbus, aber auch Sportvereine und Jugendklubs sowie immer mehr der Ausbildungs- und Arbeitsplatz. Wir haben es bei Mobbing eben nicht nur mit einem Problem unter Jugendlichen zu tun, obwohl wir häufig die Schulsituation im Blick haben, sondern auch unter Erwachsenen.

> Unter **Mobbing** verstehen wir also, wenn jemand versucht, eine andere Person, die „schwächer" ist als er selbst, über einen längeren Zeitraum systematisch zugrunde zu richten und zu zerstören. Die „Schwäche" des Mobbingopfers muss sich dabei nicht unbedingt körperlich äußern, z. B. durch geringere Größe oder Gewicht, sondern kann sich auch in einem geringeren Selbstbewusstsein, unmodischer Kleidung usw. zeigen.

Nach Olweus (1978), dem Pionier der Schulmobbingforschung, unterscheidet man zwischen physischem, verbalem und psychischem Mobbing. Als *physisches Mobbing* bezeichnet man z. B. handgreifliche Verhaltensweisen, bei denen jemand körperlich verletzt wird, beispielsweise durch Verprügeln mit

Fäusten oder durch den Einsatz von Tatwerkzeugen wie Stöcken, Baseball-
schlägern usw. Auch persönliche Dinge kaputtzumachen (z. B. Stifte, Ruck-
sack, Jacke) oder diese jemandem immer wieder wegzunehmen und zu stehlen, gehört dazu.

Unter *verbalem Mobbing* hingegen versteht man, wenn einer Person z. B.
böse Spitznamen hinterhergerufen werden, sie beleidigt, erpresst oder bedroht wird.

Und um *psychisches Mobbing* handelt es sich dann, wenn jemand versucht,
eine Person so zu schikanieren, dass sie seelisch krank oder auch traumatisiert
wird, indem man sie z. B. verleumdet, über sie böse Gerüchte oder gemeine
Lügen verbreitet oder sie gezielt aus der Klasse oder Clique ausschließt, sie
nicht beachtet oder zum Außenseiter abstempelt.

Doch: Wie oft kommt Mobbing an unseren Schulen überhaupt vor? Wenn
wir uns das gesamte Umfeld Schule einmal genauer anschauen, zeigen sich
zum einen deutliche Unterschiede im europäischen Vergleich. Aber es gibt
auch Unterschiede zwischen den verschiedenen Schulformen wie den Grundschulen und den weiterführenden Schulen (Gymnasien, Real- oder Gesamtschulen).

Für Grundschulen zeigen verschiedene Studien in Europa beispielsweise,
dass zwischen 5 und 35 % aller Grundschüler regelmäßig Opfer von Mobbing werden. Richten wir unseren Blick nun auf weiterführende Schulen, so
zeigt sich, dass ca. 5 bis 25 % aller 10- bis 18-jährigen Schüler Mobbingattacken in körperlicher, verbaler oder psychischer Form erleben (Smith et al.
1999; Whitney und Smith 1993). Ähnliche Zahlen bestätigen auch Studien
von Scheithauer und Hayer (2007) für Deutschland. Die Anzahl der Täter
liegt demgegenüber durchgehend bei ca. 10 %, so auch Whitney und Smith
(1993).

Ein interessantes Ergebnis wird hier deutlich: Es kommt beim Übergang
von der Grundschule zu den weiterführenden Schulen sogar zu einem leichten Rückgang der Opferzahlen. Woran kann das liegen?

Schauen wir uns einmal etwas genauer an, was nach dem Wechsel von der
Grundschule auf z. B. Gymnasium, Real- oder Hauptschule passiert: Allein
schon der Wechsel in ein anderes schulisches Umfeld und der Kontakt zu
ganz neuen Mitschülern kann es ermöglichen, dass ein Teil der Opfer von
Mobbing an Grundschulen es schafft, die Opferrolle abzulegen. Dies gelingt
allerdings noch leichter, wenn an den weiterführenden Schulen gezielt ein
Schulklima des Helfens gefördert wird. Somit wird dem ehemals gemobbten
Jugendlichen vermittelt, dass Mobbing an diesem Ort nicht akzeptiert wird,
was die Entwicklung eines positiveren Selbstwertgefühls unterstützt.

Allerdings gilt für den Großteil der Mobbingopfer aus der Grundschule:
Die Opferrolle wird beibehalten und kann eben nicht abgestreift werden. Ein

Grund dafür ist, dass Kinder zu Beginn der Grundschule ein Verhalten des Sichwehrens noch nicht kennen. Und immer wiederkehrende Mobbingattacken manifestieren dann im Laufe der Schulzeit die eigene Wahrnehmung als Opfer. Ist dieses Opfererleben einmal gelernt und gefestigt, bleiben rund 20 % auch in ihrer weiteren Schullaufbahn Opfer von Mobbingattacken (Schäfer 2007).

Eines muss uns durch die oben genannten Zahlen ganz deutlich werden: Mobbing tritt insgesamt viel zu häufig auf. Deshalb dürfen wir das Thema auch nicht verharmlosen oder aus unserem Bewusstsein drängen, so als gäbe es Mobbing gar nicht! Vor allem müssen wir auch an die Folgeschäden durch Mobbing denken: Denn gerade bei den ganz jungen Opfern können psychische Traumatisierungen besonders stark sein (Brunner 2012).

Allerdings bleibt Mobbing auch für die Täter nicht folgenlos. So haben die jugendlichen Mobbinghandlungen für viele Täter einen negativen Einfluss auf ihr Sozialverhalten, ihre Partnersuche, ihren Beruf und ihr psychisches Befinden im Erwachsenenleben, wie wir in Abschn. 2.4.2 noch sehen werden.

2.1.2 Eine neue Form von Mobbing: Cybermobbing

Cybermobbing ist „jedes Verhalten, das von Individuen oder Gruppen mittels elektronischer oder digitaler Medien ausgeführt wird und wiederholt feindselige oder aggressive Botschaften vermittelt, die die Absicht verfolgen, anderen Schaden oder Unbehagen zu bereiten" (Tokunaga 2010).

Wenn wir uns die Definition von Cybermobbing anschauen, sehen wir, dass die meisten Voraussetzungen des traditionellen Schulmobbings auch für das neue Phänomen Cybermobbing gelten.

Auch bei Cybermobbing liegt eine länger andauernde Schädigungsabsicht vor, denn jemand soll gezielt zugrunde gerichtet werden. Dazu kommt, dass auch an der Cybermobbingsituation mehrere Personen oder Gruppen beteiligt sind: der oder die Täter (z. B. auch ganze Facebook-Gruppen), das Opfer, die Bystander, also die Unterstützer, und die Zuschauer. Dabei können wir sehr oft auch ein Machtungleichgewicht zwischen Täter(n) und Opfer feststellen: So sind der oder die Cybermobber häufig stärker in Internetcliquen oder Facebook-Gruppen integriert als ihre Opfer. Auch haben sie eher einen Anführerstatus oder fühlen sich im Umgang mit dem Internet kompetenter als ihre Opfer (Katzer 2005a, b, 2007).

Neu ist aber, dass Cybermobbing gegenüber dem traditionellen Schulmobbing auch ganz spezifische Merkmale aufweist (Dooley et al. 2009; Katzer 2009; Mishna et al. 2009; Schultze-Krumbholz und Scheithauer 2010, 2012;

Slonje und Smith 2008; Smith et al. 2007). Vier Besonderheiten müssen wir im Blick haben, die bei Mobbing in der Schule nicht vorliegen:

1. Zum einen kann der Anonymitätsgrad bei Cybermobbing sehr hoch sein, denn die Täter sind physisch zunächst nicht erkennbar und können sich auch gezielt hinter einem virtuellen Synonym verstecken (z. B. falsches Profil, falsches Profilfoto). Dies verstärkt das Gefühl der Ohnmacht seitens der Opfer – sie haben Angst, dass sie nicht beweisen können, wer es war, und von anderen somit auch keine Hilfe bekommen. Hinzu kommt, dass ca. 10 bis 12 % der Opfer die Täter nur aus dem Internet kennen, d. h., eine Verbindung in das reale Umfeld wie z. B. die Schule besteht hier nicht (Katzer und Fetchenhauer 2007).
2. Zum anderen ist der Öffentlichkeitsgrad von Cybermobbing immens hoch: Denn Hunderttausende, ja sogar Millionen User können direkt online z. B. auf Facebook mitverfolgen, was über eine Person verbreitet wird. Lügen und Verleumdungen sind nicht länger nur einem kleinen, überschaubaren Kreis wie z. B. den Mitschülern oder der Parallelklasse bekannt, sondern einem riesigen Publikum. Dies macht Cybermobbing für die Opfer besonders schmerzhaft.
3. Auch ist Cybermobbing endlos, denn nichts, was einmal online veröffentlicht wurde, kann wirklich gelöscht werden. Man wird niemals alle Verteiler, die z. B. einmal an ein Foto gelangt sind, auffinden, um die Fotos auf deren Festplatten löschen zu können. Außerdem werden Inhalte von vielen Servern gar nicht gelöscht, sondern an andere Server weitergeleitet, oft auch ins Ausland. Und hierauf haben wir in Deutschland rechtlich keinen Zugriff mehr. So können wir auch nach 20 Jahren durch Zufall oder durch gezielte Suche auf alte Webseiten, Fotos oder Videos stoßen.
4. Cyberopfer haben keinen Schutzraum mehr! Jugendliche sind heute fast 24 Stunden am Tag online erreichbar und können Cybermobbing nicht entkommen. Die Opfer können sich nicht einmal mehr in ihrem eigenen Zuhause sicher fühlen, denn die Täter kommen über Smartphone und PC direkt bis ins Kinderzimmer.

Besonderheiten von Cybermobbing sind also:

- Ein hoher Anonymitätsgrad: Dieser führt zu mehr Angst bei den Opfern, da sie keine Lösungsstrategien sehen und die Täter schwer zu identifizieren sind.
- Ein hoher Öffentlichkeitsgrad: Ein weltweites Publikum kann beim Cybermobbing zusehen (z. B. auf Facebook über eine Milliarde User)!
- Endlosviktimisierung: Cybermobbing hört niemals auf und tut deshalb besonders weh!
- Schutzlosigkeit der Opfer: Die Täter kommen bis ins Kinderzimmer!

Aufgrund dieser Spezifika ist Cybermobbing auch häufig so viel schlimmer für die Opfer als das traditionelle Mobbing in der Schule. So beschreibt es auch Prof. Justin Patchin, der Co-Direktor des Cyberbullying Research Center in Wisconsin (USA), in einem Interview (2011): „Cybermobbing ist etwas anderes. Sprechen Sie doch mit den Eltern, die ihre Kinder durch Cybermobbing verloren haben. Und wenn wir immer mehr Fälle von Jugendlichen haben, die versuchen, sich das Leben zu nehmen, weil sie schlimme Erlebnisse hatte, dann läuft hier etwas falsch …"

2.1.2.1 Welche verschiedenen Kategorien und Formen von Cybermobbing gibt es?

Wenn wir uns nun Cybermobbing genau anschauen, so können wir im Großen und Ganzen zwei Kategorien unterscheiden: *verbales* und *psychisches Cybermobbing*.

Unter *verbalem Cybermobbing* versteht man, wenn eine Person über SMS, E-Mails, in Chatrooms, sozialen Netzwerken, Blogs oder auf Websites usw. gehänselt, beleidigt, aber auch erpresst oder bedroht wird.

Um *psychisches Cybermobbing* handelt es sich, wenn über eine Person z. B. mittels Internet böse Gerüchte und gemeine Lügen verbreitet werden, sie bei Chatgesprächen isoliert und nicht beachtet wird oder ihre Freundschaftsanfragen immer wieder abgelehnt werden, die Person somit also aus Facebook-Gruppen oder Chatcliquen sozial ausgeschlossen wird. Auch das Veröffentlichen intimer oder peinlicher Fotos und Videoclips einer Person in sozialen Netzwerken oder über Videoplattformen wie YouTube zählt dazu (vgl. Katzer et al. 2009a, b; Schultze-Krumbholz und Scheithauer 2009a; Staude-Müller et al. 2009; Willard 2006; Ybarra und Mitchell 2004). So kann mit ein paar Klicks kinderleicht z. B. ein Video hochgeladen werden, das von einem Mitschüler auf der Schultoilette aufgenommen wurde, und es erreicht in kurzer Zeit möglicherweise Hunderttausende von Zuschauern (s. auch SWR-3-Sendung: „Wahnsinn Handy", 24.02.2010, 20:15 Uhr).

Allerdings differenzieren auch einige Autoren bei den Formen von Cybermobbing zwischen direkten und indirekten Verhaltensweisen, so z. B. Willard (2007) oder Staude-Müller (2010). *Direktes Cybermobbing* meint nach dieser Definition Beleidigungen (*harassment*), sozialen Ausschluss (*exclusion*) oder direkte Bedrohungen und Erpressungen (*threat*). *Indirektes Cybermobbing* bezeichnet demgegenüber das Verbreiten von Lügen (*denigration*), von Geheimnissen oder privatem Bildmaterial (*outing and trickery*) oder die Identitätsübernahme einer Person (*impersonation*).

Erinnern wir uns zum Schluss aber noch einmal kurz an den Fall Sylvia Hamacher. Wie wurde Cybermobbing im Internet ihr gegenüber konkret ausgeübt?

Schauen wir uns Sylvias Erlebnisse an, dann fallen uns vor allem Formen von *verbalem* und *psychischem Cybermobbing* auf. Opfer von physischem Mobbing wurde sie zumindest im Zusammenhang mit Cybermobbing nicht – denn dies ist ja auch nicht möglich. Im Internet kann man niemanden tatsächlich physisch angreifen, also richtig körperlich verletzen oder verprügeln.

Aber – und das ist sehr wichtig: Es kommt in der Welt des Cyberspace durchaus zu einer Verbindung zwischen physischer und virtueller Gewalt. Nämlich dann, wenn z. B. ein Junge auf dem Schulhof verprügelt oder körperlich erniedrigt, dies mit einem Handy gefilmt wird und die Aufnahmen dann im Internet z. B. auf YouTube veröffentlicht werden.

Das Internet ist somit auch ein Medium für physisches Mobbing – allein durch die Möglichkeit der Veröffentlichung!

2.1.2.2 Wie findet Cybermobbing nun ganz konkret statt?

Um Cybermobbing auszuüben, wählen die Täter ganz unterschiedliche Wege. Zum einen passiert es mittlerweile immer häufiger, dass Passwörter von Profilen in sozialen Netzwerken wie Facebook geknackt werden, um dann z. B. peinliche oder veränderte Fotos, so auch „gefakte" Nacktfotos, in das bestehende Profil einzufügen. Damit soll jeder, der sich dieses Profil anschaut, glauben, dass das „Opfer" z. B. bestimmte sexuelle Praktiken bevorzugt, in einen bestimmten Lehrer verliebt ist oder am liebsten mit mehreren Jungen hintereinander Sex hat. Auch die Verlinkung mit anderen Websites (z. B. Homosexuellen-Websites, Pornodarstellungen oder auch rechtsradikalen Inhalten) kommt vor, wenn man einen Jugendlichen in eine bestimmte Ecke drängen möchte, ihm also ein bestimmtes Image verpassen will.

Es werden aber auch vollkommen neue Profile mit dem Namen eines Jugendlichen, sogenannte „Fakeprofile", von Cybermobbern angelegt, um dadurch gezielt falsche Dinge über diesen Jugendlichen zu verbreiten. So lassen Cybermobber über ein „Fakeprofil" beispielsweise den Eindruck von einem 13-jährigen Jungen entstehen, er sei homosexuell und schaue den anderen Jungen beim Umkleiden gerne auf die Genitalien. Das Perfide dabei: Dieser Junge merkt zunächst nicht, dass dieses Profil von ihm existiert. Erst wenn er morgens in die Schule kommt und von anderen Mitschülern als „Homosau" oder „Schwuchtel" beschimpft wird, stellt er fest, dass etwas nicht stimmt. Deshalb sollten wir öfter einmal nachschauen, ob z. B. auf Facebook Profile von uns existieren, die nicht von uns selbst erstellt wurden. Stoßen wir auf eben solche, sollte dies unbedingt dem Provider gemeldet werden! Eine gute Suchmaschine zum Auffinden eigener Inhalte ist z. B. das Portal Yasni. Hier reicht es, einfach ein Profil mit dem eigenen Namen unter Angabe der E-Mail-Adresse anzugeben, und man erhält in regelmäßigen Abständen von

Yasni eine Liste von allen Einträgen, Fotos usw., die unter diesem Namen im Internet existieren.

Ein weiterer Weg, über den Cybermobbing ausgeübt wird, ist die Gründung sogenannter „Hassgruppen" in sozialen Netzwerken. Was zunächst wie ein Fanklub aussieht (eine Gruppe nennt sich z. B. „Tims beste Freunde"), ist in Wirklichkeit ein Zusammenschluss mehrerer Jugendlicher, die eine andere Person gezielt durch Hänseleien, Verbreitung von Lügen usw. fertigmachen, also mobben wollen.

Mittlerweile wird immer öfter aber auch Foto- oder Videomaterial eingesetzt, um andere lächerlich zu machen oder bloßzustellen. Das heißt, es wird zum Beispiel ein Junge beobachtet, wie er sich im Umkleideraum der Sporthalle auszieht, und dabei fotografiert. Oder ein Mädchen wird mit der Videokamera beim Duschen im Schwimmbad aufgenommen. Aber auch Lehrer werden während des Schulunterrichts mit dem Handy fotografiert, wenn sie sich unbeobachtet fühlen oder wenn sie von Schülern provoziert werden. Diese Entwicklung kommt auch daher, weil immer mehr Kinder und Jugendliche über Mobiltelefone mit Kamera oder Videofunktion verfügen: Mittlerweile sind es fast 86 % der 10- bis 18-Jährigen (Medienpädagogischer Forschungsverbund Südwest 2010–2012)! Es ist somit ein Leichtes, ein Foto zu schießen oder ein kleines Video zu drehen und dieses dann von Handy zu Handy als MMS oder E-Mail zu verschicken oder in Internetportale zu setzen.

Fassen wir noch einmal die verschiedenen Kategorien und Formen von Cybermobbing zusammen:

Kategorien und Formen von Cybermobbing

Verbales Cybermobbing:
- Jemanden hänseln, beleidigen, beschimpfen usw.
- Jemanden erpressen, bedrohen

Psychisches Cybermobbing:
- Über einen Mitschüler Gerüchte und Lügen verbreiten
- Eine Person isolieren und ausschließen
- Freundschaftsanfragen z. B. auf Facebook immer wieder ablehnen
- Peinliche oder intime Fotos oder Videos von Mitschülern oder Lehrern ins Internet hochladen oder von Handy zu Handy verschicken
- Veränderte („gefakte") Fotos eines Mitschülers in ein bestehendes Profil einfügen
- Profile oder persönliche Websites mit anderen Webinhalten verlinken z. B. mit Homosexuellen-Websites oder Pornodarstellungen
- Falsche („gefakte") Profile unter dem echten Namen eines Mitschülers erstellen und darin unrichtige und gemeine Dinge verbreiten
- Hassgruppen gegen jemanden im Internet bilden

2.1.2.3 Wo kann Cybermobbing überall stattfinden?

Die Entwicklung neuer Kommunikationstools macht es möglich, dass Cybermobbing in den letzten Jahren immer neue virtuelle Tatorte gefunden hat. Waren es 2005 „nur" Chatrooms (z. B. Knuddels, Jappy), Blogs, E-Mails oder Websites, werden mittlerweile auch soziale Netzwerke (z. B. Facebook, Google +, wer-kennt-wen, Lokalisten, Twitter), Videoplattformen (z. B. YouTube, Clipfish) oder Fotodienste (z. B. Instagram) dazu genutzt. So werden peinliche Fotos von Mitschülern, dem Ex-Freund oder dem in Ungnade gefallenen ehemals besten Freund der breiten Öffentlichkeit oder einer bestimmten Gruppe von Leuten präsentiert. Insgesamt stehen E-Mails, Chatrooms und soziale Netzwerke an oberster Stelle bei der Ausübung von Cybermobbing (Hinduja und Patchin 2009).

Mittlerweile können wir aber auch feststellen, dass in den gerade von Jungen stark genutzten Online-Rollenspielen Cybermobbing stattfindet, nämlich dann, wenn ein Mitspieler unter einem bestimmten Leistungslevel bleibt. Dieses kann sich dann auf Facebook fortsetzen, indem hier über sein „Losen" beim Online-Spiel hergezogen wird. Und alle anderen Facebook-User können dann ihren Kommentar dazu abgeben: „gefällt mir!"

Auch Chatroulette, ein Speeddatingportal im Netz, ist ein Ort, an dem vor laufender Webcam wüste Beschimpfungen und Beleidigungen stattfinden sowie lächerliche und gemeine Kommentare über andere abgegeben werden – von übelster sexueller Anmache ganz zu schweigen.

Und: Inzwischen existieren auch immer mehr sogenannte Hasswebsites, auf denen gezielt dazu aufgerufen wird, andere Personen „fertigzumachen". Jedem User wird garantiert, dass er absolut anonym bleibt und seine Daten (E-Mail- sowie IP-Adresse usw.) niemals veröffentlicht werden.

Ein prominentes Beispiel eines solchen Webangebotes ist „Isharegossip". Manch einer mag sich noch an den Medienhype im Frühjahr 2011 erinnern, der durch die Vorkommnisse auf dieser Website hervorgerufen wurde: „Blankes Entsetzen bei Tausenden Eltern […]. Jetzt greifen Politik und Justiz massiv durch – Generalstaatsanwalt Hans-Josef Blumensatt macht den Fall zur Chefsache! Seit 7 Tagen ist die Ekel-Seite […] im Netz. Über Facebook und Co. verbreitet sie sich blitzartig. 81 Schulen aus Rhein-Main sind betroffen. Anonym hetzen Jugendliche über Mitschüler, verunglimpfen sie auf übelste Weise: ‚T. aus der 10a steht auf Gruppensex!', ‚P. hatte was mit Lehrer S.'" (www.bild.de/regional/frankfurt/mobbing/top-anklaeger-jagt-schul-mobber-15656146.bild.html, 26.11.2011).

Die Website „Isharegossip" war somit ein idealer Tummelplatz für Cybermobber, denn die Täter konnten ungesehen ihr Unwesen treiben, ohne gefasst oder identifiziert zu werden. Der Reiz, den diese Website auf die Jugendlichen ausübte, war groß: Anfang 2011 hatten sich Tausende von deutschen Schülern im Namen ihrer Schulen hier angemeldet und wild drauflos gepöbelt.

So erzählt die heute 20-jährige Viviane: „Ich war in der Schule, als ich von isharegossip.com erfuhr. Darauf sollte man angeblich Gerüchte über seine Klassenkameraden verbreiten können. Diese Möglichkeit hatten auch einige Schüler meines Gymnasiums genutzt, um diverse Mädchen als ‚Schlampe‘ oder ‚Hurentochter‘ zu beschimpfen. Ein Mädchen aus der 12. Klasse war als ‚Lesbe‘ bezeichnet worden, woraufhin sie denjenigen, der dies im Internet postete, in der Schule zur Rede stellte. Die Situation eskalierte derart, dass sie am Ende mit einer gebrochenen Nase im Krankenhaus lag. Sofort als ich nach Hause kam, suchte ich nach der Webseite, um mir selbst ein Bild von den Lästereien machen zu können. Und was ich dort zu sehen bekam, entsetzte mich. Da wurde auf wüsteste Art und Weise geschimpft, beleidigt, gemobbt und die am meisten benutzte Phrase war wohl ‚ich fick deine Mutter‘“ (www.bild.de/ratgeber/kind-familie/schule/so-werden-wir-gemobbt-22024182.bild.html, 1.01.2012).

Rechtlich konnte man gegen diese Website aus deutscher Sicht nichts unternehmen, denn der Host saß im Ausland. Die einzige Möglichkeit, den Zugriff auf die Website zu erschweren, war, sie als jugendgefährdend auf den Index zu setzen. Genau dies ließ Familienministerin Kristina Schröder im März 2011 durch die Bundesprüfstelle für jugendgefährdende Medien veranlassen (BPjM 2011). Auslöser für die Indizierung waren Hetzbeiträge auf Isharegossip, die in Berlin zu brutalen Schlägereien unter Jugendlichen geführt hatten, wobei ein 17-Jähriger schwer verletzt worden war, und Androhungen von Amokläufen auf der Internetseite, die Schulschließungen notwendig gemacht hatten (www.teltarif.de/isharegossip-hacker-angriff-server-internet/news/42996.html, 08.09.2012).

Die Folge der Indizierung war nun, dass man diese Website nicht mehr über die üblichen Suchmaschinen Google, Yahoo oder Bing finden konnte. Allerdings war sie nicht aus dem Internet verschwunden, sondern existierte weiter! Und auch noch Monate nach der Indizierung dieser Website herrschte hier noch reger Betrieb.

Heute ist diese Seite immer noch vorhanden, aber nicht mehr zu benutzen. Unbekannte, jugendliche Hacker haben hier ihr Gutes dazu getan und sie lahmgelegt. Aber trotz allem sollten wir nicht zu früh beruhigt sein: Im Netz gibt es Tausende von solchen Seiten, und es entstehen täglich neue. Abbildung 2.2 gibt einen Überblick über die Cybermobbingtatorte.

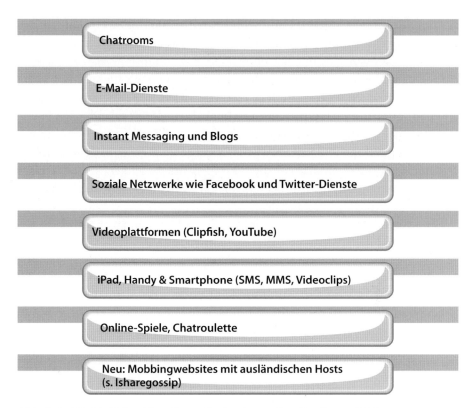

Abb. 2.2 Wo Mobbing überall stattfinden kann. (Quelle: Katzer 2013)

2.2 Die Verbreitung von Cybermobbing

Erste Studien aus den USA, Großbritannien oder Neuseeland haben schon vor einigen Jahren bestätigen können, dass verschiedene virtuelle Handlungskontexte, wie Internetchatrooms, soziale Netzwerke, E-Mail-Dienste oder Mobiltelefone, von Kindern und Jugendlichen dazu genutzt werden, Gleichaltrige gezielt zu schädigen und somit Cybermobbing auszuüben (Baruch 2005; Beran und Li 2005; Kapatzia und Syngollitou 2007; Li 2006, 2007; Patchin und Hinduja 2005, 2006; Raskauskas und Stoltz 2007; Ybarra und Mitchell 2004).

Doch wie müssen wir dieses Phänomen des Cybermobbings zahlenmäßig einschätzen? Ist es eher eine Randerscheinung oder ist tatsächlich ein großer Teil der Kinder und Jugendlichen von Cybermobbing betroffen?

2.2.1 Wie oft kommt Cybermobbing vor?

Bereits im Jahr 2005 waren in den USA 34 % der jugendlichen Besucher von Chatrooms wiederholt Ziel von verbalen Angriffen, Beleidigungen und Verunglimpfungen geworden (Hinduja und Patchin 2005). Die Forschergruppe um Peter Smith konnte für Großbritannien feststellen, dass rund 9 % der 10- bis 18-Jährigen z. B. in Chatrooms, über E-Mail, Instant Messaging (synchrone private Chatprogramme), Websites oder per SMS Opfer von Cybermobbing geworden waren (Smith et al. 2006, 2008). Cybermobbing ist somit ein internationales Phänomen und macht auch vor Deutschland nicht Halt.

Allerdings wurde bis zum Jahr 2005 in Deutschland Cybermobbing gar nicht richtig wahrgenommen, es war, als sei es schlicht nicht existent. Um die öffentliche Aufmerksamkeit auf diese Problematik zu lenken, haben wir am sozialpsychologischen Institut der Universität Köln die erste deutschsprachige Cybermobbingstudie durchgeführt.

Die wesentlichen Ziele unserer Studie, deren Daten in einer Schülerbefragung während des Unterrichts erhoben wurden, waren:

* festzustellen, welche Formen von Cybermobbing in Internetchatrooms (der damals beliebtesten Kommunikationsform der Jugendlichen) überhaupt auftreten und wie verbreitet diese waren.
* herauszufinden, wer Täter und wer Opfer von Cybermobbing wird.

Unsere Studie machte deutlich, dass Cybermobbing auch in Deutschland ein großes Problem ist: Von insgesamt 1700 befragten Jugendlichen (32 % Gymnasiasten, 44 % Realschüler, 18 % Gesamtschüler, 6 % Berufsschüler) aus NRW im Alter zwischen 10 und 19 Jahren wurden zwischen 5 % (massive Bedrohungen, Erpressungen usw.) und 25 % (Verleumdungen, Gerüchte, Lügen usw.) mehrmals im Monat bis täglich Opfer von Cybermobbing (Katzer und Fetchenhauer 2007; Katzer et al. 2009a, b). Immerhin gaben 42 % aller Jugendlichen in dieser Altersgruppe an, dass sie verschiedene Formen von Cybermobbing in Chatrooms bereits einmal erlebt hatten (wobei man streng genommen bei einem *einmaligen* Erleben noch nicht konkret von Mobbing sprechen kann). Insgesamt zeigen diese Zahlen, dass Cybermobbing also schon 2005 in Deutschland keine Ausnahme war.

Nur zur Erinnerung: Facebook, wer-kennt-wen, Twitter und YouTube gab es damals in Deutschland noch nicht – im Jahr 2005 zählten Chatrooms wie Knuddels zu den beliebtesten Kommunikationsräumen von Kindern und Jugendlichen im Internet. Rund 69 % aller 10- bis 19-Jährigen gaben damals an, regelmäßig zu chatten, Mädchen und Jungen gleichermaßen. Chatrooms erwiesen sich also 2005 als Hauptmedium für Cybermobbing.

Die Ergebnisse unserer ersten Studie wurde in den vergangenen Jahren durch mehrere Jugend-Informations-Multimedia-Studien (JIM-Studien 2006–2012) untermauert (Medienpädagogischer Forschungsverbund Südwest): Auch sie bestätigten, dass ca. die Hälfte der jugendlichen deutschen

Chatnutzer zwischen 12 und 18 Jahren unangenehme Erfahrungen in Internet-Chatrooms machen.

Neuere Studienansätze in Deutschland, die nun auch soziale Netzwerke und Mobiltelefone mit einbeziehen, stützen ebenfalls die Ergebnisse unserer ersten Studie: Rund ein Drittel aller 10- bis 18-Jährigen in Deutschland sind mittlerweile von extremen Cybermobbing betroffen (Katzer 2009; Porsch 2012; Schultze-Krumbholz und Scheithauer 2009a; Staude-Müller et al. 2009). Dies kann auch Prof. Patchin (2011) für die USA bestätigen: „Wir beschäftigen uns seit etwa zehn Jahren mit dem Phänomen Cyberbullying und wir stellen fest, dass die Zahlen recht konstant sind."

Ähnliches zeigen auch die aktuellen Zahlen der Cyberlife-Studie vom Bündnis gegen Cybermobbing für 2012/2013. Laut eigenen Aussagen der Jugendlichen werden ca. ein Fünftel regelmäßig Opfer von Cybermobbing und 19 % geben an, als Täter aufzutreten. Diese Opferzahlen und Prävalenzraten unterstreicht auch die Cyberlife-Eltern-Studie (Bündnis gegen Cybermobbing 2013a): So berichten von den befragten Eltern in Deutschland rund 27,5 %, dass Cybermobbing ein Problem bei Kindern von Freunden und Bekannten ist. Und auch die Schulen bestätigen, dass Fälle von Cybermobbing in letzter Zeit immer häufiger auftreten. So geben in der Cyberlife-Lehrer-Studie, die ebenfalls vom Bündnis gegen Cybermobbing durchgeführt wurde, 30 % der befragten Lehrer und Pädagogen an, mit Cybermobbing bereits konfrontiert worden zu sein (Bündnis gegen Cybermobbing 2013b). Cybermobbing unter Schülern ist also auch bei uns in Deutschland ein ganz akuter, großer Problembereich (Abb. 2.3).

Wenn wir uns dazu noch anschauen, dass immer neue Tatorte oder Instrumente für Cybermobbing entstehen, wird deutlich: Das Gefahrenpotenzial lässt keinesfalls nach, sondern verschärft sich eher noch. Denn neben Chatrooms werden immer öfter soziale Netzwerke und Internetportale wie Chatroulette sowie Handys und Smartphones für die Ausübung von Cybermobbing genutzt. Dadurch kommt immer häufiger auch Foto- und Videomaterial zum Einsatz, was für die Opfer besonders schmerzhafte und dramatische Folgen haben kann.

Mittlerweile wird Cybermobbing in Deutschland am häufigsten über soziale Netzwerke, Handys oder Smartphones und Chatrooms ausgeübt, gefolgt von E-Mail-Diensten, Instant Messaging und Chatroulette (Bündnis gegen Cybermobbing 2013c).

Schauen wir uns noch die verschiedenen Schulformen an, sehen wir, dass nicht an jeder Schule gleichermaßen Cybermobbing ausgeübt wird. So werden an Grundschulen aktuell die wenigsten und an Haupt- und Realschulen die meisten Cybermobbingvorfälle gemeldet. Allerdings: Der zahlenmäßige Unterschied der Vorfälle an Haupt- und Realschulen zu denen an anderen

Abb. 2.3 Cybermobbing in Deutschland bei den 8- bis 18-Jährigen. (Quelle: Bündnis gegen Cybermobbing 2013a, b, c, d; Katzer et al. 2009a, b)

Schulformen wie Gesamtschulen, Gymnasien und auch Berufsschulen ist nicht allzu groß. Wir können sogar zwei Peaks bei den involvierten Jugendlichen feststellen: So kommt Cybermobbing besonders häufig bei den 14- bis 15-Jährigen und den 19- bis 20-Jährigen vor. Eine Erklärung hierfür liefern die zwei problembehafteten und kritischen Lebensphasen, in denen sich die Jugendlichen gerade in diesen Alterskohorten befinden: die der Pubertät und die des Übergangs in das Erwachsenenleben (nach der Schule der Weg ins Studium oder in die Ausbildung).

Aber auch Grundschulen sollten stärker in unseren Fokus rücken, denn auch unter den Kleinsten kommt es immer öfter zu Cybermobbing. Mittlerweile zeigen die ersten Studien, dass ca. 5 % der Grundschüler in Cybermobbing involviert sind (Bündnis gegen Cybermobbing 2013a). Wir sehen also: Cybermobbing zeigt sich als ein Problem *aller* Schulformen!

Und noch etwas: Wir können auch Unterschiede zwischen den verschiedenen Bundesländern feststellen. So treten Cybermobbingvorfälle im Saarland, in Rheinland-Pfalz, Niedersachsen, Schleswig-Holstein und Berlin am häufigsten auf. Dies korrespondiert allerdings zum Teil mit dem Präventionsverhalten in den Ländern: So zeigen gerade Rheinland-Pfalz, Niedersachsen, Schleswig-Holstein und Hessen mehr Schulaktivitäten zu diesem Thema als andere Länder (Bündnis gegen Cybermobbing 2013a).

Wo Cybermobbing als Problem erkannt wird, erfolgt auch mehr Engagement und Vorbeugung. Allerdings sollten wir in Zukunft etwas gegen Cybermobbing tun, bevor überhaupt etwas passiert!

2.2.2 Welche Formen von Cybermobbing kommen am häufigsten vor?

Wenn wir uns nun anschauen, welche Formen von Cybermobbing am häufigsten unter Kindern und Jugendlichen auftreten, fallen zahlenmäßig die

Formen verbalen Cybermobbings am stärksten ins Gewicht: Häufig werden Jugendliche bei ihren Unterhaltungen in Chatrooms oder auf Facebook gestört, sie werden beleidigt oder beschimpft, geärgert oder in Streitsituationen verwickelt.

Allerdings sind es gerade die subtileren Formen des psychischen Cybermobbings, die bei Jugendlichen starke Folgeschäden anrichten. Somit stehen an zweiter Stelle der häufigsten Cybermobbingformen die üble Nachrede, die Verbreitung von Gerüchten und Lügen (47 % der Mädchen, 33 % der Jungen) sowie Hänseleien (32 % der Mädchen, 27 % der Jungen), gefolgt von Erpressungsversuchen und gezieltem Unter-Druck-Setzen (27 % der Mädchen, 24 % der Jungen), Ausgrenzungen und Ablehnen von Freundschaftsanfragen (27 % der Mädchen, 22 % der Jungen). Und mittlerweile werden auch immer öfter intime oder peinliche Fotos und Videos eingesetzt (18 % der Jungen, 15 % der Mädchen), um andere zu demütigen, oder auch Hassgruppen gebildet (z. B. Katzer et al. 2009a, b; Bündnis gegen Cybermobbing 2013c, d).

Cybermobbing ist also auch in Deutschland ein deutliches Problem, mit dem wir uns in Zukunft auf verschiedenen Ebenen auseinandersetzen müssen.

- Wie hat sich das Problem Mobbing in der Schule Ihrer Meinung nach verändert?
- Wie beurteilen Sie die Gefahren von Cybermobbing?
- Würden Sie sagen, dass es heute schwieriger ist, Mobbing aktiv anzugehen und zu verhindern?
- Glauben Sie, dass Cybermobbing dazu führen kann, dass das Verhalten untereinander aggressiver und respektloser wird?

2.3 Ist Cybermobbing eine Straftat?

Auch wenn wir in Deutschland noch kein eigenes Gesetz gegen Mobbing oder Cybermobbing haben, eines ist klar: Viele Cybermobbinghandlungen sind, gemäß dem deutschen Strafgesetzbuch (StGB), Straftaten z. B. dann, wenn über Facebook Lügen oder Gerüchte über einen Jugendlichen verbreitet werden z. B.: „Gabi hat mit allen Jungs der Parallelklasse gefickt" oder „Tim geht immer zu Saturn und klaut CDs".

Auch Fotomontagen oder das Zeigen von peinlichen Fotos ohne Zustimmung der abgebildeten Person können geahndet werden (Recht am eigenen Bild). Dies bedeutet, dass Opfer von Cybermobbing durchaus rechtliche

Schritte einleiten können, um somit eine strafrechtliche Verfolgung des Täters zu erreichen. Im Folgenden werden verschiedene Cybermobbingbeispiele und die darauf anwendbaren Straftatbestände und Strafgesetze dargestellt. Einen Überblick gibt Abb. 2.4.

So handelt es sich z. B. bei jeglichen Formen von Beleidigungen, der Verbreitung von Gerüchten, Lügen oder Verleumdungen über Internet oder Handy um sogenannte Ehrschutzdelikte (§ 185 StGB Beleidigungen, § 186 StGB üble Nachrede und § 187 StGB Verleumdung). Veröffentlichen Jugendliche gefälschte Profile eines anderen Jugendlichen und verbreiten auf diese Weise falsche Dinge oder Lügen über ihn, greifen eindeutig die Merkmale der §§ 186, 187 StGB zur üblen Nachrede und Verleumdung. Beleidigen sich Kinder und Jugendliche z. B. auf Facebook, über SMS oder per E-Mail („du motherfucker" oder „du schwule Sau") oder bilden sie eine sogenannte Hassgruppe in einem sozialen Netzwerk gegen einen Mitschüler und beschimpfen oder beleidigen ihn innerhalb dieser Gruppe oder schreiben sie wüste Beleidigungen auf die Pinnwand einer Person, dann handelt es sich um den Straftatbestand der Beleidigung (§ 185 StGB). Auch wenn Videos oder Fotos mit vollem Namen und beleidigendem Zusatz ins Internet gestellt werden, greift der § 185 StGB der Beleidigung.

Allerdings wird in dem Fall von Foto- oder Videoveröffentlichungen noch ein anderer Tatbestand berührt: Sobald Fotos einer Person ohne ihre ausdrückliche Genehmigung veröffentlicht werden (seien sie heimlich aufgenommen oder auch mit Wissen der Person), wird das Recht am eigenen Bild berührt, und es greifen die §§ 22, 33 KunstUrhG.

Werden zudem noch Fotos aus dem intimen Bereich (z. B. Nacktfotos) nach Ende einer Beziehung von einem Partner online gestellt oder Aufnahmen und Videos, die Jugendliche in peinlichen Situationen zeigen (z. B. beim Ausziehen, Umkleiden oder auf der Toilette), handelt es sich um eine Verletzung des höchstpersönlichen Lebensbereichs durch Bildaufnahmen nach § 201 StGB.

Gerade in Bezug auf im Internet veröffentlichte Video- oder Bildaufnahmen herrscht bei Kindern und Jugendlichen oft keinerlei Unrechtsbewusstsein. Problematisch ist zudem, dass die Fotos in der Regel nicht mehr endgültig gelöscht werden können. Schnelles Handeln (Antrag auf einstweilige Verfügung) ist geboten, um eine weitere Verbreitung zu verhindern. Oftmals aber erfährt die abgebildete Person viel zu spät davon, dass ihr Foto im Internet zu sehen ist.

Wird ein Jugendlicher rund um die Uhr Opfer von Hetzkampagnen, z. B. durch Zusenden von drohenden, beleidigenden SMS, E-Mails oder Facebook-Nachrichten, handelt es sich um den Straftatbestand der Nachstellung (§ 238 StGB).

Abb. 2.4 Cybermobbingfälle und StGB. (Quelle: Katzer 2013)

Ein weiterer Fall von Cybermobbing, der strafrechtlich geahndet werden kann, liegt vor, wenn in einem animierten Gewaltvideo Bilder eines Jugendlichen oder eines Lehrers eingefügt und dann z. B. auf YouTube hochgeladen werden. Gleiches gilt, wenn körperliche Gewalthandlungen wie das Verprügeln eines Mitschülers auf dem Schulhof oder die Vergewaltigung eines Mädchens auf der Schultoilette mit einem Handy gefilmt und im Internet veröffentlicht bzw. von Handy zu Handy über Bluetooth verbreitet werden. Hier greift der § 131 StGB der Gewaltdarstellung.

Auch wenn einem Jugendlichen oder Erwachsenen über Facebook mit Mord oder Körperverletzung gedroht wird (z. B. er solle einen bestimmten Geldbetrag abgeben, sonst passiere ihm etwas) oder Liedtexte, die Drohszenarien gegenüber einer Person beinhalten, bei YouTube eingestellt werden, handelt es sich um den Straftatbestand der Bedrohung (§ 241 StGB) und Nötigung (§ 240 StGB).

Weiter müssen wir beachten, dass ein Großteil der Cybermobbingfälle wegen der massiven Gesundheitsschädigung auch als Körperverletzung zu werten ist. Denn die seelischen Verletzungen treffen das Opfer aufgrund der rund um die Uhr bestehenden Belastung noch heftiger und sind gerade für Kinder und Jugendliche oft nur schwer zu verarbeiten (§ 223 StGB Körperverletzung).

2.3.1 Können minderjährige Cybermobber bestraft werden?

Wenn ein 14-Jähriger Cybermobbing ausübt, bedeutet dies noch lange nicht, dass dies nicht strafbar ist.

So ist man in Deutschland nämlich ab dem 14. Lebensjahr strafmündig: Ein Jugendlicher ist somit ab dem Alter von 14 Jahren verantwortlich für sein Verhalten und seine Taten. Verstößt er gegen das Gesetz, indem er z. B. jemanden bestiehlt oder Cybermobbing ausübt, kann er gemäß dem Jugendgerichtsgesetz (JGG) zur Rechenschaft gezogen werden. Unser Strafgesetzbuch (StGB) wird somit in Verbindung mit dem Jugendgerichtsgesetz (JGG) angewandt. Die Strafen sind allerdings andere als bei erwachsenen Tätern.

Kommt z. B. ein Fall von Cybermobbing eines 14-Jährigen vor Gericht (es handelt sich um einen Antragsdelikt, d. h., es muss zuerst eine Strafanzeige bei der Polizei aufgegeben werden), können die Strafen gemäß dem Jugendgerichtsgesetz von einer Entschuldigung über Sozialstunden bis hin zu Jugendgefängnis in besonders schweren Fällen variieren. Auch die Tatwerkzeuge, z. B. PC, Handy oder Smartphone, können dauerhaft eingezogen werden.

Allerdings ist neben der strafrechtlichen Verfolgung auch die zivilrechtliche Ahndung der Cybermobbingtaten möglich. Das heißt, ein Opfer kann im Fall von Cybermobbing zivilrechtlich auf Schadensersatz klagen, nämlich dann, wenn ein persönlicher Schaden entstanden ist (z. B. Rufschädigung) oder Traumatisierungen und negative psychische Folgen auftreten.

Kinder unter 14 sind nicht strafmündig, d. h., das Jugendgerichtsgesetz (JGG) kommt bei Cybermobbingtätern unter 14 Jahren nicht zum Tragen. Das heißt aber nicht, dass Kinder unter 14 nicht zur Rechenschaft gezogen werden können!

So kann auf zivilrechtlichem Weg (Zivilklage) durchaus z. B. Schadensersatz eingefordert werden. Allerdings kann bei häufig auftretenden schweren Straftatbeständen der Eintrag in ein Jugenderziehungsregister vorgenommen werden, das bei der Staatsanwaltschaft liegt. Wird z. B. ein 15-Jähriger beschuldigt, mehrere Fälle von Cybermobbing oder anderen Straftaten begangen zu haben, können Taten, die er vor dem 14. Lebensjahr ausgeübt hat und in das Jugenderziehungsregister eingetragen wurden, für das Strafmaß mit herangezogen werden (Clausen-Muhradian 2011).

2.3.2 Wie sieht die Strafverfolgung von Cybermobbern zurzeit aus?

Bislang kommen leider nur wenige Fälle von Cybermobbing tatsächlich vor Gericht. Das hat mehrere Gründe (s. auch Katzer et al. 2011):

- Viele Schulen wollen verhindern, dass diese Fälle publik werden, aus Angst, ihre Schule könnte als „Mobbingschule" an den Pranger gestellt werden.

- Eltern beschließen häufig aus Unwissenheit, nichts gegen die Sache zu unternehmen, und ziehen es vor, ihr Kind umzuschulen. Dass eine Umschulung heute nicht mehr hilft, da das Internet überall ist, ist ihnen nicht klar. Dieses Kind wird in der neuen Schule gar keine Chance haben, unbelastet Fuß zu fassen, denn irgendeiner wird den neuen Schüler „googeln".
- Schließlich wird von Eltern auch berichtet, dass sie, wenn sie bei der Polizei Strafanzeige stellen wollen, nicht ernst genommen werden und dass die zuständigen Beamten oft gar nicht wissen, wie mit der Situation überhaupt umzugehen ist. Auch hören sie durchaus Kommentare wie: „Das wird kaum für eine Strafanzeige ausreichen." Hieran wird deutlich, dass auch bei der Polizei noch häufig große Unkenntnis über die Auswirkungen von Cybermobbing besteht.
- Schließlich ist auch die Beweisführung ein Problem, da Daten oft nicht gesichert werden.

Verschiedene Maßnahmen könnten hier Verbesserung schaffen:

- Ein Cybermobbinggesetz, ähnlich dem Happy-Slapping-Gesetz in Frankreich, würde die gesamtgesellschaftliche Wahrnehmung dieser Problematik im Sinne von Straftaten bei den Jugendlichen, aber auch bei Gerichten, Anwaltschaft sowie der Polizei erhöhen und wäre bereits aus diesem Grund sinnvoll. Da Cybermobbingvorfälle häufig als Bagatelle abgetan werden, wäre ein eigener Straftatbestand, der eine möglichst große Bandbreite der Taten erfasst, wünschenswert. Dies gäbe ähnlich wie beim Stalking die notwendige und offensichtliche Rechtsgrundlage. In Teilen der USA existiert bereits ein Cybermobbinggesetz und auch in Kanada wird aufgrund der Suizide von Jugendlichen infolge von Cybermobbing ein solches Gesetz diskutiert.
- Nicht zuletzt ist an eine Haftung der Anbieter von sozialen Netzwerken und Online-Plattformen für Inhalte der User zu denken, zumindest für Online-Angebote, die sich gezielt an Jugendliche richten.

Es wird also deutlich: Bei Cybermobbing handelt es sich häufig um Straftaten und als solche sind sie auch zu behandeln. Vor allem, wenn man die zum Teil dramatischen Auswirkungen bei den Opfern betrachtet, wie z. B. dauerhafte psychische Belastung, Schulverweigerung, Rückzug, Depression und auch Suizid oder Suizidversuche (sogenannte *Bullycides*). Hier richtet sich ganz klar der Blick auf die Politik: Sie muss handeln und bessere Voraussetzungen für die Bekämpfung von Cybermobbing und die Strafverfolgung der Täter schaffen. Es muss also gelten: Cybermobbing hat bei uns keine Chance!

2.4   Die Cybermobber

> „… du schwule Sau – hau ab hier – du bist total minderwertig … keiner will dich hier … nimm am besten einen Strick, da holst du dir dann den richtigen Kick …"
> Über Monate hinweg war der 13-jährige Joel aus Österreich ähnlichen verbalen und psychischen Attacken ausgesetzt. Auch wurde sein Profil in einem sozialen Netzwerk mit Schwulenwebsites verlinkt. Daraufhin wurde er von immer mehr Leuten in seiner Schule als „Homo" und „Schwuchtel" bezeichnet. Irgendwann konnte Joel das alles nicht mehr ertragen: Aus Verzweiflung warf er sich vor einen fahrenden Zug. Die Täter: unbekannte Schüler. Der Tatort: Facebook (Kerner 31.03.2011).

Dieser Fall macht uns sprachlos. Wer tut so etwas einem anderen an? Und aus welchem Grund?

Cybermobbing ist ein bedeutendes Problem geworden. Wie wir bereits gesehen haben, sind in Deutschland fast ein Drittel der Jugendlichen regelmäßig betroffen. Zum Glück endet Cybermobbing nur in den seltensten Fällen mit Selbstmord wie bei Joel (Abb. 2.5). Allerdings häufen sich in den letzten Jahren die Suizidversuche aufgrund von Cybermobbing auch in Deutschland (s. auch ZDF-Sendung „hallo deutschland spezial": Tatort Internet, September 2012). Zumindest ist Cybermobbing für viele Opfer eine traumatische Erfahrung, deren Folgen sie oft lebenslänglich zu ertragen haben.

Was steckt nun hinter solchem Cybermobbingverhalten? Ist es reiner Zufall, dass jemand zum Cybermobber wird? Mobben Jungen genauso oft wie Mädchen? Oder ist bei einigen Jugendlichen die Wahrscheinlichkeit höher als bei anderen?

Vor allem für unsere Präventionsarbeit, um Risiken von Cybermobbing zu erkennen und Gefahrensituationen vorzubeugen, ist es wichtig zu wissen, welche Faktoren eine entscheidende Rolle dabei spielen, ob jemand zum Cybermobber wird. Denn nur wenn wir wissen, wer besonders gefährdet ist, ein Cybermobber zu werden, können wir versuchen, entsprechend gegenzusteuern, und gerade für diese Jugendlichen bestimmte Maßnahmen ergreifen.

2.4.1   Wer sind die Täter im Cyberspace?

Wenn wir uns genauer anschauen, wer als Cybermobber auftritt, fällt eines direkt auf: Wir können einen deutlichen Zusammenhang zwischen Cybermobbing und Schulmobbing feststellen. Die meisten Jugendlichen, die in der Schule andere mobben, tun dies nämlich auch auf Facebook & Co. Schulmobber sind also oft auch Cybermobber!

Für Deutschland zeigt unsere eigene Studie, dass fast 80 % derjenigen, die in der Schule als Mobber auftreten, dies auch im Internet tun. Ähnliche Er-

Abb. 2.5   Joel, 13 Jahre. (Quelle: www.kleinezeitung.at)

gebnisse ergaben auch Forschungen von Schultze-Krumbholz und Scheithauer (2009a, b) ebenfalls für Deutschland, von Peter Smith und Kollegen (s. Smith 2011) für Großbritannien, von Ybarra und Mitchell (2004, 2007) für die USA, von Raskauskas und Salmivalli (2007), Raskauskas und Stoltz (2007) für Neuseeland und Finnland sowie Studien von Spiel und Kollegen (Gradinger 2010; Gradinger et al. 2009) aus Österreich. Die Mehrheit der Jugendlichen handelt somit im schulischen und im virtuellen Umfeld gleich: Mobber bleiben also Mobber.

Allerdings können wir auch eine Gruppe von Jugendlichen ausmachen, die sich in der Schule eher unauffällig verhält und kein Mobbingverhalten zeigt, dafür aber im Internet Cybermobbing ausübt. Für Deutschland konnten unsere Studien nachweisen, dass dies auf ein Fünftel der Cybermobber zutrifft (Katzer und Fetchenhauer 2007). Es gibt also auch eine Gruppe von reinen Cybertätern.

Was sind das nun für Jugendliche, die Cybermobbing betreiben? Und welche Gründe stecken hinter ihrem Verhalten?

2.4.1.1 Risikofaktoren für Cybermobbingverhalten

Die Gründe, die hinter Cybermobbing stecken, können sehr vielfältig sein. Schauen wir uns etwas genauer an, weshalb wir uns auf eine bestimmte Art und Weise verhalten: Warum jemand offen auf vollkommen Fremde zugeht, gerne Diskussionsrunden anführt oder sich kaum traut, in der Öffentlichkeit vor anderen zu sprechen, hängt mit verschiedenen Dingen zusammen. Die Anlagen der Persönlichkeit, aber auch die Erziehung und somit Prozesse des Lernens spielen hierbei eine wichtige Rolle (Bandura 1973; Eron und Huesman 1987; Olweus 1980; Pearl et al. 1982).

So ist es auch bei Aggression und gewalttätigem Verhalten: Bestimmte Merkmalsausprägungen der Persönlichkeit, wie z. B. eine positive Haltung gegenüber Gewalt, aber auch eine angespannte familiäre Situation, emotionale Vernachlässigung sowie die Einbindung in eine aggressive Peergroup sind bedeutende Einflussfaktoren – sogenannte Risikofaktoren (Olweus 2002). Doch welche Merkmalsausprägungen oder Risikofaktoren beeinflussen nun, ob jemand zum Cybermobber wird?

Wie bereits dargelegt, ist Cybermobbing eine neue Art des traditionellen Mobbings, das wir bisher hauptsächlich aus der Schule kannten. Da wir gesehen haben, dass viele Schulmobber ja auch als Cybermobber auftreten, sind durchaus auch bei den Risikofaktoren starke Parallelen mit den Ergebnissen zum Schulmobbing denkbar (Katzer und Fetchenhauer 2007; Schultze-Krumbholz und Scheithauer 2010; Smith et al. 2006).

Wie Forschungen im Bereich Schulmobbing gezeigt haben, übt nicht jeder Jugendliche mit derselben Wahrscheinlichkeit Gewalt und Aggressionen gegenüber anderen Schülern aus und wird zum Mobber. Vielmehr wirken verschiedene Bedingungs- oder Risikofaktoren zusammen und erhöhen die Wahrscheinlichkeit, dass jemand zum Täter wird (Craig 1998; Kumpulainen et al. 1998; Kaltiala-Heino et al. 2000; Funk 1995, 1996; Hawkins et al. 1998; Lösel und Bliesener 1998, 2003; Lipsey und Derzon 1998; Loeber und Dishion 1984; Melzer und Rostampour 1996; Nansel et al. 2001, 2004; Olweus 1984, 1989, 1993, 2010; Salmivalli et al. 1999; Salmivalli et al. 2005). Die folgende Übersicht zeigt, welche Merkmalsausprägungen für Schulmobber typisch sind.

Welche Merkmale weisen typische Schulmobber auf?

Geschlecht:
- Jungen mobben immer noch häufiger als Mädchen.
- Jungen mobben anders als Mädchen (Jungen mobben oft auch körperlich, Mädchen eher verbal).
- Aber: Mädchen holen auf und mobben immer öfter, auch brutaler (Elliott 2002).

Persönlichkeit:
- Schulmobber haben meist ein positives Selbstbild (Olweus 1978), fühlen sich aber zum Teil in der Schule nicht kompetent.
- Schulmobber fühlen sich ihren Opfern überlegen, auch körperlich.
- Schulmobber sind häufig in eine bestimmte Gruppe ihrer Klassenkameraden integriert und dort beliebt (oft auch Anführerstatus), werden aber von den anderen oft ganz abgelehnt (Thornberry 1998, Boulton und Smith 1994).

Familiäres Umfeld:
- Schulmobber haben eine negative emotionale Beziehung zu ihren Eltern.
- Schulmobber sind häufig einem gewalthaltigen Erziehungsstil ausgesetzt (Olweus 2002).

Empathie:
- Schulmobber haben nur wenig Mitgefühl mit ihren Opfern.

Gewalt, Delinquenz und Problemverhalten in der Schule:
- Schulmobber haben eine positive Einstellung gegenüber allgemeiner Gewaltanwendung.
- Schulmobber sind oft delinquent (Vandalismus, Eigentumsdelikte usw.), stärker „antisozial", neigen zu Substanzmissbrauch (z. B. Alkohol) und konsumieren häufiger gewalthaltige Filme.
- Schulmobber schwänzen häufiger die Schule.
- Schulmobber zeigen häufiger dissoziales Verhalten im Internet (Katzer 2007; Katzer et al. 2009b).

Mobbingopfer:
- Schulmobber sind zum Teil auch selbst Opfer von Mobbing (Austin und Joseph 1996; Veenstra et al. 2005).

Besuchte Schule:
- Schulmobber finden wir in allen Schulformen.

Wie eigene Studien gezeigt haben, werden Cybermobbing und Schulmobbing tatsächlich von ähnlichen Risikofaktoren beeinflusst (Katzer 2005a, b; Katzer und Fetchenhauer 2007; Smith et al. 2006, 2007). Doch das ist nicht unbedingt überraschend: Die Wahrscheinlichkeit ist selbstverständlich recht groß, dass man seine Merkmalsausprägungen nicht unbedingt immer dann ablegt, wenn man von seinem PC aus die virtuelle Welt des Cyberspace betritt!

Die folgenden Risikofaktoren können Cybermobbingverhalten fördern (Katzer et al. 2009b):

Geschlecht: Die Ergebnisse zum Geschlechterverhältnis bei Cybermobbing sind sehr unterschiedlich. In Deutschland konnten wir zu Beginn der ersten Studien feststellen, dass Cybermobbing häufiger von Jungen ausgeübt wurde als von Mädchen (Katzer 2005a, b; Katzer et al. 2009b). Allerdings zeigen sich diese Unterschiede in neueren Studien nicht mehr so einheitlich – Mädchen holen in den letzten Jahren deutlich auf und üben im Internet immer öfter Cybermobbing aus (Schultze-Krumbholz und Scheithauer 2009a, b; Bündnis gegen Cybermobbing 2013c).

Dabei mobben Jungen im Internet auch anders als Mädchen: Jungen veröffentlichen mittlerweile häufig Fotos oder Videos von Prügelszenen, die zeigen, wie jemand brutal ins Klo gestopft wird. Mädchen mobben auch im Internet eher verbal und verbreiten Lügen oder zeigen, wenn sie Foto- oder Videomaterial einsetzen, was sie insgesamt aber etwas seltener tun als Jungen, eher subtilere Szenen, z. B. ein Mädchen, das sich auszieht oder auf der Toilette sitzt.

Persönlichkeit: Zum einen können wir bei den Cybermobbern feststellen, dass sie ihre eigenen Leistungen und Fähigkeiten in der Schule eher negativ einschätzen und sich hier wenig kompetent fühlen. Allerdings sind Jugendliche, die häufig als Cybermobber auftreten, nicht bei allen Gleichaltrigen unbeliebt – im Gegenteil, sie sind viel stärker in richtige Internetcliquen oder -gruppen eingebunden als sogenannte Gelegenheitstäter. Auch Cybermobber sind somit in eine Gruppe Gleichaltriger integriert, die ihnen Rückhalt gibt und die sie auch bei ihren Taten unterstützt.

Familiäres Umfeld: Das familiäre Umfeld zeigt einen der stärksten Einflüsse auf das Cybermobbingverhalten. So haben viele Cybermobber eine eher problematische bzw. negative emotionale Beziehung zu ihren Eltern: Die Jugendlichen haben oft wenig Vertrauen zu ihren Eltern, diese kümmern sich aber auch recht wenig um die Sorgen ihrer Kinder. Allerdings trauen diese Eltern ihren Kindern im Allgemeinen relativ viel zu, auch in Bezug auf die Medienkompetenz im Umgang mit dem Internet. Dies führt aber dazu, dass die Eltern sich nicht darum sorgen, was ihre Kinder im Internet so alles tun. Diskutiert über das Medium Internet wird zu Hause so gut wie gar nicht.

Empathie: „In Gesprächen mit den Tätern von Cybermobbing haben wir herausgefunden, dass sie gar nicht einschätzen können, was sie dem Opfer damit angetan haben …", so eine Lehrerin an einem Gymnasium in Köln.

Neuere Studien bestätigen fehlende Empathie (Mitgefühl, Einfühlungsvermögen) bei den Cybermobbern: Sie können sich tendenziell weniger in andere hineinfühlen und verstehen die Situation anderer schlechter als Nichtmobber (Ang und Goh 2010; Schultze-Krumbholz und Scheithauer 2009b; Schultze-Krumbholz und Scheithauer in Druck; Steffgen et al. 2009).

Zum einem betrifft dies das generelle Empathievermögen der Täter. Aber es zeigt sich auch, und das ist wichtig, dass gerade Opfern von Taten, die über das Internet ausgeübt werden, ein geringeres Mitgefühl entgegengebracht wird als Opfern von Mobbing in der Schule. Hieraus kann man auch für die Präventionsarbeit gegen Cybermobbing neue Ansätze ableiten. Wir müssen das Empathievermögen und das Mitgefühl gerade für Cyberopfer fördern: Denn das, was jemand einem anderen im Netz antut, tut richtig weh!

Gewalt, Delinquenz und Problemverhalten in der Schule: Wer Gewalt befürwortet und wer gelernt hat, dass Gewalt ein lohnendes Mittel zum Erreichen eines Zieles ist, der wird immer wieder Gewalt anwenden. Und auch bei Cybermobbern spielen allgemeine Delinquenz (Diebstahl, Vandalismus usw.) und eine höhere Gewaltbereitschaft eine ganz wichtige Rolle. So sind Cybermobber öfter delinquent (stehlen, zerstören fremdes Eigentum, bedrohen andere usw.) und haben eine positivere Einstellung zu Gewalt. Auch zeigen sie in der Schule häufiger Problemverhalten und schwänzen öfter als Nichtcybermobber.

Und: Bei den Cybermobbern ist das dissoziale Internetverhalten ein entscheidender Einflussfaktor. Cybermobber suchen häufiger gezielt pornografische, gewaltverherrlichende oder rechtsradikale Inhalte im Internet auf als Nichtcybermobber. Eines wird also immer klarer: Bei Cybermobbing haben wir es mit einem jugendlichen Lebensstil zu tun, der von aggressiven Einstellungen und Verhaltensmustern im realen wie im virtuellen Umfeld geprägt ist.

Internetnutzung: Versucht man Dauer und Häufigkeit des Internetaufenthaltes mit dem gezeigten Cybermobbingverhalten in Verbindung zu bringen, zeigen sich uneindeutige Ergebnisse. Einige Studien zeigen keinen Zusammenhang (Katzer 2005a, b): D. h., wer sich z. B. oft in Chatrooms aufhält, ist nicht automatisch häufiger in Cybermobbing involviert als Gelegenheitsbesucher. Andere Studien hingegen können leichte Zusammenhänge mit der Dauer der Nutzung von sozialen Netzwerken bzw. des gesamten Internets pro Tag nachweisen (Smith 2011). Eine deutliche Verbindung zwischen der Häufigkeit und Dauer der Internetnutzung und Cybermobbingverhalten kann also *nicht* nachgewiesen werden.

Sexuelle Übergriffe im Internet: „Das sind doch alles miese Schweine. Ich habe nicht gewusst, wie ich das schreckliche Erlebnis loswerden kann … es war immer im Kopf, wie die sich vor der Webcam selbst einen runtergeholt haben … und mit jemandem reden geht doch gar nicht, also habe ich einfach über jemanden aus meiner Klasse Gemeinheiten verbreitet …", so beschreibt Manu, 14, aus München ihre Situation.

Wie bei Manu spielen nicht selten unangenehme sexuelle Erlebnisse, Übergriffe, Anmache und auch Grooming bei den weiblichen Cybermobbern eine wichtige Rolle (Katzer 2010). Mädchen, die ohne ihr eigenes Zutun von anderen zu ihren sexuellen Erfahrungen befragt werden, Fotos von Genitalien zugeschickt bekommen oder zu konkreten sexuellen Handlungen vor der Webcam aufgefordert werden und nicht wissen, wie sie dies verarbeiten sollen, reagieren in ihrer Verzweiflung oft mit Aggressivität gegenüber anderen – immer häufiger auch mit Cybermobbing.

Mobbingopfer: Auch bei Schulmobbern haben Studien ja gezeigt, dass Jugendliche häufig eben nicht ausschließlich nur Täter sind (Austin und Joseph 1996; Espelage und Swearer 2003; Haynie et al. 2001; Veenstra et al. 2005). Vielmehr können Opfer- und Täterstatus nicht immer unabhängig voneinander gesehen werden. Das Gleiche gilt auch für den Tatort Internet. So sollten wir nämlich beachten, dass die eigene Täterschaft als Cybermobber auch die Folge einer zuvor erlebten Viktimisierung sein kann und somit als ein *Sichwehren* oder *Sichabreagieren* gedeutet werden kann. Dies trifft auf rund ein Drittel der Cybermobber zu (Bündnis gegen Cybermobbing 2013d)! Allerdings können wir auch beobachten, dass Opfer von Schulmobbing des Öfteren zu Cybermobbern im virtuellen Raum werden.

Besuchte Schule: Wenn wir uns Cybermobbing in den verschiedenen Schulformen anschauen, sehen wir in Deutschland, dass Cybermobber besonders häufig unter Haupt- und Realschülern zu finden sind, gefolgt von Gesamtschulen und Gymnasien. Dieses Ergebnis deckt sich mit denen anderer Studien zum Thema Schulmobbing (Streng und Pöll 1997). Allerdings sind die Unterschiede zwischen den verschiedenen Schulformen nicht allzu groß. Allerdings ist Cybermobbing auch unter Berufsschülern ein Thema.

Und: Einen wichtigen Punkt müssen wir festhalten: Die Cybermobber werden immer jünger – auch in Grundschulen ist Cybermobbing auf dem Vormarsch (Katzer und Heinrichs 2012, Bündnis gegen Cybermobbing 2013d).

Die folgende Übersicht fasst die genannten Merkmalsausprägungen von Cybermobbern noch einmal zusammen.

Welche Merkmale weisen typische Cybermobber auf?

Geschlecht:
- Mädchen mobben in Deutschland im Internet mittlerweile so häufig wie Jungen, zum Teil noch mehr!
- Jungen mobben anders und häufig extremer als Mädchen im Internet (Jungen mobben auch mit brutalem, peinlichem Filmmaterial, Mädchen eher verbal).
- Aber: Mädchen holen auf und mobben immer öfter, auch brutaler (erpressen, drohen).

Persönlichkeit:
- Cybermobber fühlen sich in der Schule nicht kompetent.
- Cybermobber sind stark in Internetcliquen oder -gruppen integriert und dort beliebt.

Familiäres Umfeld:
- Cybermobber haben eine problematische bzw. negative emotionale Beziehung zu ihren Eltern.
- Allerdings trauen die Eltern ihren Kindern im Allgemeinen relativ viel zu, auch hohe Medienkompetenz.

Empathie:
- Cybermobber haben nur wenig Mitgefühl mit ihren Opfern.

Gewalt, Delinquenz und Problemverhalten in der Schule:
- Cybermobber haben eine positive Einstellung gegenüber allgemeiner Gewaltanwendung.
- Cybermobber sind öfter delinquent (Vandalismus, Eigentumsdelikte usw.), neigen zu Substanzmissbrauch (z. B. Alkohol).
- Cybermobber schwänzen häufiger die Schule.
- Cybermobber zeigen häufiger dissoziales Verhalten im Internet.

Internetnutzung:
- Cybermobber nutzen soziale Netzwerke bzw. das gesamte Internet pro Tag geringfügig länger.

Sexuelle Übergriffe im Internet:
- Weibliche Cybermobber haben häufig sexuelle Übergriffe im Internet oder Grooming erlebt.

Mobbingopfer:
- Cybermobber sind zum Teil auch Opfer von Mobbing.

Besuchte Schule:
- Cybermobber finden sich in allen Schulformen.

2.4.1.2 Motive für Cybermobbingverhalten

Neben den genannten Risikofaktoren können wir bei den Cybermobbern allerdings auch bestimmte Motive feststellen, die früher für traditionelles Schulmobbing noch nicht so eine große Bedeutung hatten. Und diese Motive gelten im Besonderen für die Jugendlichen, die in der Schule eher unauffällig sind, aber im Internet als Cybertäter auftreten.

Kevin und Mario aus Schwerin beschreiben das für sich so: „Ich hatte einfach nix zu tun, da hab ich einfach ein doofes Foto von einem Typen aus der Klasse hochgeladen und dann abgelästert" (Kevin, 15 Jahre). „Wenn ich das peinlichste Video drehe – wo jemand echt bescheuert rüberkommt – und dann auf YouTube hochlade, dann finden viele das total krass und liken mich" (Mario, 16 Jahre).

Wie wir hier sehen, kann die Motivation bei den Cybermobbern ganz unterschiedlich sein: So spielen z. B. Langeweile, Spaß, die bloße Lust, einmal etwas „Böses" auszuprobieren, Trophäenjagd und der Wettbewerb mit anderen oder auch die Suche nach Anerkennung und das Austesten der eigenen Gewaltfähigkeit eine bedeutsame Rolle (s. auch Hilgers 2010 oder Katzer 2012b). Aber auch Rachegedanken oder der Versuch, sich selbst gegen erlebtes Cyber- oder Schulmobbing zu wehren, können Gründe für Cybermobbingverhalten sein. Allerdings ist den Cybermobbern häufig nicht bewusst, was sie anderen durch das eigene Handeln im virtuellen Raum antun.

In einer amerikanischen Studie ist „Rache" das am häufigsten genannte Motiv für Cybermobbing, gefolgt von „das Opfer hat es verdient" und „Spaß haben" (Patchin und Hinduja 2009).

Für Deutschland zeigt eine aktuelle Studie ebenfalls: „Langeweile" (52 %) und „Spaß" (52 %) sind die von den Cybermobbern am meisten genannten Gründe für die Cyberattacken. Auf Platz 2 steht die Begründung: „weil das andere auch machen" (36 %), gefolgt von „schlechte Laune" (27 %), „weil es cool ist" (25 %) und „um andere zu rächen" (20 %) (Cyberlife-Schüler-Studie, Bündnis gegen Cybermobbing 2013d). Im Folgenden werden wir verschiedene Motive der Cybermobber näher beleuchten.

Erlebnissuche: Cybermobbing kann durchaus in der Suche nach Erregung und nicht alltäglichen Situationen begründet sein. So mancher pubertierende Junge, aber mittlerweile auch immer mehr Mädchen, versuchen durch böse Taten etwas Außergewöhnliches zu erleben. Beleidigen, Beinstellen oder Knuffen ist aus Sicht der Jugendlichen ziemlich normal und nichts Besonderes – Gewalthandlungen und Mobbingattacken aber schon. Auch biochemisch ist dies zu erklären: Wenn man etwas Verbotenes oder Risikoreiches tut oder eben auch etwas Gemeines mit anderen macht, dann steigt der Adrenalinspiegel. Das Gefühl, das dadurch ausgelöst wird, kann durchaus Suchtpotenzial für die Jugendlichen haben. Um ständig einen neuen Kick zu erleben, müssen die Cybermobbingtaten allerdings immer interessanter und spektakulärer werden! Die vorherigen Taten sind nämlich nicht mehr spannend oder aufregend genug, denn die Jugendlichen gewöhnen sich oft an ein gewisses Aggressionspotenzial und Mobbingniveau (s. auch Hilgers 2010).

Trophäenjagd und Wettbewerb: Cybermobbing kann auch durch Wettbewerb und Konkurrenz untereinander entstehen: „Andere fahren nachts Autorennen, um zu checken, wer der Beste ist – wir machen eben Videos von Opfern …", so der 17-jährige Mirko aus Stuttgart.

Nach dem Motto „Wer hat das peinlichste Video oder Foto eines Mitschülers oder Lehrers?" ist es mittlerweile ein richtiger Sport unter den Jugendlichen geworden, festzustellen, wer andere am besten bloßstellen kann. Insbesondere Jungen schicken sich auch häufig gegenseitig Nackt- oder Bikinifotos der eigenen Freundin oder veröffentlichen diese im Internet. Und dies nur, um zu vergleichen, wer von den Freundinnen die aufregendste Figur oder die größten Brüste hat. Rücksicht auf die Opfer, die oft eben auch die eigenen Freundinnen sind, wird nicht genommen – im Fokus der Täter steht nur die „Trophäe", das peinliche oder intime Foto bzw. Video. Mitgefühl haben die meisten Täter also nicht. Ein 15-Jähriger aus Köln schiebt die Schuld sogar noch dem Opfer selbst zu: „… die ist doch selber schuld, die muss sich doch nicht vor meiner Kamera ausziehen …"

Suche nach Anerkennung: Viele Jungen und Mädchen wollen bewundert werden, andere sollen zu ihnen aufschauen und sie toll finden. Cybermobbing wird von Jugendlichen somit auch gezielt eingesetzt, um ihre Freunde oder andere Mitschüler zu beeindrucken und zu zeigen, dass sie Macht über ihre Opfer haben.

Obwohl man auch bei Schulmobbern eine gewisse Suche nach Anerkennung über das Ausüben von Macht in Form von Gewalt und Gemeinheiten feststellen kann, spielt dieses Geltungsmotiv gerade bei Cybermobbing eine besondere Rolle: Denn Cybermobbing wird im Internet von Hunderttausenden mitverfolgt – und kann eben auch bewertet werden, z. B. durch „like it" oder „Daumen hoch". Dieses große Publikum dient dem Täter als Egoverstärker.

Aber Cybermobbing wird auch auf andere Weise instrumentalisiert. Denn: Wer richtig gemein zu anderen ist, vor dem haben viele Gleichaltrige Angst. Und wer Angst verbreitet, der bekommt, was er will, und wird vor allem von anderen in Ruhe gelassen: „Das Filmen spielt eine Rolle, um es […] anderen Leuten zu zeigen, damit sie richtig Angst vor einem kriegen", männlich, 16 Jahre (Hilgers 2010).

Austesten der eigenen Leistungsfähigkeit: „Wie böse kann ich sein?", „Wie weit kann ich gehen?", das fragen sich manche Jugendliche gerade in der Pubertät. Sie wollen testen, zu was sie tatsächlich fähig sind. An welche Grenze stoßen sie, wie mutig sind sie? Wir kennen sie durchaus aus unserer eigenen Jugend – die Mutprobe! Cybermobbing wird also auch deshalb ausgeübt, um die eigene Leistungsfähigkeit auszutesten und das Selbstbewusstsein zu stärken.

Auch in der Erziehung spielt die Fähigkeit, Gewalt anzuwenden und auszuüben, zum Teil eine große Rolle. Vor allem in bestimmten Kulturkreisen ist es für männliche Jugendliche von besonderer Wichtigkeit, andere gezielt einzuschüchtern, auch mit den Fäusten. Aber auch Cybermobbing ist mittlerweile ein wirksames Mittel, andere zu verängstigen oder bestimmte Dinge von ihnen zu fordern: Alleine die Androhung, ein Nacktvideo oder peinliche Fotos im Internet zu veröffentlichen, bringt viele Jugendliche dazu, auf Erpressungsversuche einzugehen und z. B. Geld abzugeben oder zu beschaffen, kriminelle Handlungen auszuüben oder sich auf Sex einzulassen.

Rache: „Endlich konnte ich mich einmal wehren. Ich war so wütend, was andere mit mir gemacht haben, da wollte ich zurückschlagen – und über

Facebook ging das ganz einfach. In der Schule hätte ich mich nie getraut", so Kevin aus München.

Hier zeigt sich, dass das Internet auch ein Ort ist, um sich zu rächen: Das heißt, es gibt durchaus auch Opfer, die im Internet selbst zu Cybermobbern werden. In dieser Gruppe finden wir Opfer von Cyber- und auch Opfer von Schulmobbing (Hinduja und Patchin 2009; Katzer und Fetchenhauer 2007). Ein Grund hierfür ist, dass Cybermobbing- und Schulmobbingopfer im Schutz virtueller Räume (wie Facebook & Co.) den Mut finden, ihre Wut und ihren Frust loszuwerden – etwas, das sie sich von Angesicht zu Angesicht, z. B. in der Schule, nie trauen würden.

Allerdings nutzen auch Jugendliche, die beobachten, dass jemand gemobbt wird, das Umfeld des Internets, um dieses Opfer zu verteidigen oder zu rächen – vor allem, wenn sie sich nicht offen trauen, dieser Person zu helfen. Der „Rächer" geht nicht die Gefahr ein, als Petze oder Verräter erkannt und als Folge selbst zum Mobbingopfer zu werden. Cybermobbing kann also durchaus für einige Täter eine Form der Rache oder des Sichwehrens sein.

Falsche Wahrnehmung des eigenen Handelns im virtuellen Raum: Cybermobbing kann auch eine Folge der falschen Wahrnehmung des eigenen Fehlverhaltens sein. Denn viele Jugendliche sind sich oft gar nicht bewusst, dass sie im virtuellen Raum einen anderen Menschen extrem schädigen oder dass sie sogar eine Straftat begehen, das bestätigen auch die Kriminologen Hinduja und Patchin (2009). Das eigene Handeln im Cyberspace wird zum Teil ganz anders wahrgenommen als in der realen Situation von Angesicht zu Angesicht. Dies ist also ein weiterer Grund, weshalb Kinder und Jugendliche im Internet schneller einmal zu anderen gemein sind als im alltäglichen Umfeld. Interessanterweise ist dies der Fall, obwohl für die Jugendlichen der Cyberspace genauso real und echt ist wie das Umfeld von Schule und Kinderzimmer.

Was zunächst als Widerspruch erscheint, klärt sich schnell auf: Die Abwesenheit der physischen Präsenz führt nämlich dazu, dass man die Auswirkungen seines Handelns bei seinem Gegenüber nicht direkt sehen kann. Wenn jemand in der Schule gemobbt wird, sieht man die Tränen, die geweint werden – auf Facebook sieht man sie nicht! Die Folge: Man nimmt das eigene Verhalten durchaus unterschiedlich wahr. Deshalb ist es so wichtig, dass Jugendliche lernen, was sie anderen online antun können.

> Wir haben es also mit zwei Gruppen von Cybermobbern zu tun:
> 1. Die Cybermobber im Internet und die Mobber in der Schule stammen zu einem Großteil aus demselben Personenkreis (Smith et al. 2006, 2007, 2008; Katzer 2007).

2. Es gibt aber auch eine Gruppe von Cybermobbern, die im schulischen Umfeld eher brav ist und hier eben nicht als Mobber auftritt! Motive wie Erlebnissuche, Trophäenjagd und Wettbewerb, Suche nach Anerkennung, Austesten der eigenen Leistungsfähigkeit oder auch Spaß und Langeweile spielen hier zum Teil eine bedeutende Rolle. Allerdings kann auch eine falsche Wahrnehmung des eigenen Handelns im virtuellen Raum sowie die eigene Opferrolle zu Cybermobbing führen (z. B. als Rache oder Gegenwehr).

2.4.2 Cybermobbing hat auch Folgen für die Täter

Betrachten wir die Folgen von Cybermobbing, so haben wir vorrangig die negativen und teils traumatischen Auswirkungen für die Opfer vor Augen. Doch Cybermobbing bleibt auch für die Täter nicht folgenlos.

Zum einen können wir feststellen: Cybermobbing wird bei erfolgreicher Ausübung (aus Sicht der Täter) fest in das Verhaltensrepertoire der Jugendlichen übernommen. Da in der Jugend erlernte Handlungsmuster den späteren Umgang mit unseren Mitmenschen prägen, ist es somit sehr wahrscheinlich, dass bei jugendlichen Cybermobbern auch im Erwachsenenalter Aggression und Mobbingverhalten gegenüber anderen Personen eine Rolle spielen.

Und nicht nur das: Mobbingverhalten, ob in der Schule oder über das Internet ausgeübt, unterstützt generell die Entwicklung eines gewaltbefürwortenden Klimas zwischen den Jugendlichen. Wird Mobbingverhalten geduldet, z. B. im schulischen Umfeld, so kann dies sehr schnell zu einer allgemeinen aggressiven Atmosphäre in der gesamten Schule führen und auch andere kriminelle Handlungen (allgemeine Delinquenz) fördern (Elliott 2002). Der Zusammenhang zwischen Cybermobbing und einem allgemein delinquenten jugendlichen Lebensstil zeigte sich in Abschn. 2.4.1 ja bereits sehr deutlich (Katzer 2007).

Cybermobbing passt aus Sicht der Täter allerdings zum Teil auch in den Erziehungsstil der Eltern. Gerade solche Erziehungsmuster, die vermitteln, dass man ohne Gewaltanwendung nicht vorankommt und man von anderen nicht anerkannt wird, oder wenn Kinder bei Misserfolgen geschlagen werden, fördern bei den Jugendlichen auch die Rechtfertigung, Mobbing und Cybermobbing auszuüben (s. auch Olweus 2002, 2010). Und eine aktuelle Studie der Universität Bielefeld zeigt, dass Gewalt in der Erziehung durchaus nicht selten anzutreffen ist: Fast ein Viertel der befragten 6- bis 16-Jährigen berichteten, „oft oder manchmal" von Erwachsenen geschlagen zu werden. Bei Kindern aus sozial schwachen Familien gaben 17,1 % sogar an, so heftige Schläge zu bekommen, dass sie anschließend blaue Flecken hätten (Ziegler 2013). Gewaltanwendung, die eben nicht immer ohne Folgen bleibt.

Eines ist ganz klar: Mobbing- oder Cybermobbingverhalten, das als Kavaliersdelikt abgetan und nicht geahndet wird und für die Täter keine Konsequenzen hat, kann in vielen Fällen auch eine spätere kriminelle Karriere fördern (Olweus 1993). So konnte Olweus (1989) z. B. nachweisen, dass jugendliche Schulmobber in einem Alter von 24 Jahren eine doppelt so hohe Wahrscheinlichkeit aufweisen, kriminelles Verhalten zu zeigen, wie der Durchschnitt der Bevölkerung.

Auch konnten einige Langzeitstudien deutlich zeigen, dass Mobbingverhalten in der Jugend negative Auswirkungen auf das spätere Erwachsenenleben haben kann. So treten bei rund 25 % der jugendlichen Schulmobbingtäter im Erwachsenenalter folgende Probleme auf (Eron et al. 1987; Olweus 1984):

- aggressives Verhalten,
- Probleme mit Kriminalität und Delinquenz,
- Alkoholmissbrauch und Sucht,
- Probleme im Job und mit Arbeitslosigkeit,
- Probleme in Partnerschaften (z. B. hohe Scheidungsraten),
- psychische Probleme.

Insgesamt besteht somit durchaus eine Gefahr für intensive Cybermobber, dass ihr weiteres Leben durch ihr Mobbingverhalten entscheidend mitgeprägt wird, sodass z. B. eine Eingliederung in den normalen Arbeitsalltag kaum oder nur schwer möglich ist oder sogar ein Abrutschen in ein gewalttätiges Milieu und in die Perspektivlosigkeit stattfindet.

Selbstverständlich schlägt nicht jeder Mobber oder Cybermobber automatisch einen delinquenten Lebensweg ein. Wir können bei vielen jugendlichen Mobbern durchaus ganz positive Entwicklungen sehen – allerdings nur, wenn wir bei gefährdeten Jugendlichen rechtzeitig eingreifen.

2.4.3 Wie können wir die Cybermobber aufhalten?

Die Forschungsergebnisse in Bezug auf die Täter von Cybermobbing geben wichtige Hinweise für die Präventions- und Interventionsarbeit, denn sie zeigen, dass die Jugendlichen oftmals zwischen Mobbing in der Internetwelt und in der Schule hin und her wechseln. Die beiden Tatorte Internet und Schule sollten wir deshalb in Zukunft nicht mehr getrennt voneinander betrachten (Katzer 2013). Zudem sollte die zukünftige Präventions- und Interventionsarbeit stärker beachten, dass Cybermobber und Schulmobber auch starke Übereinstimmungen in ihren Charakteristika aufweisen.

Um die Cybermobber vor einer möglichen Kriminalisierung zu bewahren, müssen wir an folgende Grundprinzipien für den Umgang mit tendenziell gewalttätigen Jugendlichen denken (die in Kap. 4 detailliert beleuchtet werden):

- Wir müssen den Tätern klarmachen, dass Cybermobbing nicht akzeptiert wird. Nur wenn wir deutlich sagen „Wer mobbt, hat bei uns keine Chance", können wir eine Atmosphäre des Helfens schaffen und somit auch anderen Mut machen, gegen Cybermobbing vorzugehen. Dies drängt den Cybermobbingtäter dann automatisch in die Außenseiterrolle – er kann nur weiter Mitglied der Gemeinschaft sein, wenn er sich an die Umgangsregeln hält.
- Frühe Intervention ist wichtig! Nicht lange zögern – direkt handeln und eingreifen, heißt die Devise. Nur so stützt man die Opfer und macht den Tätern deutlich, dass sie mit ihrem Verhalten nicht durchkommen.
- Jeder Cybermobber muss für sein Verhalten die Konsequenzen übernehmen – nur wenn wir das versuchen umzusetzen, haben wir eine Chance, auch bei den Tätern ein Umdenken zu erreichen! Cybermobbing ist also ernst zu nehmen, tun wir es als Kavaliersdelikt ab, stärken wir nur die Täter und ermutigen sie möglicherweise noch zu schwerwiegenderen Taten.
- Ein Scheitern im Umgang mit den Cybermobbern, z. B. als Lehrer in einer Schulklasse, hat folgenschwere Auswirkungen: Es fördert Mobbingverhalten bei den aktuellen Tätern, kann aber auch neue Täter zu solchem Verhalten motivieren.

- Halten Sie das Abschaffen des Computers zu Hause oder des Handys bzw. Smartphones für das beste Mittel, um Cybermobbing zu verhindern?
- Cybermobbing muss Konsequenzen für die Täter haben – welche „kreativen Strafen" für Cybermobber könnten Sie sich vorstellen?
- Wieso ist es auch hinsichtlich der Täter wichtig, dass wir versuchen, Cybermobbing zu verhindern?
- Kann ein Fall von Cybermobbing, der z. B. in einer Schulklasse publik wird, möglicherweise auch genutzt werden, um mit dem Problem aktiv umzugehen und Präventionsarbeit zu leisten?
- Was sollte man Ihrer Meinung nach tun, wenn man Zeuge von Cybermobbing geworden ist?

2.5 Die Cybermobbingopfer

Der Fall von Amanda Todd, der jungen Kanadierin, die sich im Oktober 2012 das Leben nahm, hat weltweit große Aufmerksamkeit erregt. Obwohl Amanda sich in ihrer Not sogar an die breite Öffentlichkeit gewendet und auf YouTube ein Video veröffentlicht hat, in dem sie verzweifelt um Hilfe bettelte, hat niemand davon Notiz genommen – auch ihre Eltern nicht. Erst nach ihrem Tod bekam sie auf ihrer Facebook-Seite über eine Million Zuschriften und Beileidsbekundungen (Abb. 2.6). Doch da war es für Amanda bereits zu spät!

Abb. 2.6   Ruhe in Frieden, Amanda! (© AFP)

Um solche Verzweiflungstaten verhindern zu können, müssen wir alle verstehen lernen, dass Cybermobbing für die Opfer dramatische Folgen haben kann, unter denen sie oft ihr ganzes Leben leiden. Couragierte Jungen und Mädchen, die öffentlich auftreten und ihr Schicksal schildern, wie auch Sylvia Hamacher (www.sylvia-hamacher.de), öffnen uns die Augen für die Folgen von Cybermobbing. Und sie machen vielen anderen Opfern Mut, sich zu „outen" und Hilfe in Anspruch zu nehmen. Denn Amandas Schicksal ist kein tragischer Einzelfall, der sich auf einem anderen Kontinent weit weg von uns zugetragen hat: Auch bei uns steigt die Zahl von Selbstmordversuchen Minderjähriger als Folge von Cybermobbing (ZDF-Sendung „hallo deutschland spezial": Tatort Internet, September 2012).

Um Opfern wie Amanda nun konkret helfen zu können und Cybermobbing bereits in den Anfängen zu stoppen, müssen wir alle ganz genau hinschauen und unseren Blick auf folgende Fragen richten: Woran liegt es, dass jemand zum Opfer von Cybermobbing wird? Kann es jeden treffen oder ist die Wahrscheinlichkeit bei manchen Jugendlichen höher als bei anderen? Und: Werden dieselben Jugendlichen gleichzeitig zu Opfern von Schulmobbing und Cybermobbing?

Gerade für die Präventionsarbeit spielen Informationen über die Opfer eine wichtige Rolle. Wir müssen wissen, was genau dazu führen kann, dass ein Jugendlicher zum Cybermobbingopfer wird. Denn nur dann können wir gefährdeten Jugendlichen helfen, sie unterstützen und stärken.

2.5.1 Wer sind die Opfer von Cybermobbing?

Schauen wir uns zunächst noch einmal einen Cybermobbingfall an, der uns bereits bekannt ist: den Fall des 13-jährigen Joel aus Österreich.

> Joel wurde zwar über einen langen Zeitraum auf Facebook beschimpft, beleidigt, verleumdet und psychisch fertiggemacht. Doch das Cybermobbing fing nicht erst mit dem Internet an – Joel war bereits in der Schulklasse der „kleine dicke Junge, der häufig gehänselt wurde", so seine Mutter (TV-Sendung „Kerner", 31.03.2011). Joel war also auch bei seinen Mitschülern nicht sonderlich beliebt und wurde schon in der Schule gemobbt. Die Täter, die Schüler aus der Parallelklasse, haben im Internet somit einfach mit dem weitergemacht, was in der Schule lange vorher schon begonnen hatte. Nur: So schlimm, wie es auf Facebook für Joel wurde, war es in der Schule vorher noch nie!

Das, was auf Facebook passierte, nahm also seinen Anfang in der Schule. Joel wurde somit Opfer von Cybermobbing *und* Schulmobbing. Und das ist keine Ausnahme: Wir können generell einen deutlichen Zusammenhang zwischen Cybermobbing und Schulmobbing feststellen. Und das bestätigen auch internationale Studien z. B. aus England, den USA oder Österreich (Smith 2009; Ybarra et al. 2008; Gradinger 2001; Gradinger et al. 2009).

Für Deutschland zeigt unsere eigene Studie, dass zwei Drittel der Schulmobbingopfer auch im Internet zu Opfern werden (Katzer und Fetchenhauer 2007). Beide Opfergruppen stammen zu einem Großteil also aus demselben Personenkreis, ähnlich wie bei den Tätern.

Gerade bei den Opfern überrascht uns dieses Ergebnis doch ein wenig: Da die Kommunikation z. B. auf Facebook in erster Linie textbasiert erfolgt, wird das physische Erscheinungsbild der User nicht sichtbar. Und auch der Einsatz einer Webcam garantiert ja nicht unbedingt, dass wir die wahre Person hinter der Kamera immer zu Gesicht bekommen: Sonnenbrillen, Mützen oder auch Perücken schützen sehr gut vor dem Erkennen. Also könnten sich Jugendliche, die in der Schule gemobbt werden und dort sehr unbeliebt sind, doch im Internet ganz anders darstellen, als sie in Wirklichkeit sind: Sie könnten z. B. ihr Alter falsch angeben (um mit anderen Altersgruppen in Kontakt zu kommen und nicht mit den eigenen Klassenkameraden), das Geschlecht wechseln (um nicht von Bekannten sofort erkannt zu werden) oder sich ganz anders verhalten als in ihrem schulischen Umfeld (z. B. könnten sich stille Schüler trauen, burschikos aufzutreten).

Die Anonymität könnte es also den Jugendlichen ermöglichen, sich von einer negativen Selbstwahrnehmung oder sozialer Ablehnung durch Mitschüler, zu distanzieren (Boulton und Underwood 1992; Nansel et al. 2001, 2004). Der Teufelskreis, der zahlreiche Schüler aufgrund erlebten Schulmobbings und antizipierter Viktimisierungserwartungen in eine allgemeine Opferrolle drängt (Card 2003), könnte in Internetchatrooms oder sozialen Netzwerken unterbrochen werden.

Doch scheint dies auf die Mehrheit der Schulmobbingopfer nicht zuzutreffen. Hier gilt vielmehr Ähnliches wie bei den Cybertätern: Auch die Opfer verhalten sich meist im virtuellen Raum genauso wie im realen schulischen Umfeld und werden ähnlich wahrgenommen.

Die eigene Persönlichkeit kann man eben nicht so einfach ablegen, wenn man die Welt des Cyberspace betritt, und vom ausgegrenzten Jungen zum beliebtesten Anführer mutieren. Wer eher introvertiert veranlagt ist, bleibt dies auch auf Facebook und wird nicht plötzlich völlig fremden Menschen Freundschaftsanfragen schicken. So beeinflussen situationsübergreifende Merkmale, wie z. B. ein eher negatives Selbstbild oder Introvertiertheit das Verhalten eines Jugendlichen in jedem Handlungskontext, also im schulischen Umfeld genauso wie im virtuellen Raum des Internets. Somit gilt überwiegend: Opfer bleiben Opfer – egal, wo sie sich aufhalten.

Allerdings können wir bei den Opfern von Cybermobbing eine Gruppe von Jugendlichen ausmachen, die in der Schule nie gemobbt wird, aber im Internet. Dies trifft auf rund ein Drittel der jugendlichen Cyberopfer zu (Katzer 2006, 2007, 2007a).

Was sind das nun für Jugendliche, die zu Opfern von Cybermobbing werden? Und welche Aspekte fördern die Viktimisierung?

2.5.1.1 Risikofaktoren für Viktimisierung

Schauen wir uns etwas genauer an, was die traditionelle Forschung rund um die Viktimisierung von Gewalthandlungen bis heute herausgefunden hat, dann wird deutlich: Nicht jeder besitzt das gleiche Risiko, Opfer von Gewalthandlungen zu werden.

Es gibt persönliche Merkmale oder Risikofaktoren, die die Wahrscheinlichkeit für bestimmte Menschen erhöhen, Opfer zu werden. D. h., es ist nicht immer reiner Zufall, dass ein Jugendlicher Opfer von Cybermobbing wird.

Wir wissen ja: Viele Mobbingopfer aus der Schule sind auch Opfer von Cybermobbing. Deshalb sind durchaus auch bei den Risikofaktoren starke Parallelen mit den Ergebnissen zum Schulmobbing zu vermuten. Die folgende Übersicht zeigt, welche Merkmale für die Opfer von Schulmobbing typisch sind.

Welche Merkmale weisen typische Schulmobbingopfer auf?

Geschlecht:
- Jungen sind häufiger Schulmobbingopfer.
- Aber: Mädchen holen zahlenmäßig auf und werden immer öfter zu Schulmobbingopfern (Olweus 1984, 1989).

Persönlichkeit:
- Schulmobbingopfer haben meist ein negatives Selbstbild, geringe Selbstakzeptanz und ein niedriges Selbstwertgefühl (Kumpulainen und Rasanen 2000).
- Schulmobbingopfer sind eher introvertiert, sensibel, ängstlich, vorsichtig und reagieren auf Mobbing eher mit Rückzug aus der Situation.
- Schulmobbingopfer sind bei Gleichaltrigen wenig beliebt, sind kaum integriert und häufig Außenseiter (Berdondini & Smith 1996; Bowers et al. 1994; Perry et al. 1988).
- Schulmobbingopfer sind manchmal physisch gehandicapt (klein, dick, körperlich schwächer, behindert usw.).
- Schulmobbingopfer sehen körperliche Schwäche häufig als Grund ihrer Viktimisierung an.
- Schulmobbingopfer haben oft psychosomatische Beschwerden und Depressionen.

Familiäres Umfeld:
- Schulmobbingopfer haben oft eine negative emotionale Beziehung zu ihren Eltern (Batsche & Knoff 1994; Bowers et al. 1994).
- Schulmobbingopfer stammen oft aus einem überbehütenden Elternhaus (s. auch Finnegan et al. 1998).
- Auch sind die Eltern häufig besorgt und trauen ihren Kindern im Allgemeinen wenig zu (Katzer et al. 2009a).

Schule:
- Schulmobbingopfer schwänzen häufiger die Schule, um nicht den Mobbingattacken ausgesetzt zu sein (Batsche & Knoff 1994).
- Schulmobbingopfer zeigen oft einen Leistungsabfall in der Schule.
- Schulmobbingopfer haben weniger Spaß an der Schule.

Schulmobber:
- Schulmobbingopfer sind zu einem kleinen Teil auch Schulmobber. Die Täterschaft kann eben auch die Folge zuvor erlebten Schulmobbings sein (Camodeca und Goossens 2005; Klicpera und Gasteiger 1996; Vermande et al. 2000).

Wie wir bereits gesehen haben, gibt es starke Parallelen zwischen Schulmobbing und Cybermobbing. Und dies können wir auch in Bezug auf die Risikofaktoren feststellen, die die Wahrscheinlichkeit erhöhen, dass ein Jugendlicher Opfer von Cybermobbing wird. Die wichtigsten Risikofaktoren, die in eigenen Studien, aber auch in internationalen Untersuchungen festgestellt wurden, werden im Folgenden beschrieben (z. B. Katzer 2011c; Hinduja und Patchin 2005)

Geschlecht: Die Ergebnisse zum Geschlechterverhältnis bei den Opfern von Cybermobbing sind sehr unterschiedlich. Zum Teil können gar keine Unterschiede zwischen Jungen und Mädchen festgestellt werden, so z. B. bei Riebel et al. (2009) oder Schultze-Krumbholz und Scheithauer (2009a, b). Allerdings waren in unserer eigenen ersten deutschen Studie deutlich mehr Jungen

Opfer von Cybermobbing als Mädchen (Katzer 2005a, b, 2006; Katzer et al. 2009a), was den Erkenntnissen zum Schulmobbing entspricht.

Immerhin gibt es bereits erste Hinweise, dass Mädchen zum Teil anders im Internet gemobbt werden als Jungen (Bündnis gegen Cybermobbing 2013d). Während bei Mädchen oft Beleidigungen und Lügen schriftlich über Facebook verbreitet werden, sind bei Jungen in den letzten Jahren immer mehr Fotos und Videos im Spiel, die über Bluetooth von Handy zu Handy oder direkt ins Internet hochgeladen werden. Dies liegt auch an der Technikversiertheit, mit der Jungen sich eher brüsten als Mädchen – eben auch durch bestimmte Formen von Cybermobbing mit Hilfe von Fotoaufnahmen und Videoclips.

Persönlichkeit: Wenn wir die Persönlichkeit der Cybermobbingopfer näher anschauen, dann können wir feststellen, dass sie ein negatives Selbstbild, geringe Selbstakzeptanz und ein niedriges Selbstwertgefühl aufweisen. D. h., sie halten häufig nicht viel von sich und ihren Fähigkeiten, finden sich nicht hübsch usw. (Katzer 2005a, b; Katzer et al. 2009a). Sie haben oft psychosomatische Beschwerden und Depressionen. Auch sind sie in sozialen Netzwerken oft unbeliebt.

Allerdings zeigt sich, dass Jugendliche, die nur leichtes Cybermobbing (Beleidigungen, dumme Anmache, Stören bei Gesprächen usw.) erleben, sich durchaus als sozial integriert ansehen: Sie empfinden sich bei der Internetgemeinde nicht als besonders unbeliebt oder als Außenseiter. Dies liegt auch daran, dass bestimmte Formen von Cybermobbing als völlig normales Verhalten untereinander wahrgenommen werden (Katzer et al. 2009a), nach dem Motto: Pöbeln – das macht doch jeder! „Das heißt doch nicht, dass die einen nicht mögen …", so ein 15-jährigen Schüler, der ständig im Chat auf Knuddels blöde Sprüche über sich ergehen lassen muss.

Familiäres Umfeld: Schauen wir uns das familiäre Umfeld an, so berichten Cybermobbingopfer häufig über ein überbehütendes Verhalten der Eltern und eine starke Besorgtheit. D. h., viele Eltern von Cybermobbingopfern verbieten den Kindern bestimmte Dinge, die eigentlich normal sind, wie z. B. alleine ausgehen oder sich mit Gleichaltrigen in der Stadt treffen. Außerdem trauen die Eltern ihren Kindern oft nur wenig zu, weshalb sie diese auch besonders beschützen möchten. Gerade dieses elterliche Schutzverhalten kann ein Grund für risikoreiche oder verbotene Online-Aktionen sein, die Cybermobbingopfer zum Teil im Internet durchführen: Sie möchten aus der familiären „Schutzhülle" ausbrechen (Katzer 2007, 2007a).

Kulturelle Hintergründe der Familie konnten bis jetzt nicht als Risikofaktor nachgewiesen werden. Denn signifikante Unterschiede hinsichtlich der

Nationalität der Jugendlichen, die Opfer von Cybermobbing werden, ließen sich noch nicht feststellen. Deutsche und ausländische Jugendliche sind also gleichermaßen Cybermobbingattacken ausgesetzt (Ybarra et al. 2007). Dies hängt auch damit zusammen, dass wir mittlerweile eine Handy- und Internet-vollversorgung unter allen Jugendlichen zwischen 12 und 18 Jahren haben. Hinzu kommt, dass die Mehrheit der Jugendlichen, egal welcher Nationalität, heute über ein Profil in einem sozialen Netzwerk verfügt. Somit hat nicht nur jeder die Möglichkeit, Cybermobbing auszuüben, sondern kann auch jeder-zeit angegriffen werden.

Schule: Wenn wir das schulische Umfeld betrachten, dann können wir bei zahlreichen Cybermobbingopfern eine stärkere Unlust im Unterricht fest-stellen. Außerdem fühlen sie sich häufig in der Schule unwohl und haben regelrecht Schulangst, die sich auch darin äußert, dass sie häufiger die Schule schwänzen (Katzer et al. 2009a). Dies ist allerdings zum Teil eine Folge der Cybermobbingattacken: Da die Täter häufig aus der Schule stammen, die Opfer aber nicht immer genau wissen, wer tatsächlich dahintersteckt, versu-chen sie, den möglichen Tätern aus dem Weg zu gehen.

Internetnutzung: Zum einen zeigt sich, dass unter den Cybermobbingop-fern viele sogenannte „cyberfixierte" Jugendliche zu finden sind (Anteil liegt bei 40 %, Bündnis gegen Cybermobbing 2013d). Sie zeichnen sich durch eine hohe emotionale Identifikation mit der Online-Community aus, ver-bringen viel Zeit im Internet und fühlen sich online wohler als in der Klas-se. Zum anderen erleben Kinder, die von ihren Eltern kaum oder gar nicht bei ihrer Internetnutzung begleitet werden, deutlich häufiger Cybermobbing als Kinder, die bei ihrer Internetnutzung von Anfang an von ihren Eltern unterstützt, aufgeklärt und begleitet werden (Bündnis gegen Cybermobbing 2013a). Doch bitte nicht falsch verstehen: Dies hat nichts mit ständiger Kon-trolle oder Internetverbot zu tun, sondern mit einem gemeinsamen Erlernen der Internetwelt.

Risikoreiches Verhalten im Internet: Manches Opfer von Cybermobbing bringt sich selbst in gefährliche Situationen, die Viktimisierungen begüns-tigen (Katzer 2007; Katzer et al. 2009a), z. B. durch das gezielte Aufsuchen solcher Orte im Internet, die zu Aggression und Gewalt regelrecht auffordern (Rechtsradikalen-, Porno- oder Prügel-Chatrooms). Ein solches Verhalten kann zum Teil als Reaktion auf überbehütendes oder stark besorgtes Verhalten der Eltern interpretiert werden (der Reiz des Verbotenen), das viele Cyber-mobbingopfer schildern.

So verhalten sich Cybermobbingopfer im Internet auch häufig sozial manipulativ. D. h., sie geben z. B. ein falsches Alter oder Geschlecht an, verbreiten gezielt Lügen über ihre Person, den angeblichen tollen, großen Freundeskreis, den erfolgreichen Vater usw. Dies kann allerdings durchaus zum eigenen Schutz geschehen: So kann z. B. ein unbeliebtes Mädchen auf Facebook nicht sofort identifiziert werden und hat die Chance, sich ohne Vorurteile in diesem sozialen Netzwerk zu bewegen. Werden diese Lügen aber entlarvt, kann dies schlimme Folgen für die Jugendlichen haben. Sie werden beschimpft, bedroht, im Internet und auch in der Schule ausgeschlossen. Sie können also Opfer von Cyber- oder auch von Schulmobbing werden.

Allerdings sehen wir auch Tendenzen, dass einige Jugendliche gerade deshalb eine falsche Identität entwickeln, um unter diesem Deckmantel mit anderen Usern über echte persönliche Schwächen oder Probleme zu reden (z. B. Liebeskummer, schlechte Schulnoten, Ärger mit einem Lehrer, Streit mit den Eltern). Ein solches Mitteilungsbedürfnis kann aber auch signalisieren: „Ich bin schwach, ich bin ein leichtes Opfer." Viktimisierungen werden auf diese Weise geradezu provoziert: So manchen, der die richtige Identität des Users kennt, kann dies dazu verleiten, die Geheimnisse vielen anderen mitzuteilen!

Und noch etwas erhöht die Wahrscheinlichkeit, dass Kinder und Jugendliche zu Opfern von Cybermobbing werden: eine sehr lange Aufenthaltsdauer im Internet. Wer ständig im Netz surft, hat auch mehr unangenehme Erlebnisse (s. auch Bündnis gegen Cybermobbing 2013d).

Cybermobber: Wie bei den Schulmobbingopfern gibt es auch hier eine Gruppe von Cybermobbingopfern, die selbst zu Tätern werden (Katzer et al. 2009a; Schultze-Krumbholtz und Scheithauer 2012). Die eigene Täterschaft kann in manchen Fällen durchaus die Folge zuvor erlebten Cybermobbings sein und somit als ein Sich wehren oder Sich abreagieren gedeutet werden. Eine Viktimisierung kann aber auch die Konsequenz einer vorherigen Cybermobbingtäterschaft sein, d. h., wer vorher andere im Internet gemobbt hat, wird später selbst zum Opfer. Es ist also beides denkbar: Opfer werden zu Tätern und Täter werden zu Opfern.

Die folgende Übersicht fasst die genannten Merkmalsausprägungen von Cybermobbingopfern noch einmal zusammen.

Welche Merkmale weisen typische Cybermobbingopfer auf?

Geschlecht:
- kein eindeutiger Geschlechtsunterschied bei der Häufigkeit der Opferwerdung.
- Jungen werden im Internet anders gemobbt als Mädchen (Jungen werden auch mit peinlichem Filmmaterial gemobbt, Mädchen eher verbal).

Persönlichkeit:
- Cybermobbingopfer haben meist ein negatives Selbstbild, geringe Selbstakzeptanz und ein niedriges Selbstwertgefühl.
- Cybermobbingopfer sind bei ihrer Internet- oder Facebook-Gemeinde wenig beliebt.
- Cybermobbingopfer haben oft psychosomatische Beschwerden und Depressionen.

Familiäres Umfeld:
- Cybermobbingopfer haben oft eine negative emotionale Beziehung zu ihren Eltern.
- Cybermobbingopfer stammen oft aus einem überbehütenden Elternhaus.
- Auch sind die Eltern häufig besorgt und trauen ihren Kindern im Allgemeinen wenig zu.

Schule:
- Cybermobbingopfer schwänzen häufiger die Schule, um den Cybermobbern nicht zu begegnen.
- Cybermobbingopfer haben meist weniger Spaß an der Schule.

Internetnutzung:
- Cybermobbingopfer lernen das Internet oft ganz ohne Begleitung ihrer Eltern kennen und haben in ihren Eltern keinen Ansprechpartner für auftretende Probleme.
- Cybermobbingopfer sind zu einem Teil stark cyberfixiert.

Risikoreiches Verhalten im Internet:
- Cybermobbingopfer suchen häufiger gefährliche Orte im Internet auf (rechtsradikale oder gewalthaltige Internetangebote), teils auch als Reaktion auf das überbehütende Verhalten der Eltern.
- Cybermobbingopfer versuchen häufig, ihre wahre Persönlichkeit zu verschleiern und geben z. B. Alter oder Geschlecht falsch an.
- Cybermobbingopfer erzählen auch gezielt Lügen.
- Cybermobbingopfer halten sich meistens sehr lange im Internet auf.

Cybermobber:
- Cybermobbingopfer sind zum Teil auch Cybermobber. Die Täterschaft kann die Folge zuvor erlebten Cybermobbings sein, aber sie kann auch der Grund für nun erlebtes Cybermobbing sein!

2.5.1.2 Auslöser für Viktimisierung

Warum jemand zum Cybermobbingopfer wird, kann ganz verschiedene Gründe haben. Es gilt also nicht immer: Wer in der Schule gemobbt wird, der wird automatisch auch im Internet Ziel von Cybermobbingattacken! Vielmehr können auch spezifische Auslöser für die Cybermobbingtaten verantwortlich sein. Diese kommen bei den Cybermobbingopfern zum Tragen, die in der Schule nicht gemobbt werden. Im Folgenden werden diese Auslöser genauer erläutert.

Risikoreiches Verhalten: Durchaus kann auch das eigene risikoreiche Verhalten der Jugendlichen dazu führen, dass sie zu Opfern von Cybermobbing werden. Wie sieht ein derartiges Verhalten im Einzelnen aus?

Schauen wir uns noch einmal den Fall Amanda Todd aus Kanada an: Warum wird ein junges Mädchen wie Amanda zum Opfer von Cybermobbing? Hat sie vielleicht etwas getan, das andere Mitschüler nicht gut fanden? War sie zu hübsch und andere neidisch auf sie? Oder hat man sie völlig grundlos fertiggemacht?

Amanda war ein Mädchen mit einem festen Freundeskreis in der Schule, das keine großen Mobbingprobleme hatte. Dass sie im Internet massiv gemobbt wurde, hat sich erst im Laufe der Zeit entwickelt und immer mehr gesteigert. Der Tagesspiegel hat im Oktober 2012 Folgendes berichtet:

> „Es beginnt mit einem Webcam-Chat, Amanda ist in der siebten Klasse, will einfach mal ‚mit neuen Leuten reden'. Ein Fremder schreibt ihr, sie sei wunderschön. Dann bittet er sie, sich auszuziehen. Amanda zieht ihr T-Shirt hoch. Ein Jahr später erhält sie eine Drohung über Facebook. Es ist wieder der Fremde, er hat das Nacktfoto aus dem Chat gespeichert. Nun erpresst er sie. ‚Er kannte meine Adresse, meine Schule und die Namen von Freunden, Verwandten und meiner Familie.' Der Fremde schickt das Nacktfoto an Amandas Freunde und Klassenkameraden. Auch als sie die Schule wechselt, verschickt er es weiter. Amandas Freunde wenden sich von ihr ab. ‚Ich habe jede Nacht geweint', schreibt sie …" (www.tagesspiegel.de am 20.10.2012).

Das, was Amanda gemacht hat, tun heute viele Mädchen (und auch Erwachsene!), aber dass Fotos auch oft Anlass für gemeine Kommentare oder eben für Cybermobbing sind, das ist den meisten zunächst nicht klar. Hier sehen wir, dass Kinder und Jugendliche auch durch ihr eigenes Verhalten in gefahrvolle Situationen geraten und dadurch Cybermobbing erleichtern und sogar ungewollt provozieren können.

Durchaus können Fotos oder auch Videos, die man selbst im Internet veröffentlicht, Anlass dafür sein, dass sich andere darüber lustig machen, beleidigende Kommentare abgeben oder auch Hassgruppen bilden, um kräftig über einen herzuziehen. Und wer auf seinem Profilbild in Facebook sexy posiert, der muss leider damit rechnen, auch sexuelle Anmache oder unangenehme Übergriffe zu erleben. Auch wer viel Privates von sich preisgibt (z. B. mitteilt, in wen er verliebt ist, mit wem er schon eine sexuelle Beziehung hatte oder über Liebeskummer, familiäre Probleme, Geheimnisse und Passwörter spricht), der kann schnell seine Intimitäten am Schwarzen Brett im Internet lesen oder Gemeinheiten ausgesetzt sein.

Man sollten sich deshalb genau überlegen, wem man was von sich erzählt: Personen, die man nur kurz kennt, vielleicht sogar nur aus dem Internet, denen sollte man nicht zu viel über sich mitteilen und auch nicht zu vertrauenisselig sein. Das gilt auch für Fotos oder Videos, die man „mal eben" an alle möglichen Leute schickt, obwohl man gar nicht weiß, wer sie wirklich sind.

Eigenes Cybermobbingverhalten: Auch wer selbst hin und wieder über andere im Internet lästert, sich über Fotos oder Beiträge lustig macht oder andere belästigt oder stört, der geht das Risiko ein, selbst einmal Opfer von bösen Kommentaren oder eben Cybermobbing zu werden. Ein gewisses Maß an Regeln sollte man einhalten, wenn man will, dass man mit uns ebenso respektvoll umgeht.

So hat Nicole durch ihre eigenen Erlebnisse verstanden, was Cybermobbing anrichten kann: „Ich hab jetzt kapiert, dass es nicht in Ordnung war, was ich gemacht habe, und vor allem war es schlimm, das selbst zu erleben ..."

Lügen und Gender-Swapping: „... ich hab einfach erzählt, ich wäre groß und blond, und habe noch ein falsches Foto verschickt ... irgendwie kam das raus – weil wir uns treffen wollten und ein Kollege mich verpetzt hat ..., da haben die mich richtig fertiggemacht." Die 16-jährige Maja hatte sich in einen Jungen aus der Parallelklasse verliebt und ihn mit Hilfe von Lügen für sich gewinnen wollen, was natürlich völlig schieflief.

Ein weiterer Grund für Cybermobbing kann also auch sein, dass man als Lügner erkannt wird. Wer anderen ständig einen Bären aufbindet und lügt, dass sich die Balken biegen, der muss sich nicht wundern, wenn man nichts von ihm wissen will, ihn ausgrenzt oder auch mobbt. Erzählt z. B. ein Junge auf Facebook, dass er ganz eng mit Oliver Kahn befreundet ist, er sogar seine Handynummer weiß usw., dem werden so manche dieses angeberische Lügen ganz schön übel nehmen und eventuell den Online-Kontakt sogar ganz abrechen. Auch wer bei seinen Internetbesuchen z. B. sein Geschlecht wechselt, um auszutesten, wie es ist, einmal als Junge aufzutreten, dies aber nicht glaubwürdig macht oder später sogar überführt wird, kann als Rache durchaus Opfer von Cybermobbing werden. Wenn man sich online bewegt, muss man also versuchen, genau einzuschätzen, wie weit man mit seiner „Selbstdarstellung" gehen kann.

Aufsuchen gefährlicher Orte: „Ich war einfach neugierig, was hier so abgeht – das war dann ganz schön heftig, man wird sofort beschimpft und die drohen einem auch, so manches auf Facebook über einen zu verbreiten, wenn man nicht mitmacht ...", so ein 15-Jähriger nach einem Besuch in einem rechtsradikalen Chat.

Jugendliche, die im Internet also Orte aufsuchen, an denen grundsätzlich ein eher aggressiver und gewalttätiger Umgangston herrscht (Gewaltplattformen, Chatroulette usw.) oder Rechtsradikalismus und Hardcorepornografie thematisiert wird, müssen sich nicht wundern, wenn die Kommunikation untereinander durchaus ziemlich hart, rau oder auch sexistisch ist. In einem solchen Umfeld werden Jugendliche auch leicht zu Opfern von sexueller Anmache, Grooming oder eben Cybermobbing.

Neuling: Ein weiterer Grund, weshalb Jugendliche Opfer von Cybermobbingattacken werden können: Es fällt auf, dass sie in einem Chatroom oder Online-Spiel ganz neu dabei sind. Als Neuling kennt man die geltenden Regeln noch nicht, beherrscht auch noch nicht den spezifischen Umgangston usw. Wer also zum ersten Mal dabei ist, kann dies durchaus zu spüren bekommen, indem er erst einmal lächerlich gemacht oder nicht beachtet und ausgegrenzt wird.

„Ich wusste ja noch gar nicht, wie ich mich hier verhalten soll, da haben die mich schon blöd angemacht ... und das ging 'ne ganze Zeit so ...", so Marvin, 16 Jahre, aus Münster zu seinem Start bei einem Online-Rollenspiel.

> Wir haben es also mit zwei Gruppen von Cybermobbingopfern zu tun:
> 1. Opfer von Cybermobbing und Opfer von Schulmobbing stammen zu einem Großteil aus demselben Personenkreis (Katzer 2005a, 2006; Smith 2011; Schultze-Krumbholz und Scheithauer 2009a, b).
> 2. Es gibt aber auch eine Gruppe von Cybermobbingopfern, die im schulischen Umfeld nicht gemobbt werden! Auslöser können hier risikoreiches Verhalten, eigenes Cybermobbingverhalten, Lügen und Gender-Swapping oder Aufsuchen gefährlicher Orte im Internet sein, aber auch Neulinge in Chatrooms oder Online-Spielen können Opfer von Cybermobbing werden.

All diese Erkenntnisse geben wichtige Hinweise für die Präventionsarbeit. Wenn wir vorbeugen und auch gezielt helfen wollen, dann müssen wir bei unserer Anti-Gewalt- und Anti-Mobbing-Arbeit viel stärker den schulischen Handlungskontext und die verschiedenen Lebensräume des Internets miteinander in Verbindung setzen und nicht weiter getrennt voneinander betrachten.

Hier gilt es im Vorfeld, Schulmobbing und Cybermobbing aus Sicht der Opfer zusammen zu sehen und zunächst zu prüfen: Wo hat das Mobbing angefangen, in der Schule oder im Internet?

Auch sollten wir diejenigen Jugendlichen besser im Blick haben, die von vorneherein ein höheres Gefährdungspotenzial besitzen, Opfer von Angriffen zu werden, und sie unterstützen und stärken.

Nur so können wir Kinder und Jugendliche vor allzu unangenehmen Cybermobbingattacken schützen!

2.5.2 Was Cybermobbing bei den Opfern anrichtet

2.5.2.1 Psychische Folgen

Die Folgen von Cybermobbing sind für die Opfer häufig schwerwiegend und wirken lange nach (Ybarra und Mitchell 2007). Dabei lassen sich generell zwei Belastungsphasen unterscheiden.

Zunächst herrscht ein kurzfristiges Schädigungsempfinden vor: Dies betrifft den Moment, in dem jemand Opfer von Cybermobbingattacken wird, und den Zeitraum kurz danach. Häufig überwiegen hier Wut und Frustration, man ist aber auch schockiert über das, was einem andere antun (Katzer 2007a, b; Ortega et al. 2009). Oft können die Opfer es auch noch gar nicht richtig glauben. Erst mit der Zeit wird ihnen bewusst, was eigentlich passiert ist, und dass sie nichts mehr daran ändern können.

„Ich wollte es gar nicht mehr sehen – ich habe mich einfach aus Facebook abgemeldet … weggeklickt …, aber erst dann wurde mir klar, dass es ja weiter da stand, auch wenn ich aus Facebook rausgehe … das war schrecklich …“, so schildert Mirja, 14, ihre Reaktion, als ehemalige Freundinnen ein intimes Foto verbreitet hatten, das sie gemeinsam bei einer Pyjamaparty von ihr gemacht hatten.

Ist jedoch diese erste Schockphase vorbei, dann beginnen bei einigen oft der richtige Leidensweg und die Phase der dauerhaften Belastung. Die Opfer erkennen, wie viele Menschen (Freunde, Lehrer, Eltern, Mitschüler usw.) die peinlichen Einträge oder Fotos gesehen haben. Viele schämen sich dafür, obwohl sie ja gar keine Schuld haben, und trauen sich z. B. nicht mehr in die Schule zu gehen. Manche wollen überhaupt nicht mehr vor die Tür, aus Angst vor weiteren Anfeindungen: Denn jeder in der Schule oder im Wohnumfeld (Bäcker, Supermarktverkäuferin usw.) weiß unter Umständen Bescheid. Und: So manches Opfer von Cybermobbing muss erst einmal beweisen, dass Einträge (z. B. über Verliebtheit in einen Lehrer oder die Vorliebe für bestimmte Sexpraktiken) und Fotos (z. B. Pornofotos) auf Facebook gar nicht von ihm stammen. Durchaus passiert es dann, dass die eigenen Freundinnen das Opfer als Schlampe beschimpfen und nichts mehr mit ihm zu tun haben wollen. Für Cybermobbingopfer kann somit eine ziemlich harte Zeit beginnen!

Problem: Die meisten Opfer trauen sich nicht, mit Freunden, Lehrern oder Eltern über die unangenehmen Erlebnisse zu sprechen. Die Gründe sind häufig die Angst vor den Tätern, Schamgefühl oder die Befürchtung, die Eltern könnten Internet- und Handynutzung stark einschränken oder ganz verbieten.

Doch die traumatischen Erfahrungen betreffen nicht nur Jugendliche, wie wir schon im Fall der Sportlerin Ariane Friedrich gesehen haben. Das monatelange Cyberstalking hatte sie so demoralisiert, dass sie keinen anderen Ausweg wusste, als den Täter im Internet öffentlich zu machen. Auch so mancher Lehrer, der über Facebook oder YouTube lächerlich gemacht oder über den ein vollkommen falsches Bild vermittelt wurde (z. B. Videoaufnahmen aus dem Unterricht mit Naziparolen unterlegt), schämt sich und hat Angst, dass man die Dinge glaubt, die über ihn verbreitet wurden.

Einige Studien weisen insbesondere deutlich darauf hin, dass Cybermobbing von den Opfern zum Teil als viel verletzender und unerträglicher empfunden wird als Mobbing, das „nur" in der Schule passiert (Smith et al. 2008). Zudem bestätigen deutsche Forschungsergebnisse, z. B. von der Universität Köln (Katzer 2007, 2007a) oder der Universität Bielefeld, dass manche Formen von Cybermobbing von den Betroffenen als stärker belastend empfunden werden als andere.

So sehen mehr als die Hälfte der Cybermobbingopfer gerade die Weitergabe privater Fotos und Videos, mit denen sie lächerlich gemacht oder bloßgestellt werden, als sehr belastend an (Sitzer et al. 2012). Dies liegt auch daran, dass digitale Fotos und Videos beliebig oft vervielfältigt und verbreitet und somit einem unbegrenzten Publikum verfügbar gemacht werden können.

Besonders auch das Verändern von Fotos (z. B. so, dass der Kopf eines Jugendlichen in ein sexuelles Setting integriert wird), das „Faken" ganzer Profile in sozialen Netzwerken oder das Bilden sogenannter Hassgruppen wird als stark belastend empfunden.

Auch empfinden die Opfer Erpressungen oder Unter-Druck-gesetzt-Werden, Hänseleien, von der Chatunterhaltung ausgegrenzt werden sowie die Verbreitung von Gerüchten als sehr belastendes Cybermobbing und fühlen sich dadurch häufig stark verletzt und gedemütigt.

Dagegen werden Spott, Beleidigungen und Beschimpfungen nur von etwa einem Viertel der Befragten als stark oder sehr stark belastend wahrgenommen (Katzer 2007a, b, 2011c). Dies könnte auch daran liegen, dass solche Übergriffe von den Jugendlichen mittlerweile als alltäglich und normal im Umgang mit Altersgenossen verstanden werden, so auch Peter Sitzer von der Universität Bielefeld.

Erinnern wir uns noch einmal, weshalb Cybermobbing aus Sicht der Opfer oft schlimmer ist als traditionelles Schulmobbing: Es ist öffentlich und bedeutet Endlosviktimisierung (Abschn. 1.1 5 und Abschn. 2.1.2). So können Opfer von Cybermobbing auch nach Jahren noch mit den beschämenden und schmerzhaften Taten in Kontakt kommen: Eine junge Frau wird z. B. von ihrem neuen Arbeitgeber mit einem Video konfrontiert, das sie mit ihrem Ex-Freund beim Sex zeigt und vor Jahren von ihr gemacht wurde – ohne ihre Einwilligung.

Es ist somit nicht verwunderlich, dass Cybermobbing für die Opfer häufig traumatische Folgen hat. So weisen neuere Studien deutlich kurzfristige, aber auch dauerhafte Belastungen und Traumatisierungen bei den Opfern nach (Beran und Li 2007; Katzer 2007, 2007a; Smith et al. 2008; Spears et al. 2009; Ybarra und Mitchell 2007).

Wenn wir uns die kurzfristige, akute emotionale Belastung der Opfer in der Cybermobbingsituation genau anschauen, so zeigte sich schon im Jahr 2005 bei deutschen Cybermobbingopfern ein starke Betroffenheit: Ein Drittel aller Cybermobbingopfer empfand das damals Erlebte direkt danach als sehr unangenehm, und 41 % waren sehr wütend darüber, dass andere so etwas mit ihnen machen. Auch war ein Fünftel richtig frustriert, dass gerade sie Opfer von Cybermobbingattacken wurden. Weiter zeigte sich: 15 % fühlten sich sehr verletzt und fast 10 % waren völlig niederschlagen (Katzer 2007a).

Aktuelle Zahlen aus der Cyberlife-Schüler-Studie ergaben für das Jahr 2013, dass 36 % der Opfer von Cybermobbingattacken verängstigt sind und 21 % sehr verletzt. Auch Beran und Li (2007) konnten in ihren Studien bei 37 % der jugendlichen Cybermobbingopfer Empfindungen wie Traurigkeit und Verletztsein feststellen.

Ähnliche Ergebnisse zeigen auch Untersuchungen der australischen Forscher Barbara Spears und Phillip Slee (2009): Cybermobbingopfer sprachen in ihren Untersuchungen von starken negativen Gefühlen und emotionalen Folgen, wie Angst, Unglücklichsein, Traurigkeit, Alleinsein, Machtlosigkeit, aber auch von Wutausbrüchen oder sogar vom Wunsch nach aggressiver Entladung.

Dabei berichten Cybermobbingopfer auch häufig von körperlichen und psychosomatischen Beschwerden im Zusammenhang mit Cybermobbingattacken. So werden sie von plötzlich auftretenden Magenschmerzen, Schwindelgefühlen, Schlafschwierigkeiten oder Kopfschmerzen geplagt oder haben grundlos Herzklopfen (Katzer 2005a, b).

Und: Cybermobbing kann durchaus dauerhaft negative emotionale Wirkungen hervorrufen. So gaben in eigenen Studien rund 12 % der Opfer von Cybermobbing an, dass sie auch nach einiger Zeit noch oft an ihre Mobbingerlebnisse dachten. Rund 10 % gaben an, dass sie die vor einiger Zeit erlebten Mobbingattacken noch stark belasten und ein Viertel hat sie auch nach längerer Zeit noch nicht vergessen (Katzer und Fetchenhauer 2007). Gleiches bestätigt auch die aktuelle Cyberlife-Schüler-Studie aus dem Jahr 2013: Ein Viertel der Opfer ist auch nach längerer Zeit noch stark von den Cyberattacken belastet.

Cybermobbing erhöht also deutlich die sozial-emotionale Belastung, was sich z. B. in Gefühlen von Einsamkeit, Angst vor Mitschülern oder Gruppen sowie Stresssymptomen widerspiegelt, dies zeigen auch die Forschergruppen um Gradinger (2009) und Ortega (2009) oder Hinduja und Patchin (2005, 2009).

Dabei werden immer häufiger bei Cybermobbingopfern auch Reaktionen wie Rückzug, auch von den Freunden im Lieblingschat oder in sozialen Netzwerken, Leistungsabfall in der Schule, Schulwechsel oder sogar Wegzug aus dem Heimatort festgestellt (Spears et al. 2009; Slonje und Smith 2008; Katzer und Fetchenhauer 2007). Allerdings bringt ein Schulwechsel meist keine Lösung. Die Mitschüler „googeln" den Namen des „Neuen" und können so ohne Weiteres auf verleumderische Einträge oder peinliche Fotos stoßen.

Und auch die Zahlen in der Jugendpsychiatrie, die mit Suizidversuchen infolge von Mobbing und Cybermobbing in Beziehung stehen, steigen in den letzten Jahren deutlich und sprechen ebenfalls für eine starke dauerhafte Belastung bei einem Teil der Cybermobbingopfer (Brunner 2012). So war bereits im Jahr 2004 in den USA Selbstmord die dritthäufigste Todesursache bei Jugendlichen und jungen Erwachsenen im Alter zwischen 10 und 24 Jahren (Hinduja und Patchin 2009), wobei deutliche Zusammenhänge zwischen einem Großteil der Suizide und erlebtem Schulmobbing festzustellen sind. In letzter Zeit steigt auch deutlich die Selbstmordrate aufgrund von Cybermobbing, so Hinduja und Patchin (2009).

Und diese Entwicklung gilt nicht nur für die USA, auch in Deutschland nehmen in den letzten Jahren selbstverletzendes Verhalten (z. B. sich mit einer Rasierklinge die Arme ritzen) und Suizidversuche als Folge von Cybermobbing stetig zu, wobei auch extremer Medienkonsum und Probleme im Elternhaus eine Rolle spielen (Brunner 2012).

Zudem kann Cybermobbing bei den Opfern auch zu aggressivem Verhalten führen: Fühlt sich ein Jugendlicher bedroht und verängstigt, kann es auch vorkommen, dass er eine Waffe mit in die Schule nimmt, um sich im Notfall verteidigen zu können (Aseltine et al. 2000; Mazerolle et al. 2000). Neue Untersuchungen zeigen sogar, dass Cybermobbingopfer achtmal häufiger Waffen mit in die Schule nehmen als nicht viktimisierte Jugendliche (Ybarra et al. 2007).

Da Cybermobbing noch ein recht neues Phänomen ist, gibt es bislang noch keine Langzeitstudien, die etwas darüber aussagen, wie Cybermobbingopfer sich nach 10 oder 20 Jahren fühlen und welchen Einfluss die Mobbingerlebnisse auf das spätere Leben haben. Aus der traditionellen Mobbingforschung wissen wir aber sehr genau, dass ein Teil der Erwachsenen, die in ihre Kindheit oder Jugend Opfer von Schulmobbing geworden sind, durchaus noch darunter leiden.

So berichten Erwachsene davon, dass das erlebte Mobbing noch Jahre danach starke Auswirkungen auf ihre Leben hat. Studien zeigen, dass Erwachsene, die in ihrer Schulzeit Opfer von Schulmobbing geworden sind, oft ein geringeres Selbstwertgefühl haben als diejenigen, die in der Jugend nicht gemobbt wurden. Auch haben sie häufig Schwierigkeiten, neue Freundschaften zu schließen und sich auf fremde Personen richtig einzulassen. Einer Studie zufolge gilt dies für 73 % der ehemaligen Mobbingopfer (Elliott 2002).

Dabei können wir auch einen deutlichen Geschlechtsunterschied feststellen: So empfinden Männer, wenn sie an das erlebte Mobbing in ihrer Kindheit zurückdenken, eher Wut und Frustration, während Frauen sich häufig depressiv, ängstlich oder auch verletzt fühlen.

Die Tatsache, dass ein nicht unerheblicher Teil der jugendlichen Cybermobbingopfer durchaus kurzfristige und dauerhafte Belastungen aufweist, deutet darauf hin, dass Cybermobbing auch bis ins Erwachsenenalter negative Auswirkungen haben kann. Die zunehmenden Selbstverletzungen und Selbstmordversuche als Folge von Cybermobbing weisen ebenfalls in diese Richtung (Brunner 2012). Zu bedenken ist in diesem Zusammenhang auch, dass ein Opfer ein Leben lang mit den Cybermobbingerlebnissen konfrontiert werden kann, da Einträge, Fotos oder Videos im Internet nicht gelöscht werden können.

Die Auswirkungen, die Cybermobbing in den nächsten Jahren auf die Opfer haben wird, sind somit heute noch nicht zu überblicken. Auch mögliche Folgen wie Arbeitslosigkeit und Berufsunfähigkeit aufgrund von psychischen Erkrankungen (Angststörung, Depression usw.), die Krankenkassen und Sozialversicherungen viel Geld kosten können, sind noch nicht abzuschätzen.

Allerdings steigt schon heute die Zahl der Berufsunfähigen aufgrund psychischer Probleme, die durch Mobbing ausgelöst werden, stetig an, so Prof. Rainer Richter, Vorsitzender der Bundespsychotherapeutenkammer (BPtK) in Deutschland. Durch Cybermobbing wird diese Zahl in Zukunft sicherlich noch drastischer steigen.

Psychische Folgen von Cybermobbing

- Kurzfristige Belastung: Wut, Frustration, aber auch Schmerz und Verängstigung, psychosomatische Beschwerden

- Dauerhafte Belastung: Nicht-vergessen-Können, dauerhafte Traumatisierung, Depressionen
- Viele Cybermobbingopfer trauen sich nicht mehr, in die Schule oder in den Supermarkt zu gehen, denn jeder kann die peinlichen Einträge oder Fotos im Internet gesehen haben!
- Häufig starke Verhaltensänderungen: Rückzug (auch aus der Online-Welt), aber auch Wutanfälle, Aufkündigen von Freundschaften, Leistungsabfall in der Schule
- Selbstverletzendes Verhalten und Suizidversuche
- Suizid (Bullycide)

2.5.2.2 Cybermobbing verändert auch Freundschaften

Auch in Bezug auf Freundschaften können wir im Zusammenhang mit Cybermobbing eine völlig neue Entwicklung feststellen: Das allgemeine Grundvertrauen in Freundschaften schwindet bei den Opfern von Cybermobbing. So zeigt sich bei einem Teil der Cybermobbingopfer, dass sie beim Schließen neuer Freundschaften zögerlicher und vorsichtiger sind.

Der Grund: Häufig wissen sie ja nicht, wer wirklich hinter den Taten steckt! Vermutungen lassen sich oft nicht bestätigen, und da fragen sie sich sogar manchmal: War vielleicht mein Sitznachbar in der Schule mit dabei oder sogar meine beste Freundin?

Wer im Internet gemobbt wird und nicht genau weiß, wer dahintersteckt, weiß auch nicht, wem er sich anvertrauen soll: Aus Angst, dass der gute Freund oder die beste Freundin sogar Mittäter ist, steigt das Misstrauen auch im Hinblick auf alte Freundschaften. Und die Furcht wächst, dass das, was man als Geheimnis seiner besten Freundin mitgeteilt hat, möglicherweise in Facebook bald Hunderttausenden auf die Nase gebunden wird. Die Folge: Cybermobbingopfer ziehen sich immer mehr zurück und der echte Freundeskreis wird immer kleiner.

Überhaupt können wir feststellen, dass sich in den letzten Jahren, seit Facebook und Co. die Kommunikationswelt der Jugendlichen durchdrungen hat, auch der Freundschaftsbegriff verändert hat.

Der Kommunikationswissenschaftler und Soziologe Franz Josef Röll (2012) hat diese Neuartigkeit des Freundschaftsbegriffes im Web 2.0 so beschrieben: „Freundschaften werden im Allgemeinen fluktuativer, kurzlebiger – lose Bindungen werden dagegen immer bedeutsamer."

Je weiter verzweigt ein Netz vieler Bekanntschaften oder weitläufiger Freunde ist, umso wahrscheinlicher ist es, für ein Problem eine Lösung oder auf eine Frage eine Antwort zu finden. Die enge Bindung an jemanden ist also gar nicht mehr unbedingt notwendig, ein großes Netzwerk von „Bekanntschaften" dagegen schon. Die Anzahl von „Netz- oder Online-Beziehungen" wird also immer wichtiger!

Dies geschieht aber auch aus einem anderen Grund: Viele „Freunde" oder „Buddies" in Facebook zu haben, wird als Statussymbol gesehen. Wer nur 10 statt 500 oder 1000 Online-Freunde hat, gilt als unbeliebt, als Außenseiter, mit dem man besser nichts zu tun hat, sonst wird man selbst noch zum Outlaw. Für die Opfer von Cybermobbing ist diese Entwicklung aus zwei Gründen besonders schwierig:

1. Wer nur wenige Online-Kontakte hat, der wird von anderen oft als unbeliebt wahrgenommen, und möglicherweise gerade deshalb umso eher Ziel von Cybermobbingattacken.
2. Wer häufig Opfer von Cybermobbing wird, mit dem will niemand mehr etwas zu tun haben. Andere Online-User grenzen sich von ihm ab, auch aus Angst, selbst Opfer von Cybermobbingattacken zu werden. D. h., immer mehr Kontakte fallen weg, auch Freundschaftsanfragen werden öfter abgelehnt und das Cybermobbingopfer verliert immer mehr sein Gesicht – und im Laufe der Zeit auch sein Selbstbewusstsein.

Wir sehen also, Cybermobbing beeinflusst das Online-Leben der Opfer auf vielfältige Weise. Somit können die Betroffenen durchaus in einen Teufelskreis geraten, der unbedingt aufgebrochen werden muss.

2.5.3 Wie die Opfer mit Cybermobbing umgehen

2.5.3.1 Darüber zu reden ist oft schwierig

Wenn ein Jugendlicher Opfer von Cybermobbing geworden ist, steht er meist vor folgenden Fragen: Was kann ich machen, damit es endlich aufhört? Wer kann mir helfen? Lohnt es sich, mit jemandem darüber zu reden, oder wird danach alles eher nur noch schlimmer?

Für viele Opfer von Cybermobbing beginnt ein Spießrutenlauf, denn meistens werden sie in der Schule von vielen auf das, was im Internet über sie verbreitet wird, angesprochen. Und das ist peinlich, viele schämen sich dafür und wollen bloß nicht, dass auch noch Erwachsene darüber Bescheid wissen. Manche Freunde wenden sich auch noch ab, denn sie glauben, der Betreffende hätte die diffamierenden Inhalte selbst ins Internet gestellt. Andere haben Angst, selbst Opfer von Cybermobbing zu werden, wenn sie die Betroffenen unterstützen. Und das alles spüren auch die Opfer. Darüber zu reden ist also oft schwierig.

Grundsätzlich ist uns aus der traditionellen Mobbingforschung bekannt, dass sich nur eine Minderheit der Opfer jemandem aus dem näheren Umfeld anvertraut und offen über die Erlebnisse reden möchte. Deshalb wissen meist weder die Eltern noch gute Freunde oder Lehrer über die Mobbingattacken Bescheid. Die Opfer versuchen, dies oft zu verdrängen und sich zunächst nichts anmerken zu lassen.

Allerdings müsste der aufmerksame Außenstehende durchaus etwas bemerken, wenn er nur richtig hinschauen würde: Denn wie wir bereits gesehen haben, verändern sich die Opfer von Mobbing im Laufe der Zeit sehr stark. Manche werden stiller, in sich gekehrter und ziehen sich langsam immer mehr zurück. Andere dagegen werden aufbrausend und aggressiv, wenn man sie auf mögliche Probleme anspricht.

Dass nur verhältnismäßig wenige Mobbingopfer mit Erwachsenen, Lehrern oder Freunden sprechen, hat auch damit zu tun, dass sie häufig glauben: Das Mobbing wird danach nur noch schlimmer, und helfen kann mir sowieso keiner! Tatsächlich zeigen Studien wie z. B. von Kidscape Children Charity (Elliott 2002): Nur 8 % der Mobbingopfer, die mit jemandem aus ihrem näheren Umfeld gesprochen haben, haben den Eindruck, dass es etwas genutzt und ihre Situation sich verbessert hat. Bei einem Drittel wurde es tatsächlich noch schlimmer als vorher und bei der Hälfte der befragten Mobbingopfer hat sich gar nichts verändert, es blieb alles beim Alten.

Dies bedeutet: Wir müssen zukünftig den Opfern das Gefühl geben, dass wir ihnen wirklich helfen wollen und etwas verändern möchten. Denn gerade das Empfinden der Opfer, nicht ernst genommen zu werden oder sogar noch eine Teilschuld an den erlebten Mobbingattacken zugewiesen zu bekommen, führt dazu, dass sie sich ihrem näheren Umfeld verschließen und eben nicht mehr darüber reden. Besonders mit den Eltern möchten Jugendliche nicht über das Erlebte sprechen, da sie Angst haben, dass diese ihnen dann als Vorsichtsmaßnahme verbieten z. B. alleine mit dem Bus in die Stadt zu fahren oder abends noch rauszugehen.

Gleiches ergibt sich auch für das Verhalten von Cybermobbingopfern: Eigene Studien zeigen, dass nur 9 % aller Cybermobbingopfer mit Erwachsenen über die Online-Attacken sprechen (Katzer 2007a). Auch neue Studien aus dem Jahr 2013 machen deutlich, dass sich die Mehrheit der Cybermobbingopfer erwachsenen Personen eben nicht anvertraut (Bündnis gegen Cybermobbing 2013d). Allerdings reden fast 40 % der weiblichen Cybermobbingopfer mit Eltern oder anderen Erwachsenen über die unangenehmen Erlebnisse. Bei den Jungen sind es deutlich weniger. Dies liegt auch daran, dass Jungen generell weniger offen über ihre Probleme sprechen als Mädchen. Und auch die Befürchtung, die Eltern könnten die Internetnutzung ganz verbieten, ist ein Grund, weshalb gerade Jungen die Cybermobbingattacken verschweigen. Insgesamt heißt dies aber: Eltern erfahren meist nichts darüber und haben keine Ahnung, wie es ihrem Kind ergeht.

Dies zeigt auch die aktuelle Elternstudie vom Bündnis gegen Cybermobbing (2013a): Zwar glauben immerhin 27,5 % der Eltern, dass Cybermobbing durchaus ein Problem bei Kindern und Jugendlichen darstellt, aber nur 7,3 % gaben an, sie wüssten, dass ihr eigenes Kind Cybermobbing ausgesetzt war. Hier sehen wir ganz klar eine Diskrepanz zur Realität, denn die Zahl der Cybermobbingopfer in Deutschland ist ja deutlich höher als 7 %.

Ein Grund dafür, dass einige Opfer von Cybermobbing auch nicht mit ihren Freunden über ihre Erlebnisse reden, ist vor allem Schamgefühl. Aber auch die Ungewissheit, ob die Freunde vielleicht eingeweiht sind oder sogar aktiv mitmachen, spielt eine Rolle.

Deshalb nutzen die Cybermobbingopfer oft selbst den Schutz des Internets und versuchen, online Hilfe zu finden. Häufig suchen sie Kontakt zu anderen Jugendlichen in Chatrooms oder sozialen Netzwerken, die Ähnliches erlebt haben, um sich mit ihnen auszutauschen. So haben bereits 2005 rund 40 % der Opfer anderen Jugendlichen im Internet ihre unangenehmen Erlebnisse mitgeteilt (Katzer 2007, 2007a).

Das heißt also: Die anonyme Welt des Internets ist nicht nur Ort der bösen Taten, sondern sie ist auch der Ort, an dem Hilfe gesucht wird. So werden Online-Angebote, die über das Internet für die Opfer auf anonymem Weg zu erreichen sind, wie eine Erste-Hilfe-Beratung durch Gleichaltrige (z. B. www.juuuport.de), aber auch eine intensive psychologische Beratung von Fachkräften über das Netz (z. B. www.save-me-online.de; www.nummergegenkummer.de), immer bedeutsamer (Abschn. 4.1.4). So haben im Jahr 2013 bereits 12 % der Jungen und 6 % der Mädchen ein Online-Hilfeforum wie Juuuport aufgesucht (Bündnis gegen Cybermobbing 2013d).

2.5.3.2 Was hilft, Krisensituationen zu bewältigen

Der Umgang mit Krisensituationen, zu denen auch Erlebnisse wie Cybermobbing gehören, ist natürlich ganz unterschiedlich. Über das Erlebte zu reden ist eine Möglichkeit, mit den unangenehmen Erfahrungen fertig zu werden. Wer sich jemandem anvertraut, geht schon einen Schritt in die richtige Richtung – ob offline oder online.

Allerdings ist der Umgang mit den traumatischen Erlebnissen durch Cybermobbing gerade für viele sehr junge Opfer oft schwierig. Sie haben häufig noch keine ausgereiften Strategien entwickelt, wie sie mit unangenehmen Vorkommnissen und Anfeindungen umgehen oder diese erst gar nicht an sich heranlassen. Hingegen können wir beobachten, dass es durchaus ältere Jugendliche gibt, die mit leichtem Cybermobbing recht gut umgehen können.

Die Fähigkeit der Jugendlichen, solche Krisensituationen zu verarbeiten, wird durch bestimmte psychologische, soziografische und biologische Merkmale (sogenannte Moderatorvariablen) positiv beeinflusst. Gerade für die Präventionsarbeit spielen diese Merkmale eine wichtige Rolle, denn wenn wir diese in den Jugendlichen stärken, dann können sie im Falle einer Viktimisierung besser mit der Situation umgehen. Schauen wir uns einige dieser Moderatorvariablen etwas genauer an:

Psychologische Moderatorvariablen: Zu den psychologischen Moderatorvariablen gehören z. B. angewandte Copingstrategien, aber auch Persönlichkeitsmerkmale wie Widerstandsfähigkeit (Hardiness) oder Kontrollüberzeugung sowie frühere belastende Erlebnisse.

Unter Coping versteht man den Umgang und die Verarbeitung von Stresssituationen, wie negativen Umwelteinflüssen oder Krisensituationen z. B. auch Mobbing. Coping ist also Stressbewältigung. Dazu gehören durchaus konkrete Strategien und Handlungskonzepte, die wir anwenden, um im Falle einer Krisensituation mit ihr umgehen zu können. Damit sind auch Verhaltensskripte gemeint, die wir im Laufe der Zeit erlernt haben und im Kopf ganz genau durchspielen.

Natürlich wissen wir, dass nicht jeder von uns Krisen oder Stress auf die gleiche Art und Weise wahrnimmt, angeht und verarbeitet. Deshalb sind auch verschiedene Formen von Stressbewältigung zu differenzieren, die von uns unterschiedlich oft angewendet werden.

Sämtliche Strategien, die wir einsetzen, um Stresssituationen zu verarbeiten, können wir in zwei große übergeordnete Gruppen unterteilen: So lassen sich einerseits solche Copingstrategien zusammenfassen, die eine direkte Bewältigung und Hinwendung zum Stressor beinhalten, sogenanntes instrumentelles Coping. Dies beinhaltet Kontroll- und Annäherungsstrategien sowie die direkte Hinwendung zum Problem oder zu den unangenehmen Ereignissen. Andererseits gibt es auch solche Strategien, die eine Abwendung von der Stressquelle bedeuten, sogenanntes palliatives Coping. Dies umfasst z. B. Vermeidungsstrategien oder Abwendung und Fluchtverhalten (Griffith et al. 2000; Lohaus et al. 2004).

Wenn wir instrumentelle (auch problemorientierte) Stressbewältigungsstrategien anwenden, so bedeutet dies: Wir versuchen, konkrete Veränderungen hinsichtlich der stressauslösenden Gegebenheiten herbeizuführen. Dabei kann es sich um äußere Situationsmerkmale handeln, z. B. Lärm abstellen oder weniger Termine wahrnehmen. Aber auch unsere eigenen Personenmerkmale, wie z. B. unsere Einstellungen und Ziele, können wir versuchen, in eine andere Richtung zu verändern, sodass wir den Stresssituationen aus dem Weg gehen.

Wenn z. B. unser Vorgesetzter uns immer kritisiert und immer wieder aufs Neue äußert, wir wären für eine Beförderung in diesem Unternehmen nicht geeignet, dann kann die Konsequenz folgende sein: Wir bewerben uns bei einem andere Unternehmen und unsere Zielvorstellung hinsichtlich unserer Karriere verändert sich. Begründung: „Hier komme ich nicht weiter und kann keine Karriere machen, also muss ich umsatteln" (aktive Veränderung herbeiführen).

Die palliative oder emotionsorientierte Stressbewältigung zielt hingegen eher auf Vermeidung ab. Dabei versuchen wir auch, unsere eigenen Emotionen und Gefühle zu regulieren. Erleben wir z. B. am Arbeitsplatz Mobbingattacken durch unsere Kollegen, dann können wir durchaus auch versuchen, unser Ängste sowie unsere Wut zu verdrängen, damit wir uns keine Blöße vor den anderen geben und auch, um weiter unseren Job machen zu können (Lazarus und Folkman 1984). Dazu gehört aber auch, solche Personen oder Orte zu meiden, durch die oder an denen wir Mobbing erfahren. Wenn Mobbing am Arbeitsplatz so stark wird, dass wir es psychisch nicht mehr aushalten, können wir durchaus irgendwann an den Punkt kommen, dass wir aufgeben und kündigen. Einfach, um dieser Situation nicht mehr ausgesetzt zu sein (Vermeidung der Stresssituation).

Bei Kindern und Jugendlichen finden wir häufig sehr viele unterschiedliche Formen von Stressbewältigung, die allerdings durchaus in die beiden oben genannten Kategorien fallen (s. auch Seiffge-Krenke und Klessinger 2000):

- Aktives Coping unter Nutzung sozialer Ressourcen: Dies ist der Fall, wenn ein Jugendlicher versucht, z. B. bei erlebtem Mobbing gezielt die Hilfe anderer zu suchen, seine Problemsituation öffentlich macht und dabei auch sein Beziehungsnetzwerk (z. B. Freunde) miteinbezieht.
- Internales Coping: Hiermit ist die innerliche Verdrängung gemeint, d. h., ein jugendliches Mobbingopfer versucht gedanklich, die Situation beiseitezuschieben und z. B. so zu tun, als sei gar nichts passiert. Dazu gehört aber auch die Verdrängung der Stresssituation durch den Gebrauch von Drogen oder Alkohol sowie selbstzerstörerisches Verhalten.
- Problemmeidendes Coping: Dies sind Strategien, die konkret darauf abzielen, sich aus der Situation zurückzuziehen und Konfrontationen aus dem Weg zu gehen. Dazu gehört der Versuch, den Tätern von Mobbing nicht alleine zu begegnen oder sich vor ihnen zu verstecken, sowie die Schule schwänzen oder das Vermeiden von Schulbusfahrten aus Angst, die Täter zu treffen. So äußerte ein Jugendlicher in einem Vier-Augen-Gespräch in Bezug auf seine aktuelle Situation nach starkem Mobbing an einem Gymnasium: „Hier an der Schule wurde ich ständig fertiggemacht, weil ich nicht die teuersten Klamotten habe – wir können uns das eben nicht leisten … ich bin froh, jetzt auf eine Realschule zu gehen, da sind die Leute hoffentlich anders, und denen ist es hoffentlich auch egal, dass ich nicht die neuesten, teuersten Klamotten habe … "

Aufgrund der Lebenserfahrung sind ältere Jugendliche und junge Erwachsene eher fähig, aktive Copingstrategien anzuwenden. Diese sind auch meist weitaus umfassender, stabiler und in einer größeren Anzahl vorhanden, als dies bei Kindern der Fall ist.

Eng damit verbunden ist auch die sogenannte Hardiness, die Widerstandskraft oder Fähigkeit, sich von Dingen nicht so schnell etwas anhaben zu lassen. Nur wer ausreichend Handlungsstrategien vorrätig – sozusagen auf Abruf parat – hat, fühlt sich widerstandsfähiger und ist überzeugt, die krisenhafte, unangenehme Situation bewältigen zu können (Lasogga 2012).

Auch das Gefühl, die Dinge um uns herum unter Kontrolle zu haben (sogenannte Kontrollüberzeugung), selbst bestimmen zu können, wie wir vorankommen, und nicht den äußeren Einflüssen ausgeliefert zu sein, erleichtert den Umgang mit Krisen und eben auch mit Mobbingsituationen (Seefeldt 2000).

Natürlich spielen auch frühere belastende Erlebnisse eine wichtige Rolle und beeinflussen, wie wir aktuell mit ähnlichen Situationen umgehen. Haben wir z. B. erfolgreich eine frühere Mobbingsituation bewältigen können, werden wir in einer ähnlichen neuen Situation nicht das Gefühl haben, es gäbe keine Lösung. Wir werden ganz im Gegenteil versuchen, aufgrund unserer vorherigen Erfahrung mit dieser Situation umzugehen (Schützwohl 2003).

Soziografische Moderatorvariablen: Mit soziografischen Merkmalen sind z. B. soziale Ressourcen gemeint, die wir zur Verfügung haben. Soziale Ressourcen sind vor allem das Beziehungsgeflecht, in das wir eingebettet sind: die Anzahl von echten Freundschaften, das Eingebundensein in eine feste Clique, Eltern, mit denen man sich gut versteht, und auch Bekannte oder Verwandte, die sich für uns interessieren und einsetzen. Allerdings ist nicht nur die Zahl der Menschen entscheidend, die sich in unserem Beziehungsnetzwerk befinden, sondern auch die Qualität der Freundschaften: Ein wirklich guter Freund, der wird nicht die dummen oder bösen Lügen über seinen besten Freund glauben, die z. B. auf Facebook verbreitet werden, und auch weiter zu ihm stehen. Ein stabiles Beziehungsgeflecht kann somit ein Mobbingopfer stabilisieren und dafür sorgen, dass die negativen psychischen Folgen weitaus geringer ausfallen.

Biologische Moderatorvariablen: Mit biologischen Einflussfaktoren sind vor allem Alter und Geschlecht gemeint. Je jünger ein Mobbingopfer ist, umso weniger wird es über Erfahrungen verfügen oder bereits Strategien entwickelt haben, die ihm helfen, solche Situationen zu meistern. Und auch das Geschlecht spielt eine Rolle bei der Verarbeitung von unangenehmen Erlebnissen: Jungen sind meist so erzogen, ihre Gefühle nicht zu zeigen, stark zu sein und die Probleme nicht nach außen zu tragen. Demgegenüber ist es Mädchen durchaus erlaubt, ihren Emotionen Luft zu machen, zu weinen und somit auch das Umfeld auf ihre Probleme aufmerksam zu machen. Rennt ein Junge weinend zum Lehrer, wird er von den anderen gleich als Memme und Schlappschwanz bezeichnet. Bei einem Mädchen hingegen wird dies eher akzeptiert. Wenn wir Opfern sinnvoll helfen wollen, ist somit auch zu beachten, dass wir geschlechtsspezifische Aufklärungs- und Präventionsarbeit leisten.

Allerdings sollten wir auch darüber nachdenken, ob unser althergebrachtes Rollenverständnis in der Erziehung von Jungen und Mädchen noch der heutigen Zeit entspricht: Denn auch Jungen dürfen Gefühle zeigen und weinen – deshalb sind sie nicht gleich Versager.

Wie helfen diese Variablen, Cybermobbing zu verarbeiten? Zum einen zeigt sich in unseren eigenen Studien zu Cybermobbing ganz deutlich, dass die soziografischen Merkmale eine wichtige Rolle spielen: Gerade jüngere Opfer sind von den Erlebnissen besonders belastet. Ältere Jugendliche hingegen können besser mit Cybermobbing umgehen (Katzer 2005a, b). Dies ist bereits ein wichtiger Hinweis für unsere Präventionsarbeit: So müssen wir schon bei den Jüngsten anfangen, damit diese auf Cybermobbingattacken nicht völlig hilflos reagieren und konkrete Bewältigungsstrategien anwenden können.

Zum anderen können wir auch einen deutlichen Geschlechtsunterschied bei der Verarbeitung der Erlebnisse bzw. bei der Anwendung von Bewältigungsstrategien feststellen: Mädchen gehen eher aktiv mit den Erlebnissen um, öffnen sich und berichten über ihre Gefühle. So wie auch Amanda Todd, die auf ihre Qualen ganz öffentlich auf YouTube aufmerksam gemacht hat. Auch sind in der Regel Mädchen diejenigen, die sich „outen" und z. B. in Funk und Fernsehen darüber reden, um anderen Mut zu machen (s. Sylvia Hamacher unter www.sylvia-hamacher.de), während Jungen anderen lieber nichts darüber sagen, um nicht noch weiter gedemütigt zu werden. Sie fressen eher alles in sich hinein oder reagieren aggressiv, indem sie z. B. Türen knallen. Auch Alkohol- und Rauschmittelkonsum ist bei ihnen eher zu beobachten (Katzer 2005a, b).

Des Weiteren können wir auch einen eindeutig positiven Einfluss des Beziehungsnetzwerkes der Cybermobbingopfer, der sogenannten sozialen Ressourcen, nachweisen: So zeigen z. B. Studien der Technischen Universität Berlin (Pfetsch 2012), dass gerade Jugendliche aus dem näheren Umfeld der Opfer, aber auch aus der Klasse insgesamt, einen starken Einfluss auf die Verarbeitung der Cybermobbingerlebnisse haben.

Interessant ist, dass die meisten Jugendlichen, z. B. Mitschüler oder Freunde der Opfer, ihre Einflussmöglichkeiten auf die Cybermobber zum Großteil selbst verkennen und als eher gering einschätzen. Dabei ist das Gegenteil der

Fall: Tatsächlich haben die sogenannten Bystander (Jugendliche, die mitbekommen, dass jemand Opfer von Mobbing und Cybermobbing wird) eine große Wirkung auf die Cybertäter, wenn sie die Opfer online und/oder offline unterstützen! Denn die Täter merken auf diesem Weg, dass sie mit ihrem Verhalten nicht durchkommen und auch nicht bewundert und anerkannt werden. Jugendliche, die allerdings bereits erfolgreich gegen Cybermobbing eingeschritten sind, trauen ihren Wirkungsmöglichkeiten durchaus einiges zu.

Wie Bystander Opfern von Cybermobbing helfen können, zeigt in Ansätzen die Studie von Pfetsch (2012). Hier gaben die Jugendlichen an, Bystander könnten zwar absichtlich die Vorfälle ignorieren, aber auch direkt Kontakt zu den Opfern aufnehmen und Mitgefühl zeigen. Ein sinnvolles Eingreifen aus Sicht der Opfer ist, online z. B. über Facebook auf die Schikane zu reagieren (z. B. Kommentare auf der Pinnwand im sozialen Netzwerk löschen, beleidigende Bilder oder Hassgruppen melden) oder offline den bzw. die Täter aufzufordern, mit dem Cybermobbing aufzuhören. Daneben nannten die Jugendlichen vereinzelt auch die Anzeige bei der Polizei oder Gespräche mit Lehrern bzw. den Eltern.

Einige Jugendliche greifen allerdings nur dann aktiv ein, wenn das Cybermobbing enge Freunde betrifft und/oder wenn das Ausmaß des Cybermobbings besonders schlimm ist. In Fällen, in denen sie passiv bleiben, begründen die Jugendlichen ihr Verhalten teils mit Ratlosigkeit, was zu tun sei, teils mit der Befürchtung, selbst zum Opfer einer Attacke zu werden. Nicht jedes Schweigen der Bystander ist also als Unterstützung der Cybermobber zu werten!

Für die Präventionsarbeit bedeuten diese Erkenntnisse, dass wir gerade die Bystander darin bestärken müssen, Cybermobbing nicht zu dulden, und ihnen zeigen, dass sie durchaus online oder offline die Opfer unterstützen können!

Zu den anderen Faktoren Widerstandsfähigkeit und Kontrollüberzeugung haben wir zwar noch keine ausreichenden empirischen Daten, aber erste Erkenntnisse weisen darauf hin, dass diese bei der Verarbeitung von Cybermobbing genauso wirken wie bei der Bewältigung von Schulmobbing. So werden Jugendliche mit einer ausgeprägten Hardiness wohl weitaus besser mit einer Cybermobbingsituation umgehen können als Jugendliche, bei denen die Widerstandsfähigkeit nicht so ausgeprägt ist. Darauf weisen auch Aussagen von Jugendlichen Cyberopfern hin wie z. B. von Mike, 15 Jahre: „… das macht mir nicht so viel, was andere über mich im Internet sagen – ich weiß ja, wie ich bin, und habe auch meinen Freundeskreis, der auch weiß, wie ich in Wirklichkeit bin …" Ebenso wird die eigene Kontrollüberzeugung wirken: Denn wer glaubt, er hat Dinge gut im Griff, der wird auch nicht so leicht aus der Bahn geworfen, wenn er im Netz gemobbt wird.

Auch besteht bei Jugendlichen, die frühere belastende Erlebnisse schon erfolgreich verarbeitet haben, eine größere Chance, dass sie Cybermobbing ebenso bewältigen können.

Wenn wir diese Erkenntnisse insgesamt betrachten, so wird eines ganz deutlich: Unsere Präventionsarbeit sollte sich in Zukunft auch darauf konzentrieren, diejenigen Merkmale von Kindern und Jugendlichen zu stärken, die die Fähigkeit fördern, Krisen besser bewältigen zu können. Denn all diese Moderatorvariablen spielen auch bei der Verarbeitung von Cybermobbing eine wichtige Rolle.

Ansätze für die Präventionsarbeit

- Prävention bei den Jüngsten beginnen
- Mädchen und Jungen differenziert betrachten und geschlechtsspezifische Hilfestellung leisten
- Soziale Ressourcen nutzen: Freunde, Schulklasse und Familie einbinden
- Widerstandsfähigkeit und Kontrollüberzeugung bei den potenziellen Opfern stärken
- Opfern helfen, frühere belastende Erlebnisse richtig zu verarbeiten

2.5.4 Welche Unterstützung sich Cybermobbingopfer wünschen

Wenn wir uns die beiden bereits erwähnten Cybermobbingfälle noch einmal anschauen, dann können wir sehr deutlich erkennen, welche Art von Hilfe sich die Opfer oft sehnsüchtig wünschen.

Amanda Todd, die 15-jährige Kanadierin, hatte ein Video von sich selbst erstellt und auf YouTube veröffentlicht. Durch schriftliche Botschaften, die sie auf Karteikarten schrieb und mehrere Minuten lang in die Kamera hielt, dokumentierte sie ihr Leid. Doch der Versuch, Aufmerksamkeit zu erzielen, scheiterte. Das Video war ihr letzter Hilferuf, aber niemand hat ihn wahrgenommen. Keiner hat versucht, ihr zu helfen.

Sylvia Hamacher, die durch ihre Offenheit vielen Mobbing- und Cybermobbingopfern Mut macht, sich zu wehren, schildert die Verarbeitung ihrer Geschichte folgendermaßen:

„Die Schule zu wechseln kam für mich nicht mehr infrage, nachdem mir die Vertrauenslehrerin unserer Schule einredete, ich dürfe nicht gehen, da ich sonst einen Kampf aufgeben würde und meinen Mitschülern signalisierte, dass die gewonnen hätten. Erst nach einem tätlichen Angriff einer Mitschülerin, einem dreitägigen Krankenhausaufenthalt und einem schweren Schleudertrauma erlaubte ich mir selbst, die Schule zu verlassen.

Ich wechselte an ein Gymnasium weit entfernt von meinem Wohnort, um weitere Berührungspunkte mit meinen alten Klassenkameraden zu vermeiden und traf dort auf eine sehr verständnisvolle und nachsichtige Klasse, dank der ich verarbeiten konnte, was mir widerfahren ist. Das konnte ich natürlich nicht mehr allein. Meine Eltern finanzierten mir deshalb eine Kinderpsychologin und später eine Coachtrainerin, mit der ich über Jahre intensiv gearbeitet habe. Parallel dazu schrieb ich meine Erfahrungen auf …" (www.sylvia-hamacher.de).

An den Erfahrungen beider Cybermobbingopfer, deren Geschichten einen vollkommen verschiedenen Ausgang hatten, obwohl auch Sylvia mit Selbstmordgedanken gespielt hatte, zeigt sich:

Die Opfer möchten Unterstützung haben! Sie wollen, dass man sie und ihre Schmerzen ernst nimmt und sie nicht alleine lässt. Besonders Freunde, die sich für die Opfer einsetzen, sind hier von Bedeutung. Mit den Worten von Prof. Patchin aus den USA: „Wir dürfen nie vergessen, dass einer der wichtigsten Einflüsse in der Jugend die Peers, die Gleichaltrigen, sind und das, was sie denken" (Patchin 2011). Und dies gilt auch für den Umgang mit Problemen, Persönlichkeitskrisen und eben auch mit Mobbing oder Cybermobbing. Dies bestätigen auch die aktuelle Cyberlife-Schüler-Studie des Bündnisses gegen Cybermobbing (2013d) sowie neue Untersuchungen von Ittel und Pfetsch (2012). So wünschen sich über 80 % der Cybermobbingopfer vor allem, dass ihre engeren Freunde ihnen Trost spenden und sie aktiv im Kampf gegen die Täter unterstützen. Für die meisten Jugendlichen sind sie nämlich die erste Anlaufstelle bei Problemen und eben auch bei Mobbing- oder Cybermobbingattacken.

Wichtig für die Jugendlichen ist allerdings auch, dass die Problematik Cybermobbing im Schulunterricht behandelt und diskutiert wird. Dabei sollten gerade Lehrerinnen und Lehrer wie auch Eltern Cybermobbing ernst nehmen und mit den Jugendlichen gemeinsam nach Problemlösungen suchen. So wünschen sich 78 % durchaus mehr Hilfe von den Eltern, 72 % mehr Unterstützung durch die Lehrer und immerhin 70 %, dass Unterstützungs- oder Anti-Mobbing-Beratungsteams an den Schulen eingerichtet werden (Bündnis gegen Cybermobbing 2013d).

Wir sehen also zum einen, dass aus Sicht der Kinder und Jugendlichen den Erwachsenen eine wichtige Funktion bei der Bewältigung von Cybermobbing und Gewaltproblemen zukommt. Zum anderen wird auch klar, dass zukünftig in den Schulen Beratungsteams und Schülerscouts eine wichtige Rolle bei der Prävention spielen sollten.

Allerdings zeigen neue Studien auch, dass sich fast die Hälfte der Opfer von Cybermobbing verstärkt mehr anonyme Hilfe direkt im Internet wünscht (Bündnis gegen Cybermobbing 2013d). Dies macht deutlich: Beratungen, an die sich Cybermobbingopfer jederzeit anonym im Internet selbst wenden können, werden bei der Bewältigung der unangenehmen Erlebnisse immer bedeutender (Abschn. 4.1.4).

Grundsätzlich sollten wir also Folgendes beachten
- Wir müssen die Cybermobbingerlebnisse ernst nehmen!
- Freunde sollten mehr aktive Unterstützung und Hilfe bei der Bewältigung von Cybermobbing anbieten. Und keine Angst, allein, dass man da ist, hilft!
- Gegenüber den Tätern sollten Konsequenzen umgesetzt werden. Das muss aber nicht unbedingt durch Einschalten der Polizei passieren. Die Konsequenzen können die Jugendlichen durchaus selbst festlegen, z. B. in Form von Schul- oder Klassenregeln!
- Schulen sollten ein Anti-Mobbing-Beraterteam einführen.
- Auch gezielte Projekte gegen Gewalt und Mobbing an der Schule sollten realisiert werden.
- Ein Online-Support an der Schule kann durchaus sinnvoll sein (ein „Kummerkasten", den z. B. der Beratungslehrer mit einer Gruppe von Jugendlichen betreut).

2.5.5 Wie können wir den Opfern helfen?

Forschungsergebnisse haben ja gezeigt, dass es Jugendliche gibt, die ein höheres Risiko besitzen, Mobbingopfer zu werden. Daher müssen wir diese Jugendlichen besser im Blick haben, sie unterstützen und stärken. Zudem haben Studien ergeben, dass es Opfer gibt, die nicht in der Schule, sondern ausschließlich im Internet gemobbt werden. Bei ihnen müssen wir vor allem Aufklärungsarbeit leisten. Diese Jugendlichen sollten wissen, was genau dazu führen kann, dass sie im Internet Opfer von Cybermobbing werden, z. B. auch das eigene leichtsinnige Verhalten (Fremden zu sehr vertrauen, Probleme und Intimitäten mitteilen, extrem lügen, Gender-Swapping, gefährliche Orte im Internet aufsuchen).

Wie wir Cybermobbing vorbeugen und es zum Teil auch verhindern können, wird noch ausführlich in Kap. 4 erläutert. Trotzdem soll an dieser Stelle kurz skizziert werden, wie wir den Opfern helfen können:

- Wir sollten alle unsere *Mobbingbrille* aufsetzen: Hinschauen, nicht abwenden heißt die Devise! Achten wir auf das, was in der Schule mit Schülern, Freunden oder auch Bekannten passiert, und auf das, was im Internet auf Facebook & Co. geschieht.
- Wir müssen das Thema Cybermobbing ernst nehmen! Die Opfer müssen sehen, dass wir ihre Empfindungen nicht herunterspielen und dass wir verstehen: Cybermobbing tut weh!

- Die Opfer brauchen eine stärkere Lobby. Wir müssen ihnen ganz klar signalisieren: Wir sind an eurer Seite! Zeigen wir ihnen, dass wir uns ehrlich um sie kümmern und ihnen helfen wollen.
- Wir sollten Konsequenzen für die Täter sichtbar umsetzen! Jeder (vor allem auch die Opfer) sollte sehen, dass wir Mobbing nicht dulden und die Täter nicht einfach so davonkommen lassen. Dies können auch Konsequenzen sein, die im schulischen Umfeld umgesetzt werden, wie z. B. durch Sozialdienst an der eigenen Schule.
- Wir brauchen mehr Zivilcourage im Netz: Wir müssen selbst das Internet und soziale Netzwerke wie Facebook & Co. dazu nutzen, Opfern zu helfen, sie zu unterstützen und Cybermobbing zu sanktionieren!

- Wie beurteilen Sie Cybermobbing aus der heutigen Sicht?
- Wie schätzen Sie das Problem Cybermobbing in Zukunft ein?
- Was würden Sie tun, wenn Sie merken, dass in Ihrem Umfeld jemand Opfer von Cybermobbing geworden ist?
- Denken Sie an Ihren Arbeitsplatz – könnte Cybermobbing auch hier passieren?
- Wie schätzen Sie Cybermobbing unter Erwachsenen ein?
- Haben Sie selbst schon einmal unangenehme Erlebnisse bei Ihren Internetbesuchen gehabt?
- Was glauben Sie, können Sie persönlich tun, um Cybermobbing in Ihrem Umfeld vorzubeugen?

Literatur

Aalsma, M. C., & Brown, J. R. (2008). What is bullying? *Journal of Adolescent Health, 43,* 101–102.

Ang, R., & Goh, D. (2010). Cyberbullying among adolescents: The role of affective and cognitive empathy and gender. *Child Psychiatry and Human development, 41,* 387–397.

Aseltine, R. H., Gore, S., & Gordon, J. (2000). Life Stress, anger and anxiety, and delinquency in empirical test of general strain theory. *Journal of Health and Social behavior, 41*(3), 256–275.

Austin, S., & Joseph, S. (1996). Assessment of bully/victim problems in 8- to 11-year-olds. *British Journal of Educational Psychology, 66,* 447–456.

Bandura, A. (1973). *Aggression: A social learning analysis.* Englewood Cliffs: Prentice-Hall.

Baruch, Y. (2005). Bullying on the net: Adverse behavior on e-mail and its impact. *Information & Management, 42,* 361–371.

Batsche, G. M., & Knoff, H. M. (1994). Bullies and their victims: Understanding a persuasive problem in the schools. *School Psychology Review, 23,* 1159–1172.

Beran, T., & Li, Q. (2005). Cyber-harassment: A study of a new method for an old behaviour. *Journal of Educational Computing Research, 32,* 265–277.

Beran, T., & Li, Q. (2007). The relationship between cyberbullying and school bullying. *Journal of Student wellbeing, 1,* 15–33.

Berdondini, L., & Smith, P. K. (1996). Cohesion and power in the families of children involved in bully/victim problems at school: An Italian replication. *Journal of Family Therapy, 18,* 99–102.

Boulton, M. J., & Smith, P. K. (1994). Bully/victim problems in middle-school children: Stability, self-perceived competence, peer perceptions, and peer acceptance. *British Journal of Developmental Psychology, 12,* 315–329.

Boulton, M. J., & Underwood, K. (1992). Bully/victim problems among middle-school children. *British Journal of Educational Psychology, 62,* 73–87.

Bowers, L., Smith, P. K., & Binney, V. (1994). Perceived family relationships of bullies, victims, and bully/victims in middle childhood. *Journal of Personal and Social Relationships, 11,* 215–232.

Brunner, R. (2012). Prävention und frühe Intervention bei selbstverletzenden und suizidalen Handlungen bei Jugendlichen im sozialen Kontext Schule, Ergebnisse einer schulbasierten Interventionsstudie. Vortrag auf Fachtagung des Landesverbands der bayerischen Schulpsychologen (LBSP): Die Kraft und die Bedeutung des Sozialen für die Organisation Schule, am 22. Juni 2012 in Freising.

Bündnis gegen Cybermobbing (2013a). Cyberlife-Eltern-Studie: Cyberlife im Spannungsfeld zwischen Faszination und Gefahr – Bestandsaufnahme und Gegenmaßnahmen. Unterstützt durch ARAG Versicherung.

Bündnis gegen Cybermobbing (2013b). Cyberlife-Lehrer-Studie: Cyberlife im Spannungsfeld zwischen Faszination und Gefahr – Bestandsaufnahme und Gegenmaßnahmen. Unterstützt durch ARAG Versicherung.

Bündnis gegen Cybermobbing (2013c). Cyberlife-Gesamt-Studie: Cyberlife im Spannungsfeld zwischen Faszination und Gefahr – Bestandsaufnahme und Gegenmaßnahmen. Unterstützt durch ARAG Versicherung.

Bündnis gegen Cybermobbing (2013d). Cyberlife-Schüler-Studie: Cyberlife im Spannungsfeld zwischen Faszination und Gefahr – Bestandsaufnahme und Gegenmaßnahmen. Unterstützt durch ARAG Versicherung.

Camodeca, M., & Goossens, F. A. (2005). Aggression, social cognitions, anger, and sadness in bullies and victims. *Journal of Child Psychology and Psychiatry, 46,* 186–197.

Campbell, M. A., Butler, D. A., & Kift, S. M. (2008). A school's duty to provide a safe learning environment: Does this include cyberbullying? *Australia and new Zealand Journal of Law and Education, 13*(2), 21–32.

Card, N. (2003). Victims of peer aggression: Ameta-analytic review. In N. Card, & A. Nishina (Hrsg.), *Whipping boys and other victims of peer aggression: Twenty-five years of research, now where do we go?* Poster symposium presented at the biennal meeting of the Society for Research on Child Development, Tampa.

Clausen-Muradian, E. (2011). (Rechts-)frei im Cyberspace? Cybermobbing rechtlich gesehen. In Landesstelle Jugendschutz Niedersachsen (Hrsg.), *Cybermobbing – Medienkompetenz trifft Gewaltprävention.* Hannover.

Craig, W. M. (1998). The relationship among bullying, victimization, depression, anxiety and aggression in elementary school children. *Personality and Individual Differences, 24,* 123–130.

Dooley, J. J., Pyzalski, J., & Cross, D. (2009). Cyberbullying versus face to face bullying – A theoretical and conceptual review. *Zeitschrift für Psychologie/Journal of Psychology, 217,* 182–188.

Elliott, M. (2002). Bullies and victim. In M. Elliott (Hrsg.), *Bullying. A practical guide to coping for schools* (S. 1–12). London: Pearson Education.

Eron, L. D., Huesmann, R., Romanoff, R., & Yarmel, P. W. (1987). Aggression and its correlates over 22 years. In D. H. Crowell, I. M. Evans, & C. P. O'Connell (Hrsg.), *Childhood aggression and violence.* New York: Plenum Publications.

Espelage, D. L., & Swearer, S. M. (2003). Research on school bullying and victimization: What have we learned and where do we go from here? *School Psychology Review, 32,* 365–383.

Finnegan, R. A., Hodges, E. V. E., & Perry, D. G. (1998). Victimization by peers: Associations with children's reports of mother-child interaction. *Journal of Personality and Social Psychology, 75,* 1076–1086.

Funk, W. (1995). *Nürnberger Schüler-Studie.* Regensburg: Roderer.

Funk, W. (1996). Familien und Haushaltskontext als Determinanten der Gewalt an Schulen. Ergebnisse der Nürnberger Schüler-Studie 1994. *Zeitschrift für Familienforschung, 8,* 5–45.

Gradinger, P. (2010). Cyberbullying – Mobbing mit neuen Medien. Dissertation Universität Wien.

Gradinger, P., Strohmeier, D., & Spiel, C. (2009). Traditional bullying and cyberbullying. Identification of risk groups for adjustment problems. *Journal of Psychology, 217*(4), 205–213.

Griffith, M. A., Dubow, E. F., & Ippolito, M. F. (2000). Developmental and cross-situational differences in adolescents' coping strategies. *Journal of Youth and Adolescence, 29,* 183–204.

Hawkins, J. D., Herrenkohl, T., Farrington, D. P., Brewer, D., Catalano, R. F., & Harachi, T. W. (1998). A review of predictors of youth violence. In R. Loeber, & D. P. Farrington (Hrsg.), *Serious and violent juvenile offenders: Risk factors and successful interventions* (S. 106–146). Thousand Oaks: Sage.

Haynie, D. L., Nansel, T., Eitel, P., Davis Crump, A., Saylor, K., Yu, K. et al (2001). Bullies, victims, and bully/victims: Distinct groups of youth at risk. *Journal of Early Adolescence, 21,* 29–49.

Hilgers, J. (2010). Warum üben Jugendliche Gewalt aus und dokumentieren dies? In Landesstelle Jugendschutz Niedersachsen (Hrsg.), *Cybermobbing – Medienkompetenz trifft Gewaltprävention.* Hannover.

Hinduja, S., & Patchin, J. W. (2005). Research summary: Cyberbullying victimization. Preliminary findings from an online survey of Internet-using adolescents. www.cyberbullying.us., www.bild.de/regional/frankfurt/mobbing/top-anklaeger-jagt-schul-mobber-15656146.bild.html, www.teltarif.de/isharegossip-hacker-angriff-server-internet/news/42996.html (abgerufen am 09.12.2009).

Hinduja, S., & Patchin, J. W. (2009). *Bullying beyond the schoolyard. Preventing and responding to cyberbullying.* Corwin Press.

Kaltiala-Heino, R., Rimpela, M., Rantanen, P., & Rimpela, A. (2000). Bullying at school: An indicator of adolescents at risk for mental disorders. *Journal of Adolescence, 23,* 661–674.

Kapatzia, A., & Syngollitou, E. (2007). *Cyberbullying in middle and high schools: Prevalence, gender, and age differences.* Unveröffentlichtes Manuskript, Universität Thessaloniki, Griechenland.

Katz, A., Buchanan, A., & Bream, V. (2001). *Bullying in Britain: Testimonies from teenagers.* East Molesey: Young Voice.

Katzer, C. (2005a). *Bullying im Cyberspace: Aggression und Gewalt im Chat. Vortrag auf dem X. workshop aggression.* Universität Luxemburg, Sektion Psychologie.

Katzer, C. (2005b). *Aggressionen in Internetchatrooms. Vortrag auf der 10. Tagung der Fachgruppe Sozialpsychologie.* Friedrich-Schiller-Universität Jena.

Katzer, C. (2006). *Cyberbullying in Chatrooms: Wer wird Opfer? Risikofaktoren bei Schulopfern und Chatopfern.* Vortrag auf dem XI. workshop aggression, Philipps-Universität Marburg.

Katzer, C. (2007). *Gefahr aus dem Netz – Der Internet-Chatroom als neuer Tatort für Bullying und sexuelle Viktimisierung von Kindern und Jugendlichen.* Dissertation, Universität Köln.

Katzer, C. (2007a). Tatort Chatroom: Aggression, Psychoterror und sexuelle Belästigung im Internet. In Innocence in Danger, Deutsche Sektion e. V. und Bundesverein zur Prävention von sexuellem Missbrauch an Mädchen und Jungen e. V. (Hrsg.), *Mit einem Klick zum nächsten Kick. Aggression und sexuelle Gewalt im Cyberspace* (S. 11–27). Köln: mebes & noack.

Katzer, C. (2009). Cyberbullying in Germany – What has been done and what is going on. *Journal of Psychology/Zeitschrift für Psychologie, 217* (4), 222–223.

Katzer, C. (2010). *Cyberbullying: Risk factors and Correlates.* 47. Vortrag auf DGP Conference, 26.–30. September 2010, Bremen.

Katzer, C. (2011a). Das Phänomen Cyberbullying – Genderaspekte und medienethische Konsequenzen. In P. Grimm, & H. Badura (Hrsg.), *Medien – Ethik – Gewalt, Neue Perspektiven.* Stuttgart: Franz Steiner.

Katzer, C. (2011b). Das Internet als Tatort: Cyberbullying und sexuelle Gewalt – Wer sind die Täter, wer wird zu Opfern? In Landesstelle Jugendschutz Niedersachsen (Hrsg.), *Cybermobbing – Medienkompetenz trifft Gewaltprävention.* Hannover.

Katzer, C. (2011c). What we know about victims of cyberbullying in Germany. In *Psychology of Victimization,* Nova Science Publishers.

Katzer, C. (2012b). Die Widersprüche des Internets: Tatort für Cybermobbing & Co. und gleichzeitig ein sozialer Raum. Fachtagung „Die Kraft des Sozialen", Landesverbands der bayerischen Schulpsychologen (LBSP) am 22.06.12 Freising.

Katzer, C. (2013). *Mobbing in der Schule und Mobbing im Internet. Vortrag im Rahmen von Kodex-L, Werte zur Bildung junger Menschen.* Vorarlberger Volkswirtschaftliche Gesellschaft, 4. Februar 2013, Dornbirn.

Katzer, C., & Heinrichs, D. (2012). *Cyberlife und Gewaltprävention*. Konzept für die Multiplikatorenausbildung: Schüler, Lehrer und Eltern.

Katzer, C., & Fetchenhauer, D. (2007). Cyberbullying: Aggression und sexuelle Viktimisierung in Chatrooms. In M. Gollwitzer, J. Pfetsch, V. Schneider, Schulz, T. Steffke, & C. Ulrich (Hrsg.), *Gewaltprävention bei Kindern und Jugendlichen. Band I: Grundlagen zu Aggression und Gewalt in Kindheit und Jugend* (S. 123–138). Göttingen: Hogrefe.

Katzer, C., Fetchenhauer, D., & Belschak, F. (2009a). Cyberbullying in Chatrooms – Who are the victims? *Journal of Media Psychology, 21*(1), 25–36.

Katzer, C., Fetchenhauer, D., & Belschak, F. (2009b). Einmal Bully, immer Bully? Ein Vergleich von Chatbullying und Schulbullying aus der Täterperspektive. *Zeitschrift für Entwicklungspsychologie und Pädagogische Psychologie, 41*(1), 33–44.

Katzer, C., Scheithauer, H., & Stückmann, G. für das Bündnis gegen Cybermobbing e. V. (2011). Bericht für Enquete Kommission Internet und digitale Gesellschaft: Tatort Internet – Handlungsvorschläge für Politik & Bildung.

Klicpera, C., & Gasteiger, B. (1996). Die Situation von „Tätern" und „Opfern" aggressiver Handlungen in der Schule. *Praxis der Kinderpsychologie und Kinderpsychiatrie, 45*, 2–9.

Kolodej, C. (2011). Mobbing im Medienkontext. In P. Grimm, & H. Badura (Hrsg.), *Medien – Ethik –Gewalt, Neue Perspektiven*. Stuttgart: Franz Steiner.

Kolp, J. (2005). *Aggression und Gewalt in Chatrooms (Aggression and violence in internet chatrooms)*. Unveröffentlichte Diplomarbeit, Universität Köln.

Kumpulainen, K., & Rasanen, E. (2000). Children involved in bullying at elementary school age: Their psychiatric symptoms and deviance in adolescence. An epidemiological sample. *Child Abuse and Neglect, 24*, 1567–1577.

Kumpulainen, K., Rasanen, E., Henttonen, I., Almqvist, F., Kresanov, K., Linna, S.-L. et al (1998). Bullying and psychiatric symptoms among elementary school-age children. *Child Abuse and Neglect, 22*, 705–717.

Lagerspetz, K. M., & Björkqvist, K. (1994). Indirect aggression in boys and girls. In L. R. Huesmann (Hrsg.), *Aggressive behavior: Current perspectives* (S. 131–150). New York: Plenum.

Lasogga, F. (2012). Psychische Erste Hilfe in der Schule. In S. Drewes, & K. Seifried (Hrsg.), *Krisen im Schulalltag. Prävention, Management und Nachsorge*. Stuttgart: Kohlhammer.

Lazarus, R. S., & Folkman, S. (1984). *Stress, appraisal and coping*. New York: Springer.

Li, Q. (2006). Cyberbullying in schools. A research of gender differences. *School Psychology International, 27*, 157–170.

Li, Q. (2007). New bottle but old wine: A research of cyberbullying in schools. *Computers in Human Behaviour, 23*, 1777–1791.

Li, Q., Cross, D., & Smith, P. K. (2012). *Bullying goes to the global village: Research on cyberbullying from an international perspective*. Chichester: Wiley-Blackwell.

Lipsey, M. W., & Derzon, J. H. (1998). Predictors of violent or serious delinquency in adolescence and early adulthood. In R. Loeber, & D. P. Farrington (Hrsg.), *Serious and violent juvenile offenders: Risk factors and successful interventions* (S. 86–105). Thousand Oaks: Sage.

Loeber, R., & Disheon, T. J. (1984). Early predictors of male delinquency: A review. *Psychological Bulletin, 94,* 68–99.

Lohaus, A., Beyer, A., & Klein-Heßling, J. (2004). Stresserleben und Stresssymptomatik bei Kindern und Jugendlichen. *Zeitschrift für Entwicklungspsychologie und Pädagogische Psychologie, 36,* 38–46.

Lösel, F., & Bliesener, T. (1998). Zum Einfluss des Familienklimas und der Gleichaltrigengruppe auf den Zusammenhang zwischen Substanzengebrauch und antisozialem Verhalten von Jugendlichen. *Kindheit und Entwicklung, 7,* 208–220.

Lösel, F., & Bliesener, T. (2003). *Aggression und Delinquenz unter Jugendlichen. Untersuchung von kognitiven und sozialen Bedingungen* (Polizei & Forschung Bd. 20, S. 28). Köln: Luchterhand.

Mazerolle, P., Burton, V., Cullen, F. T., Evans, D., & Payne, G. L. (2000). Strain, anger and delinquent adaptions: Specifying general strain theory. *Journal of Criminal Justice, 28,* 89–101.

Medienpädagogischer Forschungsverbund Südwest. (2006–2012). JIM-Studie 2006–2012. Jugend, Information, (Multi-)Media. Basisuntersuchung zum Medienumgang 12- bis 19-Jähriger in Deutschland.

Melzer, W., & Rostampour, P. (1996). Schulische Gewaltformen und Täter-Opfer-Problematik. In W. Schubarth, F.-U. Kolbe, & H. Willems (Hrsg.), *Gewalt an Schulen* (S. 121–148). Opladen: Leske & Budrich.

Mishna, F., Saini, M., & Solomon, S. (2009). Ongoing and online: Children and youth's perceptions of cyber bullying. *Children and Youth Services Review, 31,* 1222–1228.

Nansel, T. R., Overpeck, M., Pilla, R. S., Ruan, W. J., Simons-Morton, B., & Scheidt, P. (2001). Bullying behaviors among US youth: Prevalence and association with psychosocial adjustment. *Journal of the American Medical Association, 285,* 2094–2100.

Nansel, T. R., Craig, W., Overpeck, M. D., Saluja, G., Ruan, W. J., & The Health Behavior in School-Aged Children Bullying Analyses Working Group (2004). Cross-national consistency in the relationship between bullying behaviors and psychosocial adjustment. *Archives of Pediatrics and Adolescent Medicine, 158,* 730–736.

Newman, R. S., & Murray, B. J. (2005). How students and teachers view the seriousness of peer harassment: When is it appropriate to seek help? *Journal of Educational Psychology, 97,* 347–365.

Olweus, D. (1978). *Aggression in schools: Bullies and whipping boys.* Washington, DC: Hemisphere.

Olweus, D. (1980). Familial and temperamental determinants of aggressive behavior in adolescents boys: A cause analysis. *Developmental Psychology, 16,* 644–660.

Olweus, D. (1984). Aggressors and their victims: bullying at school. In N. Frude, & H. Gault (Hrsg.), *Disruptive behaviour in schools.* New York: Wiley.

Olweus, D. (1989). Bully/Victim problems among school children. Basic facts and effects of a school based intervention program. In K. Rubin, & D. Pepler (Hrsg.), *The development and treatment of childhood aggression.* Hillsdale: Erlbaum.

Olweus, D. (1993). *Bullying at school: What we know and what we can do.* Cambridge: Blackwell.

Olweus, D. (2002). *Gewalt in der Schule. Was Lehrer und Eltern wissen sollten- und tun können.* Bern: Hans Huber.

Olweus, D. (2010). Mobbing an Schulen. Fakten und Intervention. *Kriminalistik, 4,* 351–361.

Ortega, R., Elipe, P., Mora-Merchan, J. A., Calmaestra, J., & Vega, E. (2009). The emotional impact on victims of traditional bullying and cyberbullying – A study of Spanish adolescence. *Zeitschrift für Psychologie/Journal of Psychology, 217,* 197–204.

Patchin, J. (2011). www.safekids.com/2011/09/12/interview-with-justin-patchin-of-cyberbullying-research-center/(abgerufen am 09.12.2011).

Patchin, J., & Hinduja, S. (2006). Bullies move beyond the schoolyard. A preliminary look at cyberbullying. *Youth Violence and Juvenile Justice, 4*(2), 148–169.

Pearl, D., Bouthilet, L., & Lazar, J. (Hrsg.). (1982). *Television and behavior.* Bd. 2. Washington, DC: US Government. Printing Office.

Perry, D. G., Kusel, S. J., & Perry, L. C. (1988). Victims of peer aggression. *Developmental Psychology, 24,* 807–814.

Pfetsch, J. (2012). Studie Bystander von Cybermobbing. Technische Universität Berlin Institut für Erziehungswissenschaft, Pädagogische Psychologie.

Porsch, T. (2012). Was haben wir mit Cyberbullying zu tun? Eine Untersuchung mit SchülerInnen im Münsterland. Westfälische Wilhelmuniversität Münster.

Raskauskas, J., & Salmivalli, C. (2007). International perspectives on cyberbullying. Presentation at the Conference: 13th European conference on developmental psychology. Jena, Germany: 21.–25. August 2007.

Raskauskas, J., & Stoltz, A. D. (2007). Involvement in traditional and electronic bullying among adolescents. *Developmental Psychology, 43*(3), 564–575.

Riebel, J, Jäger, R. S., & Fischer, U. (2009). Cyberbullying in Germany-an exploration of prevalence, overlapping with real life bullying and coping strategies. *Psychology Science Quarterly, 51,* 298–314.

Röll, F. J. (2012). www.waldhof-freiburg.de/symposium/3-symposium-1-tag/prof-dr-franz-josef-roell-social-media-wie-medien-unsere-wahrnehmung-kommunikation-und-identitaet-aendern. Oktober 2012.

Salmivalli, C. (2004). *Consequences of school bullying and violence.* Paper presented at the conference, Taking Fear Out of Schools, Stavanger, Norway.

Salmivali, C., Pöyhönen, V. (2012). Cyberbullying in Finland. In Q. Li, D. Cross, & P. K. Smith (Hrsg.), *Cyberbullying in the global playground.* New York: Wiley.

Salmivalli, C., Kaukiainen, A., Kaistaniemi, L., & Lagerspetz, K. (1999). Self-evaluated self-esteem, peer-evaluated self-esteem and defensive egotism as predictors of adolescents' participation in bullying situations. *Personality and Social Psychology Bulletin, 25,* 1268–1278.

Salmivalli, C., Lagerspetz, K., Björkvist, K., Ostermann, K., & Kaukiainen, A. (1996). Bullying as a group process: Participant roles and their relations to social status within the group. *Aggressive Behavior, 22,* 1–15.

Salmivalli, C., Ojanen, T., Haanpää, J., & Peets, K. (2005). "I'm O. K. but you're not" and other peer-relational schemas. Explaining individual differences in children's social goals. *Developmental Psychology, 41,* 363–375.

Schäfer, M. (2007). Mobbing unter Schülern. In F. Petermann, & W. Schneider (Hrsg.), *Enzyklopädie der angewandten Entwicklungspsychologie*. Göttingen: Hogrefe.

Scheithauer, H., & Hayer, T. (2007). Psychologische Aggressionstheorien. In M. Gollwitzer, J. Pfetsch, V. Schneider, A. Schulz, T. Steffke, & C. Ulrich (Hrsg.), *Gewaltprävention bei Kindern und Jugendlichen. Band I: Grundlagen zu Aggression und Gewalt in Kindheit und Jugend* (S. 15–37). Göttingen: Hogrefe.

Schultze-Krumbholz, A., & Scheithauer, H. (2009a). *Cyberbullying unter Schülern – Erste Ergebnisse einer Studie an Berliner und Bremer Schulen*. Vortrag auf dem IX. Workshop Aggression, 6.–8. November 2009, Berlin.

Schultze-Krumbholz, A., & Scheithauer, H. (2009b). Social-behavioural correlates of cyberbullying in a German student sample. *Zeitschrift für Psychologie/Journal of Psychology, 217,* 224–226.

Schultze–Krumbholz, A., & Scheithauer, H. (2010). Cyberbullying unter Kindern und Jugendlichen. Ein Forschungsüberblick. *Psychosozial, 33*(122), 79–90.

Schultze-Krumbholtz, A., & Scheithauer, H. (2012). Das Medienhelden-Programm zur Prävention von Cybermobbing. In S. Drewes, & K. Seifried (Hrsg.), *Krisen im Schulalltag. Prävention, Management und Nachsorge*. Stuttgart: Kohlhammer.

Schultze-Krumbholz, A., Schultze, M., &, Scheithauer, H. *Is cyberbullying caused by lack of empathy and does it cause social-emotional problems?* Unveröffentlicher Arbeitsbericht, Fachbereich Erziehungswissenschaft und Psychologie, Arbeitsbereich Entwicklungswissenschaft und Angewandte Entwicklungspsychologie, FU Berlin.

Schützwohl, M. (2003). Diagnostik du Differentialdiagnostik. In A. Maercker (Hrsg.), *Therapie der Posttraumatischen Belastungsstörung*. Berlin: Springer.

Seefeldt, D. (2000). *Stress. Verstehen, erkennen, bewältigen*. Dreieich: Wötzel.

Seiffge-Krenke, I., & Klessinger, N. (2000). Long-term effects of avoidant coping on adolescents' depressive symptoms. *Journal of Youth and Adolescence, 29,* 617–630.

Slonje, R., & Smith, P. K. (2008). Cyberbullying: Another main type of bullying? *Scandinavian Journal of Psychology, 49,* 147–154.

Smith, P. (2009). Cyberbullying. Abusive relationships in cyberspace. *Journal of Psychology/Zeitschrift für Psychologie, 217*(4), 180–181.

Smith, P. (2011). Progess in cyberbullying research. Presentation EU Kids online conference, LSE, Sept 2011.

Smith, P. K., & Brain, P. (2000). Bullying in schools: Lessons from two decades of research. *Aggressive Behaviour, 26,* 1–9.

Smith, P. K., Madsen, K. C., & Moody, J. C. (1999). What causes the age decline in reports of being bullied at school? Towards a developmental analysis of the risks of being bullied. *Educational Researcher, 41,* 276–285.

Smith, P. K., Pepler, D. K., & Rigby, K. (Hrsg.). (2004). *Bullying in schools: How successful can intervention be?* Cambridge: Cambridge University Press.

Smith, P., Mahdavi, J., Carvalho, M., & Tippett, N. (2006). *An investigation into cyberbullying, its forms, awareness and impact, and the relationship between age and gender in cyberbullying*. London: Unit for School and Family Studies, Goldsmiths College, Universität London.

Smith, P. K., Mahdavi, J., Carvalho, M., Fisher, S., Russell, S., & Tippett, N. (2008). Cyberbullying: Its nature and impact in secondary school pupils. *Journal of Child Psychology and Psychiatry, 49*(4), 376–385.

Smith, P. K., Tippett, N., Carvalho, M., Russell, S., & Mahdavi, J. (2007). Aspects of cyberbullying in the U.K. quantitative and qualitative data. Presentation at the conference: 13th European conference on developmental psychology. Jena, Germany: 21.–25. August 2007.

Spears, B., Slee, P., Owens, L., & Johnson, B. (2009). Behind the scenes and screens. Insights of the human dimension of covert and cyberbullying. *Journal of Psychology/ Zeitschrift für Psychologie, 217*(4), 189–196.

Staude-Müller, F. (2010). Cyberbullying – Opfererfahrungen im Web 2.0. In L. Jugendschutz Niedersachsen (Hrsg.), *Cyber-Mobbing. Medienkompetenz trifft Gewaltprävention* (S. 29–40). Hannover: LJS.

Staude-Müller, F., Bliesener, T., & Nowak, N. (2009). Cyberbullying und Opfererfahrungen von Kindern und Jugendlichen im Web 2.0. *Kinder- und Jugendschutz in Wissenschaft und Praxis*, 2/2009.

Steffgen, G., König, A., Pfetsch, J., & Melzer, A. (2009). The role of empathy in explaining adolescents' cyber bullying behaviour (in Polnisch). *Kwartalnik Pedagogiczny, 4,* 183–198.

Streng, F., & Pöll, M. (1997). Gewaltwahrnehmung und Gewaltausübung durch Schüler. Ergebnisse einer Befragung zum Thema „Gewalt an Schulen". In M. Gruter, & M. Rehbinder (Hrsg.), *Gewalt in der Kleingruppe und das Recht. Festschrift Martin Usteri* (S. 133–154). Bern: Stämpfli.

Sitzer, P., Marth, J., Kocik, C. & Müller K. N. (2012). Ergebnisbericht der Online-Studie Cyberbullying bei Schülerinnen und Schülern, Institut für interdisziplinäre Konflikt und Gewaltforschung (IKG), Universität Bielefeld.

Thornberry, T. P. (1998). Membership in youth gangs and involvement in serious and violent offending. In R. Loeber, & D. F. Farrington (Hrsg.), *Serious and violent juvenile offenders: risk factors and successful interventions* (S. 147–166). Thousand Oaks: Sage.

Tokunaga, R. S. (2010). Following you home from school: A critical review and synthesis of research on cyberbullying victimization. *Computers in Human Behavior, 26,* 277–287.

Veenstra, R., Lindenberg, S., Oldehinkel, A. J., De Winter, A. F., Verhulst, F. C., & Ormel, J. (2005). Bullying and victimization in elementary schools: A comparison of bullies, victims, bully/victims, and uninvolved preadolescents. *Developmental Psychology, 41,* 672–682.

Vermande, M. M., Van den Oord, E. J. G., Goudena, P. P., & Rispens, J. (2000). Structural characteristics of aggressor-victim relationships in Dutch school classes of 4- to 5-year-olds. *Aggressive Behavior, 26,* 11–31.

Whitney, I., & Smith, P. K. (1993). A survey of the nature and extent of bullying in junior/middle and secondary schools. *Educational Research, 35,* 3–25.

Willard, N. (2006). *Cyberbullying and cyberthreats. Responding to the challenge of online social cruelty, threats, and distress.* Center for Safe and Responsible Internet Use, Oregon.

Willard, N. (2007). *Cyber-safe kids, cyber-savvy teens: Helping young people learn to use the internet savely and responsibly.* San Francisco: Jossey-bass.

Wolke, D., Woods, S., Stanford, K., & Schulz, H. (2001). Bullying and victimization of primary school children in England and Germany: Prevalence and school factors. *British Journal of Psychology, 92,* 673–696.

Ybarra, M. L., & Mitchell, K. J. (2004). Online aggressors/targets, aggressors, and targets: a comparison of associated youth characteristics. *Journal of Child Psychology and Psychiatry, 45,* 1308–1316.

Ybarra, M. L., & Mitchell, K. J. (2007). Prevalence and frequency of Internet harassment instigation: Implications for adolescent health. *Journal of Adolescent Health, 41,* 189–195.

Ybarra, M., Diener-West, M., & Leaf, P. (2007). Examining the overlap in Internet harassment and school bullying: Implications for school intervention. *Journal of Adolescent Health, 41,* 42–50.

Ziegler, H. (2013). Seelische Gewalt ist stärker verbreitet als körperliche. Interview Die Zeit, 4. Juni 2013. www.zeit.de/gesellschaft/familie/2013-06/gewaltstudie-interview-ziegler

3

Cybermobbing im Spannungsfeld zwischen virtueller Internetwelt und realer Lebenswirklichkeit

3.1 Das Internet als Medium für die Vermittlung einer delinquenten Jugendkultur?

Wie wir ja bereits gesehen haben, *ist* das Internet mit all seinen vielfältigen Kommunikationsräumen immer mehr auch zu einem Beziehungsmedium geworden. Das Internet ist ein wichtiger Bestandteil des Alltags, z. B. um Freundschaften zu pflegen, aber auch um neue Freunde zu finden. Und das gilt vor allem für Kinder und Jugendliche.

Neben Personen aus dem physischen Alltag oder Inhalten aus Film und Fernsehen beeinflusst immer stärker auch das Internet, was Kinder und Jugendliche denken, welche Vorbilder und welche Einstellungen sie haben, welche Verhaltensweisen sie gut oder schlecht finden und auch welche Emotionen bei ihnen in bestimmten Situationen auftreten.

Das heißt also, dass die Persönlichkeitsbildung der Kinder und Jugendlichen heute immer mehr durch die neuen Medien geprägt wird. Woher kommt das?

Bereits im Kindergartenalter fangen Kinder an, ihr Selbstbild, auch im Vergleich zu anderen Personen, wahrzunehmen und in ihre Selbstwahrnehmung das miteinzubeziehen, was andere von ihnen denken und wie sie ihnen gegenüber auftreten. Sie nutzen auch schon soziale Vergleichsinformationen außerhalb der Familie: Gemeinsamkeiten mit und Unterschiede zu Gleichaltrigen werden festgestellt und für die Entwicklung des Selbstbildes genutzt. Und natürlich beeinflusst dies auch das emotionale, gefühlsbetonte Wissen über die eigene Person, welches sich in der Ausprägung des Selbstwertgefühls widerspiegelt.

Auch wenn die Phase der stärksten Verunsicherung bezüglich des „Wer bin ich überhaupt?" in der Pubertät liegt (Pinquart und Silbereisen 2008), eine erste Auseinandersetzung mit dem Selbstbild, die das Hineinfinden in die Geschlechtsrollenidentität miteinbezieht, erfolgt also bereits im Kindesalter (Oerter und Dreher 1995).

Allerdings sehen wir, dass bereits bei den 3- bis 4-Jährigen neben den traditionellen Sozialisationsquellen, wie den Eltern, den Kindergartenkindern, den Erzieherinnen und Erziehern, mittlerweile immer mehr auch Online-Freunde und die konsumierten Inhalte aus dem Internet hinzukommen.

Schauen wir uns die neuen Entwicklungen in der Computer- und Internetnutzung bei den ganz Jungen an, in der Altersgruppe der 4-Jährigen: Mittlerweile geben 30 % der deutschen Eltern an, dass ihre Kinder in diesem Alter bereits selbständig mit PC und Internet umgehen können (Projekt KidSmart 2012, Dortmund).

Gerade heute wirken auf die Kinder also viel mehr Quellen, die ihre Persönlichkeitsentwicklung beeinflussen, als dies noch vor 20 Jahren der Fall war. Außerdem werden Kinder gerade in sehr jungen Jahren heute mit Themen konfrontiert, an die die ältere Generation früher nur mühsam herankam, so z. B. durch Lesen von Bravo-Ausgaben oder Playboy-Heften der älteren Geschwister oder auch durch heimliches Anschauen von Sexszenen oder Horrorfilmen im Fernsehen, wenn die Eltern einmal nicht zu Hause waren. Und diese Darstellungen waren im Verhältnis zu dem, was Kinder heute online erleben können, eher harmlos. Dass dieser Medienkonsum also nicht immer ohne Folgen bleiben kann, scheint klar.

So haben Experten, wie der emeritierte Professor für Schulpädagogik Werner Glogauer, deutliche Zusammenhänge zwischen Sex- und Pornomedien und Sexualdelikten (z. B. sexuelle Übergriffe, versuchte Vergewaltigungen usw.) bei Jugendlichen nachweisen können. Auch befürchtete Glogauer bereits 1996, dass gerade häufiges Computerspielen zu Spielsucht und steigender Gewaltbereitschaft bei Kindern und Jugendlichen führen könnte (s. Fromm 2003). Und seine Angst schien schon damals nicht unbegründet zu sein, denn Langzeitstudien zeigen eines ganz klar: Jugendliche, die gewalthaltige Inhalte im Fernsehen, in Video- oder Computerspielen konsumieren, werden unempfindlicher gegenüber Gewalt, nehmen Gewalt als selbstverständlicher wahr und tendieren auch selbst eher zu aggressivem Verhalten (Huesmann et al. 2003).

Dies bestätigt auch so mancher ehemalige Vielspieler, wie z. B. Kevin aus Münster: „Ich war so drin, dass ich richtig zu schwitzen begann, wenn ich mal nicht spielen konnte – ich wurde richtig nervös und konnte es nicht mehr abwarten, bis ich von der Schule nach Hause kam – und geschlafen habe ich auch fast nicht mehr …"

Wenn wir diese Erkenntnisse jetzt auf die neue Lebenswelt von Kindern beziehen, nämlich die immer früher beginnende Nutzung von Film, Fernsehen, Internet oder Spielekonsolen, dann wird eines ganz deutlich: Wir haben heute eine vollkommen neue Erziehungs- und Sozialisationssituation.

- Visuelle Medien, wie Fernsehen, Video, Internet und Computerspiele, bieten eine riesige Informationsmenge, die von Kindern und Jugendlichen zur Bildung des Selbst gezielt genutzt wird
- Akteure und Themen, die in den Medien zu finden sind, haben für Kinder und Jugendliche eine starke Orientierungsfunktion: So bieten z. B. die handelnden Personen in Daily Soaps (wie „Berlin – Tag & Nacht" oder „Verbotene Liebe") aus Sicht der Jugendlichen durchaus Antworten auf Fragen der Sexualität oder der Partnersuche und dienen als Ratgeber für Lebensziele und Wünsche. Insgesamt glauben 16 % der deutschen Jugendlichen zwischen 12 und 18 Jahren, dass das Reality-Format „Berlin – Tag & Nacht" tatsächlich echte Personen in ihrem normalen Alltag zeigt (Medienpädagogischer Forschungsverbund Südwest 2012). Die medialen Akteure dienen also durchaus als Vorbilder, die von den Jugendlichen allerdings nicht nur in Sachen Mode oder Haarstyling kopiert werden, sondern deren Verhalten auch die Sprache oder den gesamten Lebensstil beeinflussen. Dabei haben auch Actionfilme oder Computerspiele gerade auf männliche Jugendliche eine große Anziehungskraft, gemäß dem Motto: Was muss ich tun, um ein Held zu sein?
- Mediale Akteure haben aber auch eine kathartische Funktion und dienen der Gefühlsregulation: Dadurch, dass Jugendliche mit ihren Lieblingsdarstellern und Idolen in einer Serie richtig mitleiden und deren Schmerz mitfühlen, reduzieren sie ihre eigenen negativen Emotionen (Sander 2001).
- Jugendliche messen ihre eigene Leistungsfähigkeit, die sie z. B. mit ihrem Avatar durch das Erreichen immer höherer Levels in einem Computerspiel erbringen, und fühlen sich bei erfolgreichem Handeln entsprechend gut oder bei Versagen schlecht. Dies beeinflusst dann auch ihre Meinung über sich selbst und prägt somit ihr Selbstkonzept.
- Online-Freunde, die Peers aus Facebook & Co., haben eine immer größere Bedeutung für den Alltag von Kindern und Jugendlichen, insbesondere auch für die Bewältigung von Problemen und Stresssituationen: „Die Leute hier sind mir total wichtig, und wenn ich Probleme hätte, würden die mir auch sofort helfen ..." (Tobi aus Hamburg, 15 Jahre).
- Das Knüpfen und Pflegen von Online-Kontakten über soziale Netzwerke und der ständige Zugang zu ihnen haben auch die Funktion einer Bedürfnisbefriedigung, die z. B. im Alltag nicht möglich ist. Dies gilt insbesondere für Mädchen mit einem niedrigen Selbstwert. Hierbei besteht allerdings auch die Gefahr einer regelrechten „Facebook-Sucht", so Prof. Rainer Thomasius (Deutsches Zentrum für Suchtfragen, Hamburg).

Risiko: Gerade in der Adoleszenz (Jugendalter, Pubertät), der bedeutsamsten Phase für den Aufbau und die Stabilisierung des Selbstkonzepts, sind Kinder und Jugendliche nun immer häufiger allein und unkontrollierbar den

Inhalten der visuellen Medien ausgesetzt. Vor allem dann, wenn sich PC, Laptop und Internetanschluss im Kinderzimmer befinden. Und dies trifft aktuell in Deutschland auf ca. 80 % der 10- bis 19-Jährige zu (Bündnis gegen Cybermobbing 2013a, b, c).

Was bedeutet es nun, wenn gerade aggressive, brutale, sexistische oder rechtsradikale Inhalte unkommentiert auf Kinder und Jugendliche treffen? Vor allem, wenn dies bereits im Vorschul- und Grundschulalter geschieht?

Eines ist klar: Wir wissen nicht erst seit heute, dass Selbstkonzept, Persönlichkeitsbildung, gewalthaltiger Medienkonsum und Gewaltbereitschaft in einem eindeutigen Zusammenhang stehen (Huesmann et al. 2003; Johnson et al. 2002). Allerdings wird dies von vielen Seiten (gerade von der Konsumgüterindustrie) immer noch nicht gerne wahrgenommen oder sogar negiert. Und das, obwohl wir verschiedene Effekte bei Kindern und Jugendlichen beobachten können, die mit medialem Gewaltkonsum in Verbindung stehen.

So kann sich die Empathiefähigkeit bei Jugendlichen als Folge von häufigem Spielen gewalthaltiger Computerspiele deutlich verringern (Fritz 1997). Gerade der Konsum von Gewalt in Videospielen kann also bei den jugendlichen Spielern das Mitgefühl gegenüber den Opfern von real verübter Gewalt reduzieren (Funk et al. 2003). Dies zeigt sich bereits bei Kindern im Alter zwischen 5 und 12 Jahren. So konnte eine Studie von Funk et al. (2003, 2004) belegen, dass Kinder, die längerfristig gewalthaltige Videospiele spielen, einen niedrigeren Empathiewert aufweisen als Gleichaltrige, die solche Spiele nicht konsumieren. Das bedeutet also: Ein hoher Gewaltkonsum kann dazu führen, dass Kinder abstumpfen und Gewalt als normal betrachten.

Die Befürchtung verschiedener Experten bestätigt sich also in zahlreichen Untersuchungen (Pfeiffer et al. 2007): Die empathische Anteilnahme, das Mitgefühl und Verständnis für die Gewaltopfer in Video- oder Online-Rollenspielen nimmt bei dauerhaftem Konsum ab, so auch Klimmt und Trepte (2003). Und dies kann dazu führen, dass reale Gewalthandlungen hemmungsloser ausgeführt werden.

Das bedeutet natürlich nicht, dass jeder Jugendliche, der gewalthaltige Computer- oder Videospiele spielt, sofort aggressiv wird und auf andere einprügelt. Kommen aber weitere Risikofaktoren hinzu, wie Probleme mit den Eltern oder in der Schule, geringe Kontrolle der eigenen Emotionen (generell öfter Wutausbrüche) usw., dann kann dies das Risiko für gewalthaltiges Verhalten durchaus erhöhen.

Pfeiffer äußerte diesbezüglich klar in einem Interview mit der Computerbild, dass deshalb einige Gewaltspiele eigentlich gar nicht in Deutschland auf dem Markt sein dürften (04. 01. 2009): „Der Pate' ist ein schweinisches Spiel. Anders kann man es nicht sagen. Wenn dort das Rösten von Menschen über dem Feuer als etwas Erstrebenswertes angepriesen wird, wenn Punkte vergeben werden dafür, dass man möglichst bestialisch Menschen tötet, dann hätte so etwas niemals auf den Markt kommen dürfen in Deutschland. ‚Der Pate' hätte indiziert werden müssen und ich finde es höchst problematisch, dass unser System so fehlentscheidet …"

Kritik soll natürlich immer auch hinterfragt werden. Aber eines ist sicherlich richtig: Gewaltspiele, wie Pfeiffer sie anspricht, gehören wirklich nicht in Kinderhände!

Ein weiterer Effekt ist, dass das Spielen von gewalthaltigen Computerspielen auch die Fremdwahrnehmung beeinflusst, die Einschätzung und Wahrnehmung der eigenen Person aus Sicht ihrer Peers. So werden Jugendliche, die häufig aggressive Computerspiele spielen, von den Gleichaltrigen und Mitschülern als weniger prosozial beurteilt als Jugendliche, die keine Gewaltspiele spielen (Anderson und Bushman 2001). Die Peers glauben, dass diese Jugendlichen weniger bereit sind, anderen zu helfen, weniger an den Problemen anderer interessiert sind und auch eine geringere Anteilnahme zeigen, so Wiegman und van Schie (1998). Je stärker ein Jugendlicher gewalthaltige Computerspiele präferiert und konsumiert, desto weniger hilfsbereit und desto aggressiver wirkt er auf die anderen.

Und: Wir können auch einen deutlich negativen Zusammenhang zwischen dem Spielen von Computerspielen und dem Selbstwertgefühl der Spieler feststellen. Einige Studien zeigen, dass Mädchen wie Jungen, die z. B. einen großen Teil ihrer Zeit bei Computerspielen in Spielhallen oder bei LAN-Partys verbringen, ein deutlich geringeres allgemeines Selbstwertgefühl aufweisen sowie ein geringeres Selbstwertgefühl in spezifischen Bereichen wie sozialer Akzeptanz oder schulischer und sportlicher Kompetenz (Funk und Buchman 1996; Dominick 1984). Insbesondere bei Jungen, die häufig Computerspiele spielen, konnten Colwell und Payne (2000) ein eher niedriges Selbstwertgefühl nachweisen. Vielspieler fühlen sich also in der Regel weniger von ihren Peers und Mitschülern akzeptiert und anerkannt und erleben sich auch als weniger kompetent beim Sport und in der Schule insgesamt.

Eine deutliche Vorliebe für gewalthaltige Computerspiele, wie Mortal Kombat, ist auch bei Amokläufern festzustellen (Glogauer 2003). Auch kleiden sich die Täter häufig dunkel, im Stil von Rambokämpfern, und besitzen Waffen. Durch ihre Tat versuchen sie, Aufmerksamkeit von einem großen Publikum zu erlangen, wollen ihre eigene gefühlte Schwäche (z. B. geringeres Selbstwertgefühl) kompensieren und ein Gefühl von Macht erlangen, so Pfeiffer (2003). Das heißt aber natürlich nicht, dass jeder Jugendliche, der gewalthaltige Computerspiele spielt, gleich zum Amokläufer wird. Kommen aber Risikofaktoren hinzu, wie eine Sozialisation unter dem Mangel an Liebe und Fürsorge, eine starke emotionale Vernachlässigung sowie familiäre Gewalt, steigt die Wahrscheinlichkeit, dass diese Jugendlichen später selbst Gewalt ausüben (Pfeiffer 2003).

Allerdings spielt noch etwas anderes in Bezug auf die Medienwirkungen bei Kindern und Jugendlichen eine wichtige Rolle: die Mediennutzung und die Medienerziehung der Familie.

3.2 Wie beeinflussen Mediennutzung und Medienerziehung in der Familie das Risiko von Cybermobbing?

Das Medienverhalten der Eltern, die Art, wie Fernseher, Computer oder Internet genutzt werden, prägt in entscheidendem Maße das Medienverhalten der Kinder, so Claudia Henrichwark (2009). Dabei spielt auch der soziale Hintergrund der Familie eine nicht unbedeutende Rolle und bringt zum Teil eine ganz unterschiedliche Mediennutzung im Alltag hervor, wie Untersuchungen von Lareau an der Universität Berkley zeigen (2003). So ist z. B. die Ausstattung mit medialen Endgeräten wie Spielekonsolen, Playstations, DVD-Playern usw. gerade in sozial benachteiligten Haushalten sehr gut (Kutscher 2013). Einige Experten, wie der Kriminologe Prof. Christian Pfeiffer, sehen darin auch einen Grund für die „soziale Vernachlässigung". Kinder und Jugendliche würden „vergammeln", da sie nur noch dem medialen Theater ausgesetzt seien, und die Folgen seien schlechtere Schulleistungen und verbotene Handlungen, wie z. B. Cybermobbing oder Cybercrime (Pfeiffer 2004, 2006). Die Ergebnisse einer aktuellen Studie durch das Bündnis gegen Cybermobbing (2013a) weisen genau in diese Richtung: Soziale Benachteiligung kann zu einer stärkeren Nutzung des Internets für aggressive Handlungen führen. So kommt Cybermobbing an deutschen Haupt- und Realschulen häufiger vor als an anderen weiterführenden Schulen. Dies entspricht zwar insgesamt den Erkenntnissen der generellen Mobbing- und Aggressionsforschung: An Hauptschulen, an die in erhöhtem Maße Jugendliche aus konfliktreichen und sozial problematischen Familiensituationen kommen, tritt häufiger Gewalt auf als an anderen Schulformen (Olweus 1978, 1991). Allerdings sind die Unterschiede zwischen den Schulformen heute nicht mehr allzu groß – denn auch Gymnasien sind Orte, an denen Gewalt und Mobbing in nicht zu geringem Umfang vorkommen.

Insgesamt spricht aber einiges dafür, dass gerade in bildungsfernen Haushalten eine gezielte Medienausbildung und reflektierende Mediennutzung bei der Kinder weniger im Fokus der Erziehung stehen. Der Gebrauch wird häufig uneingeschränkt erlaubt, aber eine Auseinandersetzung mit dem Thema

„Medien" erfolgt nicht. Hierbei muss aber auch berücksichtigt werden, dass diese Überversorgung mit IT häufig der Kompensation anderer fehlender materieller Möglichkeiten dient, so auch Prof. Nadja Kutscher von der katholischen Hochschule NRW (2012).

Allerdings: Oft wird nicht daran gedacht, dass der exzessive Gebrauch von Internet, Online-Rollenspielen und Co. auch eine Folge emotionaler Vernachlässigung und anderer persönlicher Probleme sein kann (z. B. Konflikte mit Freunden, den Eltern, der Schule und Lehrern, Liebeskummer usw.).

Insgesamt sollten wir also eine differenziertere Betrachtung vornehmen und uns vor zu großen Verallgemeinerungen hüten. Denn nicht allein das Vorhandensein von technologischem Equipment führt zu unsachgemäßem Gebrauch – erst das Zulassen einer allzu freimütigen Nutzung kann negative Folgen für die Jugendlichen haben. Das „Wie" und „Wie viel" spielt also eine entscheidende Rolle.

Fast alle Kinder und Jugendliche verfügen heute rund um die Uhr über einen Internetzugang, und dies betrifft alle sozialen Schichten und Altersklassen. Mittlerweile tummeln sich bereits fast 75 % aller deutschen Kinder im Alter zwischen 6 und 13 Jahren regelmäßig im Internet. Und bereits in der Gruppe der 10- bis 13-Jährigen können wir schon von einer Internetvollversorgung sprechen: Bei 90 bis 95 % liegt hier die Quote der Internetuser, so Christine Feil vom Deutschen Jugendinstitut in München (2013).

Ein weiterer wichtiger Grund, weshalb Kindern und Jugendlichen fast ein 24-Stunden-Internetzugang zur Verfügung steht, ist aber auch die multimediale Ausstattung der Endgeräte, die sie nutzen: Denn nicht nur eigener PC oder Laptop sind die Zugangswege ins Internet, mittlerweile sind viele Handys in den Händen der Kids internetfähig, auch die der Jüngsten. So waren im Jahr 2012 schon die Hälfte der 6- bis 13-Jährigen in Deutschland im Besitz eines Handys – das von 16 % für Internetbesuche genutzt wurde. Und auch Smartphones sind in dieser Alterskohorte stark auf dem Vormarsch: 22 % dieser Altersgruppe gab 2012 bereits an, mit einem Smartphone (iPhone, Blackberry usw.) ins Internet zu gehen. 26 % durften dazu das Gerät der Eltern benutzen, und 20 % besaßen sogar schon ein eigenes Smartphone – Tendenz steigend, so Birgit Guth von der Medienforschung Super RTL (2012).

Allerdings ist diese Entwicklung durchaus auch kritisch zu betrachten, denn die Möglichkeit für die Eltern, die Internetnutzung ihrer Kinder zu beobachten wird immer schwieriger. Nicht nur, dass der PC mit Internetzugang bei rund 80 % der deutschen Jugendlichen zwischen 10 und 18 Jahren mittlerweile im Kinderzimmer steht (Bündnis gegen Cybermobbing 2013a) und eine Beaufsichtigung hinter verschlossenen Türen nur schwer möglich ist. Die Internetnutzung verlagert sich immer mehr auch in Räume außerhalb des eigenen Zuhauses – nämlich dann, wenn über Handys, Smartphones und Tablet-PCs online gegangen wird: Und die Geräte, die Kinder und Jugendliche ständig am Körper tragen, können Eltern kaum mehr kontrollieren. Dabei wird auch die Einschränkung der Onlinenutzung fast unmöglich, es sei denn, man gibt den Kindern von vornherein kein internetfähiges Handy. Die Folge: Kinder und Jugendliche können sich völlig unbeobachtet im Internet bewegen.

Das heißt aber auch, dass extremes Online- oder Computerverhalten von den Eltern in den Anfängen häufig nicht erkannt und dadurch die Eindämmung deutlich erschwert wird. Gerade das Phänomen der Internet-Addiction oder Internetsucht (Young 1998), bis vor zwei Jahren in Deutschland noch völlig unbekannt und auch erst seit einigen Jahren in den USA als Krankheitsbild und Suchtverhalten anerkannt, kann sich dadurch bei gefährdeten Jugendlichen uneingeschränkt ausbreiten. Auch bekommen die Eltern meist nicht mit, wenn ihre Kinder das Internet dazu nutzen, andere zu mobben und zu diskreditieren, oder selbst Opfer solcher Angriffe und Attacken werden.

Insgesamt sehen sich Eltern heute in einer äußerst schwierigen Lage. Denn sie sind es ja in der Regel auch, die die Medienausstattung ihrer Kinder finanzieren. Und sie müssen die Entscheidung treffen: Was stelle ich meinem Kind an Tools der neuen Medien zur Verfügung? Wie viel Internet ist gut für mein Kind? Darf ich mein Kind einschränken oder wird es dadurch vielleicht zum Außenseiter?

So spielen gerade beim Kauf eines Handys oder einer Spielekonsole nicht selten auch Statusgedanken eine Rolle. Oder Eltern möchten verhindern, dass sich ihr Kind benachteiligt fühlt, weil es kein Handy einer speziellen Marke hat oder deshalb sogar Opfer von Mobbing wird. Eine Mutter aus Köln schildert ihre verzwickte Situation folgendermaßen: „Wenn ich meinem Sohn jetzt nicht ein iPhone kaufe, dann ziehen ihn die anderen auf – er ist sowieso schon kleiner und etwas pummeliger als die anderen … "

Eltern haben es also heute nicht leicht im Vergleich zur grauen *medialen Vorzeit,* als es neben ARD und ZDF nur noch die Dritten im Fernsehen gab und noch kein Mensch an Tablet-PC, Smartphone, Facebook oder Chatroulette gedacht hat. Mehr als früher kommt den Eltern die Rolle zu, ihren Kindern den verantwortungsvollen Medienumgang beizubringen. Dazu gehört es, dass Regeln und Nutzungsverhalten an den Entwicklungsstand des Kindes angepasst werden und durchaus auch mal ein „Stoppschild" wie im Straßenverkehr gesetzt wird. Das heißt also, dass sich Eltern aktiv an der Medienbildung ihrer Kinder beteiligen müssen. Denn nicht die Tatsache, dass Kinder sich im Internet bewegen, ist das Problem, sondern Menge, Dauer und das „Wie" sind entscheidend. Dabei wünschen sich Eltern durchaus auch Ratgeber, die ihnen ganz klar sagen, wie viel Medienkost ihre Kinder konsumieren sollen (Bündnis gegen Cybermobbing 2013c). Ein Patentrezept gibt es leider nicht. Aber es kann eine gute Medienerziehung gelingen, wenn Eltern ihr Auge schulen, ihre Kinder in ihrer gesamten Entwicklung genau beobachten und die Mediennutzung auf Persönlichkeit und Lebensumstände abstimmen.

Medienbildung sollte heute durchaus Teil der Erziehung im Elternhaus sein. Dazu gehört die verantwortungsvolle und kritische Auseinandersetzung mit neuen technologischen Entwicklungen, wie z. B. die Vor- und Nachteile der Nutzung von Smartphones für Erwachsene und für Schüler zu diskutieren. Kinder und Jugendliche sollen natürlich medial am Ball bleiben. Das bedeutet aber nicht, dass ein 8-Jähriger das neueste iPhone oder iPad bekommen muss, so auch Prof. Gudrun Marci-Boehncke (2013). Auch hier gilt: Wünsche, die geweckt werden, müssen nicht immer befriedigt werden. Eltern sollten also immer abwägen: Totalverbote nein, aber ein allzu großzügiger Umgang sollte auch nicht gewährt werden. Der Sicherheitsaspekt sollte gerade bei den jüngsten Mediennutzern im Vordergrund stehen. Hierbei spielt auch die Kommunikation der Eltern untereinander, z. B. in der Schule, eine wichtige Rolle: sich austauschen und dabei sinnvolle Maßnahmen beschließen, wie z. B., dass in der 4. Klasse alle Kinder nur sogenannte Kid-Phones haben dürfen (also Handys ohne Kamerafunktion und Internetzugangsmöglichkeit). Das tut niemandem weh und auch wird keiner zurückgesetzt, denn es gelten für alle Schüler der Klasse dieselben Regeln. Denn nur wenn Eltern wissen, welche Ausstattung die anderen Eltern ihren Kindern zur Verfügung stellen oder was Freunde und Mitschüler im Internet dürfen und was nicht, können sie auch gemeinsam präventiv gegen Cybermobbing vorgehen.

Was bedeutet das alles nun für die Entwicklung von Kindern?

* Die Nutzung von Internetangeboten (z. B. soziale Netzwerke, Online-Spiele) beeinflusst auch die eigene Wahrnehmung, Selbstbild und Selbstwertgefühl.
* Mediengewalt, gerade wenn sie vor dem Bildschirm selbst ausgeübt wird, z. B. durch Computer- oder Online-Spiele, kann zu einem niedrigeren Selbstwertgefühl, einer geringeren Empathiefähigkeit, einer geringeren Bereitschaft, anderen zu helfen und sie zu unterstützen (prosoziales Verhalten), sowie zu einer größeren Aggressionsbereitschaft gegenüber anderen in alltäglichen Situationen führen.
* Treffen Kinder und Jugendliche unreflektiert auf Gewalt, Aggression, Pornografie und Rechtsradikalismus, können diese Inhalte durchaus ihre Werte und Einstellungen beeinflussen (Glogauer 2003).

- Das Mediennutzungsverhalten der Familie beeinflusst in starkem Maße den Mediengebrauch der Kinder.
- Eltern sollten somit als Regulativ wirken und mit Kindern über Gewalt und Werte diskutieren.
- Medienbildung sowie ein „regulierter Zugang" zu Internet und Co., gerade bei den Jüngsten, sollte an erster Stelle stehen.

3.3 Wie nehmen Kinder und Jugendliche Gewalt in unterschiedlichen Medien wahr?

Wie wir bereits gesehen haben, können Kinder und Jugendliche nahezu unbehelligt und ohne große Anstrengung auf sehr gewalthaltige und brutale Inhalte, Fotos, Filme oder Online-Spiele im Internet stoßen.

Gehen wir heute in eine Schulklasse und fragen Jugendliche, wer sogenannte Ego-Shooter kennt und spielt, so werden wir kaum einen Jungen treffen, der von diesen nicht zumindest schon einmal gehört hat. Auch berichtet mittlerweile fast die Hälfte der 12- bis 19-jährigen Mädchen und Jungen, dass sie Freunde oder Mitschüler haben, denen gewalthaltige Seiten im Internet bekannt sind (z. B. Internetseiten mit brutalen oder sadistischen Gewalt- und Tötungsszenen). Im engen sozialen Umfeld vieler Kinder und Jugendlicher spielt Gewalt im Cyberspace also eine deutliche Rolle.

Wir sehen also: Kinder und Jugendliche sind heutzutage schon oft in sehr jungen Jahren viel stärker von Gewalt umgeben als es noch vor 30 Jahren der Fall war. Doch wie nehmen sie selbst dieses gewalthaltige Umfeld eigentlich wahr? Machen sie Unterschiede zwischen Gewalt, die sie im Fernsehen oder Kino sehen, und derjenigen, die sie auf YouTube oder in Online-Rollenspielen erleben?

In den letzten Jahren konnten mehrere Untersuchungen nachweisen: Kinder und Jugendliche nehmen Gewalt, die sie im Fernsehen oder Kino erfahren und solche, die sie über das Internet konsumieren, ganz klar unterschiedlich wahr.

So fand z. B. die Forschergruppe um Petra Grimm (Hochschule für Medien in Stuttgart) heraus, dass Gewaltinhalte im Internet im Vergleich zu solchen im Fernsehen als viel extremer und „drastischer" empfunden werden. In der Studie zeigte sich außerdem, dass Jugendliche dem Internet auch einen höheren Gewaltgrad zuweisen als dem Fernsehen: Sie finden Gewaltdarstellungen dort „heftiger", „krasser" und „brutaler" (Grimm et al. 2008). Auch wird die Gewalt im Internet als deutlich „echter" eingestuft als Gewalt im Fernsehen. Die „Echtheit" wird von den Jugendlichen vor allem deshalb empfunden, weil die meisten Fotos, Videos oder Textinhalte auf Websites und in sozialen Netzwerken von den Usern selbst erstellt und dann im Internet veröffentlicht werden. Gewaltinhalte im Internet beschreiben also keine von vorneherein sofort erkennbaren fiktionalen Welten, wie dies in Krimis oder Horrorfilmen der Fall ist. Die im Internet von den Usern veröffentlichten selbst gedrehten Porno- oder Prügelszenen werden somit meist als „echt" und „real" empfunden – auch wenn so manche Szenen durchaus gestellt sind.

Allerdings sehen Jugendliche mit höherem Bildungsniveau gewalthaltige Inhalte im Internet deutlich kritischer als gewalthaltige Inhalte im Fernsehen. Internetgewalt sei häufig sinnlos. Hingegen stecke hinter der Fernsehgewalt häufig eine bestimmte Zielführung, wie z. B. die Aufklärung eines Mordes oder eines Kriminalfalls.

So äußerte sich ein Jugendlicher im Interview (aus Grimm et al. 2008): „Also im Fernsehen ist ja eigentlich meistens noch ein Sinn hinter dem Gesamten. Und im Internet ist eigentlich kein Sinn mehr. Wenn jetzt zwei Gruppen sich gegenseitig halb tot schlagen, da ist eigentlich dann kein Sinn mehr dahinter, da geht's einem dann wirklich nur noch um die Gewalt, die man jetzt in diesen, was weiß ich, zwei Minuten sieht."

Gewalt im Fernsehen und Gewalt im Internet sind also aus Sicht der meisten Jugendlichen nicht dasselbe! Diese kritische Beurteilung insbesondere von Gewaltszenen, die im Internet zu finden sind, setzt sich allerdings aus zwei Komponenten zusammen, so Grimm et al. (2008):

1. Zum einen kommt es bei den Jugendlichen zu einer erlebnisorientierten Wahrnehmung (Rezeption). D. h., auf der einen Seite stehen Gefühle wie Ekel und Schock und auf der anderen Seite die Lust, Angst zu erleben (der besondere Kick) bzw. die Fähigkeit zu besitzen, das Gesehene aushalten zu können, die dazu führen, dass Jugendliche die Gewaltszenen erst einmal einfach auf sich wirken lassen.
2. Zum anderen wird bei den Jugendlichen ein kognitiv-moralischer Filter wirksam. Dieser sorgt dafür, dass das Erlebte und Gesehene kritisch und moralisch hinterfragt wird, nach dem Motto: Ist das nicht abartig? Das ist doch nicht normal – oder vielleicht doch?

Allerdings: Auch wenn Jugendliche die Gewalt im Internet als besonders schlimm empfinden, sehen sie überwiegend die alleinige Schuld bei den Verursachern, also bei denjenigen, die die Inhalte herstellen, filmen und verbreiten. Hingegen werden die Nutzung und der Konsum der veröffentlichten Inhalte durch andere Personen nur selten kritisch beurteilt. Die alleinig Bösen sind aus ihrer Sicht die Produzenten von Internetgewalt (Grimm et al. 2008).

Aber auch wenn bei den Jugendlichen durchaus zwiespältige Gefühle bei der Betrachtung von Internetgewalt auftreten, so werden Darstellungen extrem violenter Gewalt (z. B. Enthauptungen, Tötungen, Selbstverstümmelungen) und besonders schlimmer körperlicher Verletzungen sowie Szenen, bei denen sie sich mit dem gezeigten Opfer (z. B. Migrant, Mädchen) oder der Situation stark identifizieren können, durchgängig von allen Jugendlichen abgelehnt. Allein dies zu sehen, löst bei vielen Jugendlichen Gefühle wie Ekel, Schock und Angst aus. Ein Teil der Jugendlichen berichtete hier auch von Alpträumen und länger anhaltenden körperlichen Reaktionen (z. B. Herpes) infolge der gesehenen Gewaltszenen (Grimm et al. 2008).

Trotzdem kann man doch auch feststellen, dass diese emotionalen Ausnahmesituationen teilweise durchaus faszinierend auf Jugendliche wirken: Dies gilt vor allem für gewaltaffine Jugendliche, die auch sonst Gewalt eher befürworten.

Kommt uns dies nicht bekannt vor? Denken wir noch einmal daran zurück, als wir die Motive von Cybermobbern betrachtet haben (Abschn. 2.4.1): Erlebnissuche, Lust und Faszination an Gewalt und den Schmerzen der Opfer, spielten hier ja eine nicht unbedeutende Rolle! Insgesamt werden also die Erkenntnisse, die wir von Mobbing und Cybermobbing gewonnen haben, auch von der oben genannten Studie von Grimm und Kollegen gestützt: Denn wir wissen ja, Mobber wie auch Cybermobber haben eine höhere Gewaltaffinität, eine positivere Gewalteinstellung und konsumieren mehr gewalthaltige Inhalte im Internet (Gewalt, Porno und rechtsradikale Webinhalte) (Katzer 2005; Katzer et al. 2009).

Doch wie sind nun die Problembereiche Mobbing und Cybermobbing vor dem Hintergrund einer zunehmenden Gewalterfahrung, ob gewollt oder ungewollt, zu beurteilen? Gibt es Hinweise, dass auch eine gewaltbefürwortende Wertevermittlung über das virtuelle Medium Internet und seine Kommunikationsformen stattfindet?

3.4 Welche Art der Sozialisation findet durch das Internet statt?

Sozialisation als lebenslanges Lernen oder als „dialogischen Prozess des Wechselspiels von Individuum und Gesellschaft" (Wiswede 2004) zu betrachten, schließt die Vermittlung gesamtgesellschaftlicher Normen- und Wertvorstellungen, sozialer Rollen und Erwartungshaltungen und vieles mehr mit ein.

Einflussfaktoren der Sozialisationsprozesse im Kindes- und Jugendalter sind insbesondere die Eltern (primäre Sozialisation) und das schulische Umfeld wie auch die Peers (sekundäre Sozialisation) (Wiswede 2004). Mit der Entwicklung neuer Kommunikationstechnologien, wie Internetchatrooms, sozialer Netzwerke oder Online-Rollenspielen, ist es für die Jugendlichen möglich geworden, den Kreis ihrer Peers aus dem schulischen Umfeld mit „Freunden" aus dem Cyberspace zu erweitern. Insbesondere aufgrund der zunehmenden Bedeutung der sozialen Netzwerke als Beziehungsmedium, über das Bekanntschaften gemacht und Freundschaften geschlossen werden (Katzer und Fetchenhauer 2007), erweist sich dieser virtuelle Raum immer mehr auch als neues Medium für die Sozialisation der Jugendlichen.

So suchen Jugendliche immer häufiger ihre Vorbilder in den Facebook-Freunden und auch in physisch unbekannten Personen. Sie holen sich von diesen Online-Peers Rat, gucken sich aber auch Einstellungen, Styling, Musikpräferenzen usw. ab (Cyberlife-Schüler-Studie, Bündnis gegen Cybermobbing 2013).

Die Vermutung, dass Werte, Normen, Einstellungen, aber auch Verhaltensweisen von den Kommunikationsplattformen im Internet übernommen bzw. in ihnen „erlernt" werden, wird auch durch folgenden Aspekt gestützt: Schon vor einigen Jahren konnten wir zeigen, dass zum Teil die „reinen" Online-Freunde für viele jugendliche Internetuser genauso wichtig sind wie ihre realen Schulfreunde (Katzer und Fetchenhauer 2007).

Damit wird auch ein bedeutender Einfluss der „Peers aus dem Netz", mit denen die Jugendlichen einen Großteil ihrer Online-Freizeit verbringen, auf die Vermittlung einer aggressiven, delinquenten Jugendkultur bzw. eines solchen Lebensstils immer wahrscheinlicher, auch im Hinblick auf abartige sexuelle Normen und Werte.

So ist die Sprache im Netz z. B. beim Chatten, wie zahlreiche Beobachtungen zeigen, nicht selten rüde und für Erwachsene äußerst befremdlich. Dass sich eine eigene Sprache der Jugend entwickelt, die durch neue Medien geprägt wird und sich deutlich von der Sprache der Erwachsenen unterscheidet, ist ja nicht neu. Problematisch zu beurteilen ist allerdings, wenn über ein solches Online-Verhalten oder eine aggressive Online-Sprache auch gewaltbefürwortende Normen und sexualisierte Werte vermittelt werden, die in den schulischen Alltag der Jugend integriert werden.

Wer seine Mitschülerinnen oder Lehrerinnen als „Huren", „Schlampen" oder „Fotzen" bezeichnet, der äußert dadurch seine Missachtung gegenüber diesen Personen. Auch wenn solche Ausdrücke nicht selten unbedacht gebraucht werden oder als Spaß gedacht sind, machen sie deutlich: Sexualisierte oder gewaltverherrlichende Normen werden von einem Teil der Jugendlichen übernommen und als Normalität angesehen.

Damit ist auch eine „Sexualisierung der Kindheit" in Verbindung mit einer dissozialen Wertevermittlung, durch ein Lernen aus dem Netz, nicht unwahrscheinlich. Diese Entwicklungen weisen auch Experten wie Konrad Weller nicht ganz von sich (2010).

Das heißt also, auch negative Wirkungen der Mediennutzung wie z. B. das Lernen am Modell bezüglich gewalthaltiger Film- und Videosequenzen, die bereits von Bandura (1973) nachgewiesen wurden, bestätigen sich immer mehr auch für die Online-Medien und die Internetnutzung. So konnten auch Anderson und Bushman (2001) deutliche Effekte gewalthaltiger Computerspiele auf die Förderung aggressiven Verhaltens oder die Reduktion prosozialen Verhaltens zeigen.

Damit wird eines ganz klar: Die Problembereiche Jugendaggression und Jugendgewalt werden immer komplexer. Die Klärung der Frage, inwiefern neben der traditionellen Sozialisation durch Eltern, Schule oder Schulfreunde eine neuartige, bisher unbekannte Sozialisation z. B. durch das Internet stattfindet, wird somit immer wichtiger! Viele Erkenntnisse weisen ja darauf hin, dass diese Entwicklung tatsächlich bereits begonnen hat.

Eine zukunftsweisende Betrachtung des Phänomens Jugendaggression, auch aus dem Blickwinkel von Prävention und Intervention, scheint demnach nur im Spannungsfeld zwischen virtueller Internetwelt und realer Lebenswirklichkeit sinnvoll.

3.5 Mobbingverhalten – erlernt in der Cyberwelt?

Bisher konnte ganz eindeutig festgestellt werden: Es besteht ein klarer Zusammenhang zwischen den beiden Phänomenen Jugendaggression und Mobbing im realen Umfeld (z. B. Schule) und Jugendaggression und Cybermobbing im virtuellen Umfeld (z. B. soziale Netzwerke, Hasswebsites, Online-Rollenspiele). Dies konnten wir sowohl für die Täter- als auch für die Opferperspektive nachweisen.

Dabei zeigte sich auch deutlich, dass die Täterschaft im schulischen Handlungskontext sowie die Täterschaft im Umfeld des Internets in einer engen Beziehung zu allgemein delinquentem Verhalten stehen (Eigentumsdelikte, Vandalismus usw.) (Katzer und Fetchenhauer 2007). Wir können also durchaus von einer allgemein gewaltbereiten, delinquenten Jugendkultur sprechen, die in den physischen wie den virtuellen Handlungskontexten ausgelebt wird.

Obwohl Täter häufig Täter bleiben – und Opfer häufig Opfer, stellt sich allerdings auch die Frage nach dem Ursache-Wirkungs-Zusammenhang (Wolak et al. 2007). Wo wurde zuerst gemobbt – in der Schule oder im Cyberspace? Die Erfahrungen mit jugendlichen Cybermobbern und Opfern schildern beide Wege. Dies spricht dafür, dass die Entwicklungsverläufe in beide Richtungen stattfinden.

Damit scheint es also plausibel, das Internet auch als Medium für das Erlernen und Austesten von aggressivem Verhalten anzusehen: Vieles spricht dafür, dass Aggression und Gewalt hier durchaus auch ausprobiert und erlernt werden, um dann in das Real Life übertragen zu werden (Abschn. 1.2.3).

Wir müssen uns also zukünftig viel stärker mit dem Internet als Sozialisationsmedium befassen, in dem gelebt und gelernt wird und das somit unsere Persönlichkeit und unser Verhalten nicht unberührt lässt.

- Haben Sie das Gefühl, dass Gewalt in ihrem Umfeld stärker geworden ist?
- Wie kritisch sehen Sie den Konsum und die stärkere Konfrontation mit Gewalt über das Internet gerade bei Kindern?
- Auf welchem Weg würden Sie versuchen, mit Kindern und Jugendlichen über neue Gewaltformen ins Gespräch zu kommen?
- Sollten wir strengere Regeln im Internet für den Zugang zu Gewalt und Pornografie haben?
- Was könnte aus Ihrer Sicht die Aufgabe der Eltern und der Schule sein, um mit gewalthaltigen Medien umzugehen?

Literatur

Anderson, C. A., & Bushman, B. J. (2001). Effects of violent video games on aggressive behavior, aggressive cognition, aggressive affect, physical arousal, and prosocial behavior: A meta-analytic review of the scientific literature. *Psychological Science, 12*(5), 353–359

Bandura, A. (1973). *Aggression: A social learning analysis.* NJ: Prentice-Hall.

Bündnis gegen Cybermobbing (2013a). Cyberlife-Schüler-Studie: Cyberlife im Spannungsfeld zwischen Faszination und Gefahr - Bestandsaufnahme und Gegenmaßnahmen. Unterstützt durch ARAG Versicherung.

Bündnis gegen Cybermobbing (2013b). Cyberlife-Lehrer-Studie: Cyberlife im Spannungsfeld zwischen Faszination und Gefahr - Bestandsaufnahme und Gegenmaßnahmen. Unterstützt durch ARAG Versicherung.

Bündnis gegen Cybermobbing (2013c). Cyberlife-Eltern-Studie: Cyberlife im Spannungsfeld zwischen Faszination und Gefahr - Bestandsaufnahme und Gegenmaßnahmen. Unterstützt durch ARAG Versicherung.

Colwell, J. und Payne, J. (2000). Negative correlates of computer game play in adolescents. British Journal of Psychology, 91: 295–310.

Dominick, J. R. (1984). Videogames, television violence and aggression in teenagers. *Journal of Communication, 34,* 136–147.

Feil, C. (2013). Das Netz der Kinder. *MedienConcret – Magazin für die pädagogische Praxis,* (1/13), 13–16.

Fritz, J. (1997). Macht, Herrschaft und Kontrolle im Computerspiel. In J. Fritz, & W. Fehr (Hrsg.), *Handbuch Medien: Computerspiele* (S. 183–196). Bonn: Bundeszentrale für politische Bildung.

Fromm, R. (Hrsg.). (2003). *Digital spielen – real morden? Computerspiele in der Jugendszene*. Marburg: Schüren.

Funk, J. B., & Buchman, D. D. (1996). Playing violent video and computer games and adolescent self-concept. *Journal of Communication, 46*(2), 19–32.

Funk, J. B., Buchman, D. D., Jenks, J., & Bechtoldt, H. (2003). Playing violent video games, desensitization, and moral evaluation in children. *Journal of Applied Developmental Psychology, 24*(4), 413–436.

Funk, J. B., Bechtoldt Baldacci, H., Pasold, T., & Baumgardner, J. (2004). Violence exposure in real-life, video games, television, movies, and the internet: is there desensitization? *Journal of Adolescence, 27,* 23–39.

Glogauer, W. (1996). Kriminalisierung von Kindern und Jugendlichen durch Medien. Wirkungen gewalttätiger, sexueller, pornographischer und satanischer Darstellungen. 4. Aufl. Baden-Baden: Nomos Verlagsges.

Glogauer, W. (2003). Die neuen Welten machen uns krank. In R. Fromm (Hrsg.), *Digital spielen – real morden? Computerspiele in der Jugendszene*. Marburg: Schüren.

Grimm, P., Rhein, S., & Clausen-Muradian, E. (2008). Gewalt im Web 2.0. Der Umgang Jugendlicher mit gewalthaltigen Inhalten und Cyber-Mobbing sowie die rechtliche Einordnung der Problematik im Auftrag der NLM, BLM, LMK, MAHSH, MSA, TLM.

Guth, B. (2012). Medien in Kinderhänden. Daten und Beobachtungen. Medienforschung Super RTL.

Henrichwark, C. (2009). Der bildungsbezogene mediale Habitus von Grundschulkindern. Eine empirische Studie zur Reproduktion sozialer Ungleichheit in Schule und Familie. Dissertation Fachbereich Bildungs- und Sozialwissenschaften der Bergischen Universität Wuppertal.

Huesmann, L. R., Moise-Titus, J., Podolski, C.-L., & Eron, L. N. (2003). Longitudinal relations between children's exposure to TV violence and their aggressive and violent behavior in adulthood: 1977–1992. *Developmental Psychology, 39,* 201–221.

Johnson, J. G., Cohen, P., Smailes, E. M., Kasen, S., & Brook, J. S. (2002). Television viewing and aggressive behavior during adolescence and adulthood. *Science 295,* 2468–2471.

Katzer, C. (2005). Bullying im Cyberspace: Aggression und Gewalt im Chat. Vortrag auf dem X. workshop aggression, Universität Luxemburg, Sektion Psychologie.

Katzer, C., & Fetchenhauer, D. (2007). Cyberbullying: Aggression und sexuelle Viktimisierung in Chatrooms. In M. Gollwitzer, J. Pfetsch, V. Schulz, T. Steffke, & C. Ulrich (Hrsg.), *Gewaltprävention bei Kindern und Jugendlichen. Band I: Grundlagen zu Aggression und Gewalt in Kindheit und Jugend* (S. 123–138). Göttingen: Hogrefe.

Katzer, C., Fetchenhauer, D., & Belschak, F. (2009). Einmal Bully, immer Bully? Ein Vergleich von Chatbullying und Schulbullying aus der Täterperspektive. *Zeitschrift für Entwicklungspsychologie und Pädagogische Psychologie, 41*(1), 33–44.

Klimmt, C., & Trepte, S. (2003). Theoretisch-methodische Desiderata der medienpsychologischen Forschung über die aggressionsfördernde Wirkung gewalthaltiger Computer- und Videospiele. *Zeitschrift für Medienpsychologie, 15*(4), 114–121.

Kutscher, N. (2013). Früh übt sich… Medienbildung gegen die digitale Ungleichheit. *MedienConcret – Magazin für die pädagogische Praxis,* (1/13).

Lareau, A. (2003). Unequal childhoods. Class, race, and family life. Berkley: University of California Press.

Marci-Boehncke, G. (2013). Keine Kalorien und keine Vitamine. Wie viele und welche Medien tun Kindern gut? *MedienConcret – Magazin für die pädagogische Praxis,* (1/13).

Medienpädagogischer Forschungsverbund Südwest (2012). JIM-Studie 2012. Jugend, Information, (Multi-)Media. Basisuntersuchung zum Medienumgang 12- bis 19-ähriger in Deutschland.

Oerter, R., & Dreher, E. (1995). Jugendalter. In R. Oerter & L. Montada (Hrsg.), *Entwicklungspsychologie* (S. 310–395). Weinheim: Beltz/PVU.

Olweus, D. (1978). *Aggression in schools: Bullies and whipping boys.* Washington, DC: Hemisphere.

Olweus, D. (1991). Bully/Victim problems among schoolchildren: Basic facts and effects of a school based intervention program. In D. J. Pepler & K. H. Rubin (Hrsg.), *The development and treatment of childhood aggression* (S. 441–448). NJ: Erlbaum.

Pfeiffer, C. (2003). Bunt flimmert das verderben. *Die Zeit, 58*(39), 12.

Pfeiffer, C. (2004). RP Online 2004 „Verbrechensbekämpfung beginnt im Kindesalter". Christian Pfeiffer im Interview. http://www.rp-online.de/wissen/bildung/verbrechens-bekaempfung-beginnt-im-kindergarten-1.1610908 (abgerufen am 16.12.2004)

Pfeiffer, C. (04. Januar 2009). Spiele-Kritiker Prof. Dr. Pfeiffer im Computer Bild Spiele-Gespräch. *Computer Bild*

einfügen:

Pfeiffer, C. (2006). „Frühe Leere". Prof. Dr. Pfeiffer im Interview mit Der Tagesspiegel vom 16.10.2006. www.tagesspiegel.de/politik/fruehe-leere/763134.html

Pfeiffer, C., Mößle, T., Rehbein, F., & Kleimann, M. (2007). Defizite in der Medienerziehung. Befunde und Konsequenzen der KFN-Schülerbefragung 2005 zur Nutzung von Computerspielen durch Grundschüler. In W. Möhring, W. J. Schütz, & D. Stürzebecher (Hrsg.), *Journalistik und Kommunikationsforschung. Festschrift für Beate Schneider* (S. 337–346). Berlin: Vistas.

Pinquart, M., & Silbereisen, R. K. (2008). *Individuum und sozialer Wandel. Eine Studie zu Anforderungen, psychosozialen Ressourcen und individueller Bewältigung.* Weinheim: Juventa.

Sander, E. (2001). Medien im Jugendalter. Rückblicke von Eltern und ihren heranwachsenden Kindern. Internationales Institut für das Jugend- und Bildungsfernsehen.

Weller, K. (2010). Wie nutzen Jugendliche Pornografie und wie wirkt sie? Steuert das Internet unsere Sexualentwicklung? In D. Kinderschutz-Zentren (Hrsg.), *Sexualisierte Gewalt an Kindern und Jugendlichen – Ein altes Thema und seine neuen Risiken in der medialen Ära.* Berlin :Bundesarbeitsgemeinschaft d. Kinderschutz-Zentren.

Wiegman, O., & van Schie, E. G. M. (1998). Video game playing and its relations with aggressive and prosocial behaviour. *British Journal of Social Psychology, 37*(7), 367–378.

Wiswede, G. (2004). *Sozialpsychologie-Lexikon.* München: Oldenbourg.

Wolak, J., Mitchell, K. J., & Finkelhor, D. (2007). Does online harassment constitute bullying? An exploration of online harassment by known peers and online-only contacts. *Journal of Adolescent Health, 41,* 51–58.

Young, K. S. (1998). *Caught in the net: How to recognize the signs of Internet addiction and a winning strategy for recovery.* New York: Wiley.

4

Was können wir gegen Cybermobbing tun? Präventionsansätze und Handlungsempfehlungen

Wenn wir alles, was wir bis jetzt über Cybermobbing erfahren haben, einmal zusammenfügen, dann werden drei Fakten deutlich:

1. Cybermobbing ist eine neue Form von Gewalt, die immer brisanter wird, und das nicht nur unter Kindern und Jugendlichen, sondern auch unter Erwachsenen.
2. Wir dürfen diese Entwicklung nicht einfach hinnehmen, sondern müssen versuchen, Cybermobbing einzudämmen.
3. Prävention, aber auch Intervention, also Handeln, wenn bereits etwas passiert ist, sind enorm wichtig: Denn nur so können wir Opfern signalisieren, dass wir sie ernst nehmen, und Tätern einen möglichen Weg aus der Gewalt weisen.

Eines ist natürlich klar: Wir werden Cybermobbing nie ganz verhindern können. Aber wir können für Aufmerksamkeit und Aufklärung sorgen. Und wir können das Hilfeverständnis von Kindern und Jugendlichen schulen, nach dem Motto: Du bist cool, wenn du dich um andere kümmerst! Dadurch lernt zumindest auch ein Teil der Täter zu verstehen, was sie anderen durch ihr Verhalten antun. So manchem Opfer könnten auf diese Weise die Qualen erspart bleiben.

Dies können wir allerdings nur dann erreichen, wenn die wichtigsten Akteure der Präventionsarbeit, die vor allem auf drei Ebenen zu finden sind, zusammenarbeiten:

1. Das familiäre und persönliche Umfeld: Eltern, Familie und Freunde
2. Das schulische Umfeld: Schulleiter, Lehrer und Mitschüler
3. Das politische Umfeld: Bildungspolitik und Justiz

Inwiefern das Phänomen Cybermobbing nun eine Herausforderung für uns alle darstellt und wie die verschiedenen Akteure der Präventionsarbeit sinnvoll handeln können, werden wir im Folgenden diskutieren.

4.1 Cybermobbing: Eine Herausforderung für das familiäre und persönliche Umfeld

Das Problem Cybermobbing ist in entschiedenem Maße auch eine große Herausforderung für die Eltern und die Familie insgesamt. Denn Cybermobbing verändert unsere Kinder – Opfer und auch Täter.

Es ist die Aufgabe der Familie als schützender Hort, für ein sicheres Umfeld zu sorgen, in dem Kinder aufwachsen können. Die erste wichtige Ebene der Präventionsarbeit setzt somit im familiären Umfeld an: bei der Erziehung.

Wenn wir uns einmal kurz die Bedeutung unserer eigenen Familie ganz bewusst vor Augen führen, werden wir Folgendes feststellen:

- Unsere Eltern und Familienmitglieder sind das erste soziale Beziehungsnetzwerk, das wir als Kinder kennenlernen.
- Somit sind Eltern, Geschwister, Großeltern, Onkel, Tanten usw. die ersten Personen, die die Möglichkeit haben, auf uns als Kind einzuwirken und uns zu prägen, d. h. also, uns zu sozialisieren. So haben wir in unseren ersten Lebensjahren von ihnen gelernt, wie wir essen, trinken, sprechen und natürlich auch wie wir miteinander umgehen. Unser gesamtes Benehmen und Denken wird somit in der Zeit, bevor andere Menschen in unser Leben treten (z. B. Freunde oder Erzieher in Kitas), nur von unserer Familie bestimmt.

Hieran sehen wir natürlich sofort, welchen Einfluss, das, was Eltern tun und auch wie sie bestimmte Dinge beurteilen, auf das Denken und Handeln ihrer Kinder hat. Eltern geben ihren Kindern also Normen und Wertvorstellungen weiter und haben für sie eine Vorbildfunktion – auch wenn dies in der Pubertät durchaus nachlässt und Peers aus der Schule und dem Internet immer mehr diese Funktion übernehmen.

Somit sind also auch Gewalt, Mobbing und Cybermobbing wichtige Themen, die in die elterliche Erziehung einbezogen werden müssen. Denn die Einstellung dazu prägt entscheidend mit, wie Kinder sich gegenüber ihren Mitmenschen verhalten. Wird z. B. Cybermobbing von den Erwachsenen lediglich als Kavaliersdelikt angesehen und sogar als Verhalten akzeptiert, müssen sie sich nicht wundern, wenn ihre Kinder dies ebenfalls so sehen.

Allerdings sind viele Eltern gerade in Erziehungsfragen auch sehr unsicher. Dies zeigen z. B. Untersuchungen an Braunschweiger Kindergärten: Rund 68 % der befragten Eltern gaben zu, nicht zu wissen, ob sie ihre Erziehungsaufgabe gut oder schlecht bewältigen (Lübke et al. 2000), sie fühlten sich unsicher und hilflos. Ein Grund hierfür ist auch, dass Kinder nicht nur den Einflüssen der Eltern ausgesetzt sind, sondern ebenfalls außerhäuslichen

Faktoren, wie den Peers aus den Kitas, der Schule oder den neuen Medien. Deshalb sollten wir nicht nur den Eltern Vorwürfe machen, wenn Erziehung nicht immer so funktioniert, wie wir es uns vorstellen.

Was können Eltern aber nun tun, um Gewalthandeln, Aggression oder Cybermobbing bei ihren Kindern zu verhindern?

Um zu beeinflussen, wie ihre Kinder das Internet kennenlernen und sich hier bewegen, und auch, um zu verhindern, dass sie zu Tätern oder zu Opfern von Cybermobbing werden, sollten Eltern vor allem Folgendes beherzigen: einen moderaten Erziehungsstil anwenden, Vorbild sein, Schutzfaktoren fördern und als vertrauensvolle Medienratgeber fungieren.

Einen moderaten Erziehungsstil anwenden: Insgesamt beeinflusst der Erziehungsstil der Eltern die Persönlichkeitsentwicklung der Kinder am stärksten überhaupt und wirkt sich somit auch auf ihr Mobbing- und Cybermobbingverhalten aus.

Schauen wir uns zunächst die jugendlichen Täter von Mobbing und Cybermobbing an, so stellen wir Folgendes fest:

Wie bereits erwähnt (Abschn. 2.4.1), spielt bei vielen Mobbingtätern Gewalt zu Hause eine bedeutende Rolle (Olweus 1999, 2004). Sei es, dass sie Gewalt unter den Eltern beobachten, die sich gegenseitig aggressiv angehen und sogar verprügeln, dass sie Gewalt als Mittel der Bestrafung erleben oder die Anwendung von Gewalt im familiären Umfeld befürwortet wird. Natürlich wird nicht jeder, der Gewalt erlebt, auch selbst zum Gewalttäter, aber die Wahrscheinlichkeit ist eindeutig höher als bei Jugendlichen, die keine Gewalterfahrungen gemacht haben.

Gewalterfahrungen, die Jugendliche gerade in der häuslichen Umgebung machen, können durchaus mit der Zeit als normales Verhalten hingenommen werden, denn man kennt ja nichts anderes. Die mögliche Folge: Gewalt spielt als Mittel der Bestrafung oder der Verteidigung auch im sozialen Miteinander (z. B. im Verhalten gegenüber Mitschülern) eine dominante Rolle. So erklärt Mirco, ein 14-jähriger Mobber und Cybermobber: „Zu Hause, da regieren einfach die Fäuste – ich versuche mich immer unsichtbar zu machen… und bei den Schwachen ich meinen Frust loswerden … besonders gut online."

Aber auch eine ungünstige familiäre Situation kann Entwicklungs- und Verhaltensstörungen bei Kindern verursachen. Gerade eine fehlende enge und emotionale Beziehung zu den Eltern, eine sehr strenge Erziehung, Eheprobleme, Scheidung oder auch Arbeitsplatzprobleme der Eltern können emotionale Probleme und Verhaltensstörungen wie z. B. die Neigung zu Aggression bei Kindern und Jugendlichen fördern. Diese Zusammenhänge erläutern auch Sanders et al. (2000) oder Schneewind (1999).

Schauen wir uns nun die Opfer von Mobbing und Cybermobbing an, so können wir auch hier einen Zusammenhang zwischen dem Opferstatus und dem elterlichen Erziehungsstil feststellen: Denn wie wir bereits gesehen haben (Abschn. 2.5.1), trauen die Eltern von Mobbing- und Cybermobbingopfern ihren Kindern häufig nichts zu, sind übervorsichtig und erlauben ihnen deshalb nur wenig oder versuchen, sie extrem zu beschützen. Entweder reagieren Kinder darauf mit besonders neugierigem und unvorsichtigem Verhalten oder sie entwickeln ein negatives Selbstbild: „Ich kann ja doch nichts zustande bringen." Und dies spüren natürlich auch diejenigen, die gezielt ein Opfer für ihre Attacken suchen.

Vorbild sein: Es ist wichtig, dass wir als Eltern eine verantwortungsvolle Vorbildfunktion ausüben, d. h. Gewalt vor den Augen unserer Kinder nicht verherrlichen und auch ihnen gegenüber auf gewalttätige Handlungen verzichten.

Denn Werte und Normen werden im Elternhaus vorgelebt. Und wer bestimmte Einstellungen gegenüber Gewalt und Mobbing propagiert, dessen Kinder werden diese zu einem großen Teil übernehmen. Es sei denn, sie haben jemanden, der sie aufklärt und auf einen anderen Weg bringt.

So zeigen neue Studien aus England, dass so manche Eltern ihre Kinder bei Cybermobbing unterstützen, sie bestärken, damit weiterzumachen, oder sogar aktiv dabei mitmachen, indem sie z. B. selbst auf Facebook diffamierende Dinge über einen Lehrer oder die Eltern des Schülers posten, mit dem das eigene Kind im Clinch liegt. Die britische Universität Plymouth hat hierzu in einer Studie Cybermobbing gegen Lehrer genauer untersucht. Sie befragten dafür online 400 Lehrer von britischen Grundschulen und weiterführenden Schulen. 35 % von ihnen gaben an, dass sie oder einer ihrer Kollegen schon einmal Opfer von Beschimpfungen oder Bloßstellungen im Internet geworden sind.

Allerdings: Rund ein Viertel der betroffenen Lehrer bestätigte, dass sie auch von Eltern über das Internet gemobbt wurden. „Wir waren ziemlich schockiert, dass so viele Eltern in Mobbingaktivitäten gegen Lehrer involviert sind", sagte Professor Andy Phippen (soziale Verantwortung in der Informationstechnik, Universität Plymouth 2011). In einem Fall hatte ein Vater sogar eine Hassgruppe gegründet und eine Hetzkampagne gegen den Schulleiter angefangen. Auch hatte der Vater andere Eltern zum Mitmachen aufgefordert, davon hatte sich zum Glück aber nur eine Mutter angesprochen gefühlt.

Wie soll ein Kind lernen, dass es eben nicht normal ist zu mobben, wenn die eigenen Eltern Mobbing befürworten? Allerdings müssen wir hier durchaus auch einen differenzierten Blick auf die jeweilige Situation werfen: Wenn ein Kind z. B. von einem Lehrer in der Schule immer wieder gedemütigt wird, denn auch das gibt es in Deutschland (sogenannte Lehrergewalt), sich nicht anders zu helfen weiß, als etwas darüber anonym auf Facebook zu schreiben, und die Eltern ihr Kind hierbei unterstützen, so ist dies noch verständlich. Nicht nachvollziehbar ist hingegen, wenn Eltern bei Cybermobbing mitmachen, nur weil sie es einfach gut finden oder sogar, um gezielt einen jungen Menschen zu zerstören. Letzteres ist im Fall der 13-jährigen Megan Meier aus Missouri geschehen.

> Im Jahr 2006 wurde Megan über MySpace von einem Jungen angeschrieben. Es entwickelte sich im Laufe der Zeit eine intensivere Freundschaft, man hat viel über sich erzählt, und Megan hat sich schließlich verliebt. Megan schrieb offen über ihre Gefühle, und der Jungen gab vor, ebenso zu empfinden. Megan war im Glück – bis zu dem Zeitpunkt, als eine Mitschülerin auf MySpace Folgendes postete: „Megan ist ein so dumme Kuh ... die hat tatsächlich geglaubt, was ich geschrieben habe, ich wäre ein Junge, und sie war total verliebt und wollte sogar mit mir Sex haben ... die dumme Sau..." Megan, nun öffentlich bloßgestellt, brach zusammen, ging nicht mehr in die Schule, weil sie alle verhöhnten, denn jeder wusste Bescheid. Schließlich nahm sie sich das Leben. Das Unfassbare: Die Mutter der Cybermobberin hatte gemeinsam mit ihrer Tochter den Plan ausgeheckt und fleißig mitgemacht.

Glücklicherweise ist das nicht die Regel, aber es zeigt sich, dass auch Eltern das Online-Verhalten und den Umgangston ihrer Kinder im Netz stark beeinflussen, wie auch eine Umfrage des Antivirusherstellers Bitdefender bestätigt. Die Bitdefender-Experten wollten den Zusammenhang zwischen dem Online-Verhalten der Kinder und deren familiären Umfeld aufdecken. Dazu befragten sie zwischen Juli und September 2012 insgesamt 1800 Eltern in mehreren Ländern, darunter auch Deutschland und Österreich. Dabei zeigte sich: Ein rüder Umgangston und aggressives Verhalten der Eltern kann das aggressive Online-Verhalten ihrer Kinder noch verstärken. „Cybermobbing kann also auch durch das familiäre Umfeld gefördert oder zumindest beeinflusst werden", so Bitdefender Researcher Dr. Sabina Datcu (2012).

Aber bitte jetzt nicht sofort nervös werden, nur weil man hin und wieder selbst ein paar Schimpfworte benutzt, das macht schließlich jeder. Auf die Menge und den Zusammenhang kommt es an.

Schutzfaktoren fördern: Ein weiterer wichtiger Handlungsbereich der Eltern ist, individuelle und soziale Schutzfaktoren zu fördern (Lasogga 2012), die verhindern, dass ihre Kinder zu Cybermobbingopfern oder ´-tätern werden. Denn eines ist ganz klar: Mobbingerfahrungen wirken sich auf die involvierten Schüler und auch Schülergruppen nachhaltig negativ aus (Hawker und Boulton 2000; Prinstein et al. 2001; Wolke et al. 2000). Bei individuellen Schutzfaktoren handelt es um persönliche Eigenschaften und Fähigkeiten der Kinder und Jugendlichen. Soziale Schutzfaktoren betreffen das persönliche Umfeld, Beziehungen und Netzwerke.

Schauen wir uns zunächst die Opferseite an, so ist es von besonderer Bedeutung, folgende individuelle Schutzfaktoren zu fördern: ein positives Selbstbild und gesundes Selbstbewusstsein, Selbstkompetenz und die Überzeugung in die eigenen Fähigkeiten. All diese Eigenschaften führen dazu, dass Kinder und Jugendliche nicht von vorneherein als leicht angreifbarer Opfertyp wahrgenommen werden. Und wer selbstbewusst auftritt, der wird ernst genommen.

Auch sind Gefühle von Einsamkeit, Alleinsein und Mangel an Vertrauen in die eigenen Fähigkeiten abzubauen, oder es ist von vorneherein dafür zu sorgen, dass sie sich erst gar nicht entwickeln können. Natürlich gibt es immer Momente des Zweifelns, das ist vollkommen normal. Aber insgesamt müssen Kinder und Jugendliche lernen, an sich selbst zu glauben und sich selbst wertzuschätzen, so wie sie sind.

Außerdem sollten Eltern dabei helfen, dass ihre Kinder aktive Problemlösungsstrategien (instrumentelle Copingstrategien) entwickeln (Abschn. 2.5.3). Denn es hat sich gezeigt, dass sich gerade diejenigen Stressverarbeitungsstrategien positiv auf den psychischen Gesamtzustand von Kindern und Jugendlichen auswirken, die sich auf eine Problemlösung und Emotionsregulierung richten. Hingegen sind Selbstbeschuldigungen, gedankliche Weiterbeschäftigung, Katastrophisierung und Vermeidungsverhalten eher ungünstig (Hampel und Petermann 2005, 2006; Seiffge-Krenke und Klessinger 2000).

So sollten Kinder in Stress- oder Krisensituationen z. B. wissen, an wen sie sich vertrauensvoll wenden können, wer ihnen hilft und sie unterstützt. Hierzu gehört auch, dass sie ganz genau Bescheid wissen, wie sie im Fall von Cybermobbing vorgehen können, also einen „Erste-Hilfe-Plan" im Kopf haben. Wenn sie selbst Opfer von Cybermobbing geworden sind oder dies bei anderen im Netz mitbekommen, sollten z. B. Chatgespräche und verbreitete Bilder sofort als Beweise kopiert werden (Daten sichern). Dazu gehört auch, die Tatzeiten festzuhalten, versuchen, die Nicknames oder die Profile ausfindig zu machen, und die Provider zu informieren.

Und: Auch psychisch sollten Kinder und Jugendliche die Fähigkeit entwickeln, mit Stress und Krisen besser umgehen zu können, dazu gehört u. a. Widerstandskraft (Hardiness). Das Gefühl, die Situation und die Richtung der Weiterentwicklung unter Kontrolle zu haben oder zumindest Einfluss auf die Dinge nehmen zu können, ist nicht nur für die Bewältigung wichtig (Selbstkontrolle). Es verhindert häufig auch, dass Jugendliche als Opfer ausgesucht werden: Denn wer nach außen Stärke und Selbstbewusstsein ausstrahlt, ist für die Täter meist uninteressant.

Auch soziale Schutzfaktoren sind zu stärken. Warum? Wie wir bereits gesehen haben, sorgt ein gutes Beziehungsnetzwerk, das keinen Zweifel an der Unterstützung lässt, nicht nur für ein Gefühl der Sicherheit und führt zu mehr Selbstvertrauen. Es hilft auch, Mobbing und Cybermobbing zu verhindern, denn die Täter haben es hier deutlich schwerer, eine Angriffsfläche zu finden. Für das familiäre Umfeld heißt das: Eltern sollten ihren Kindern vermitteln, dass sie für sie da sind, egal was passiert, und dass sie sie immer unterstützen, dass sich die Kinder also auf die Eltern verlassen können. Dabei sollten Eltern auch die Freundschaftsbeziehungen ihrer Kinder fördern, z. B. durch ein offenes Zuhause, in dem gespielt werden kann und Feten gefeiert werden können.

Zu guter Letzt sollten Eltern immer bedenken, dass Überprotektion kontraproduktiv ist, auch wenn sie ihre Kinder schützen möchten. Wenn man seinem Kind nicht erlaubt, mit Freunden allein in die Stadt zu fahren, ihnen nicht zutraut, dass sie auch mit dem Bus wieder nach Hause kommen, ihnen die Internetnutzung völlig verbietet, dann versuchen sie auf anderen Wegen, sich die Freiheiten zu nehmen. So könnten sie z. B. in Internetcafés oder bei Freunden ihre ersten Interneterfahrungen machen und hierdurch auf Facebook neue Bekanntschaften mit völlig Fremden schließen, von denen die Eltern keine Ahnung haben. Verbote führen eher dazu, dass sich Kinder in Gefahr begeben, als wenn man sie z. B. bei den ersten Interneterfahrungen aktiv begleitet. Doch das heißt nicht, alles zu erlauben. Denn Regeln müssen sein und auch eingehalten werden, altersgerecht und abhängig vom Entwicklungsniveau der Kinder (Michaelsen-Gärtner und Witteriede 2009).

Förderung von Schutzfaktoren, die eine Viktimisierung verhindern

- Positives Selbstwertgefühl fördern
- Selbstkompetenz fördern
- Aktive Problemlösungsstrategien entwickeln (instrumentelle Copingstrategien)
- Fähigkeit, mit Stress umgehen zu können, stärken
- Selbstkontrolle und Widerstandsfähigkeit (Hardiness) entwickeln
- Gutes Beziehungsnetzwerk, das keinen Zweifel an den Freundschaften lässt, aufbauen
- Überprotektion verhindern

Schauen wir uns nun die Täterseite an, so müssen wir als Eltern vor allem die folgenden individuellen Schutzfaktoren im Blick haben und unterstützen:

Zunächst gilt es, bei Kindern und Jugendlichen soziale Kompetenzen zu fördern. Sie müssen für ein offenes Miteinander und auch zur Auseinandersetzung mit anderen fähig sein. D. h., Eigenschaften wie Teamfähigkeit,

Kontaktfähigkeit, aber auch Kritisierbarkeit und Akzeptanz anderer Meinungen müssen als Teil der Erziehung gestärkt werden.

Auch müssen Kinder und Jugendliche lernen, sich selbst richtig einzuschätzen, gemäß dem Motto: Wozu bin ich fähig, was kann ich leisten oder wie kann ich mich verbessern? Eine unrealistische Selbsteinschätzung, wenn ein Kind sich im Vergleich mit anderen z. B. für besonders begabt hält – obwohl das vielleicht nicht einmal der Fall ist – und dies von den Eltern noch unterstützt wird, kann durchaus ein Gefühl von Überheblichkeit fördern. Und ein solches Überlegenheitsgefühl kann dann dazu führen, dass Jugendliche Personen, die anders sind, als sie selbst, verachten und schikanieren.

Allerdings fördert auch die Tendenz zu Impulsivität oder zu kopflosem Handeln Aggression und Mobbingverhalten. Ein wichtiger Schutzfaktor also, der Mobbingverhalten eindämmen kann, ist somit, zu erlernen, die Gefühle unter Kontrolle zu halten und nicht sofort aus einem Impuls heraus zu reagieren.

Auch sollten Eltern versuchen, in ihrer Erziehung niemals Gewalt als Mittel zum Zweck zu akzeptieren oder zu befürworten. Denn wie wir bereits gesehen haben, zeigen ja gerade Kinder und Jugendliche, die Gewalt befürworten und auch als Mittel zur Konfliktlösung oder zur Zielerreichung bewerten, häufiger aggressives Verhalten und eben auch Mobbing als andere.

Zudem sollten Jugendliche das Gefühl oder die Tendenz abbauen, anderen immer aggressive Absichten zu unterstellen. Ein Jugendlicher, der nämlich annimmt, dass jeder, der ihn komisch anschaut, ihm gleich etwas Böses will, reagiert darauf auch eher mit Gewalt und Aggression. Es gilt also auch, die Wahrnehmung des Umfeldes und der in der Nähe befindlichen Personen realitätsnah zu schulen.

Und zu guter Letzt ist es besonders wichtig, die Empathiefähigkeit von Kindern und Jugendlichen für andere Menschen zu erhöhen. Denn können sie sich in die Situation eines anderen hineinversetzen und z. B. die Probleme, Trauer oder Schmerzen anderer verstehen, dann werden sie mit höherer Wahrscheinlichkeit versuchen, in solchen Leidenssituationen zu helfen und nicht selbst solche herbeizuführen.

Wenn wir die sozialen Schutzfaktoren betrachten, so sollten Jugendliche z. B. in ein Beziehungsnetzwerk eingebunden werden, das Gewalt eher ablehnend gegenüber steht. Gehören Jugendliche nämlich einer Peergroup oder Gang an, die brutales oder kriminelles Verhalten befürwortet und auch ausübt, dann werden sie mit hoher Wahrscheinlichkeit in bestimmten Situationen auch selbst so handeln. Wird dagegen aber Gewalt vom gesamten familiären und sozialen Umfeld (Eltern, Geschwistern, Freunden, Clique, Mitschüler usw.) abgelehnt, wird ein Jugendlicher im Falle aggressiven, gewalttätigen Verhaltens von seinem sozialen Beziehungsnetzwerk sanktioniert und somit zum ungeliebten Außenseiter. D. h., Aggression anzuwenden, hätte für den Jugendlichen gar keinen Nutzen, im Gegenteil, es würde ihm nur schaden! Das soziale Beziehungsnetzwerk hat also einen starken Einfluss auf das Gewaltpotenzial von Kindern und Jugendlichen. Nicht immer kann man verhindern, dass Kinder und Jugendliche Kontakt zu besorgniserregenden Kreisen bekommen, gerade was das Internet angeht, aber man kann als Eltern dafür sorgen, dass man gemeinsam darüber diskutiert und reflektiert.

Die Förderung und Stabilisierung von Schutzfaktoren durch die Eltern können somit durchaus das Risiko einer Täterschaft verringern.

Förderung von Schutzfaktoren, die eine Täterschaft verhindern

- Soziale Kompetenzen fördern (z. B. Teamfähigkeit, Kontaktfähigkeit, Kritisierbarkeit)
- Unrealistische Selbsteinschätzung verringern
- Überlegenheitsgefühl gegenüber Schwächeren oder Personen, die einfach anders sind, abbauen
- Tendenz zu Impulsivität verringern
- Eine positive Gewaltbeurteilung und die Einschätzung von Gewalt als Mittel zur Konfliktlösung verhindern
- Tendenz, anderen aggressive Absichten zu unterstellen, abbauen
- Empathiefähigkeit erhöhen
- Ein Beziehungsnetzwerk, das Mobbing und Gewalt ablehnt, aufbauen

---

Allerdings ist es für Eltern nicht immer leicht, genau das Richtige zu tun oder zu entscheiden, was gut und was falsch ist. Wie wir bereits gesehen haben, zeigen sich ja bereits viele Eltern von Kindergartenkindern verunsichert: Wie sollen sie ihre Kinder am besten erziehen, damit sie kompetent werden, im Leben gut vorankommen, sich mit anderen gut verstehen und differenziert auseinandersetzten können?

Verschiedene Arbeitsgruppen, wie z. B. diejenigen um Gerald Patterson vom Oregon Social Learning Center (OSLC) aus den USA, haben sich deshalb mit der Entwicklung von *Elterntrainings* befasst. Diese sollen Eltern helfen und praktische Handlungsvorschläge geben, wie sie angemessen mit Problemverhalten ihrer Kinder umgehen können. Diese Elternprogramme setzen auf die Verbesserung der emotionalen Beziehung zwischen Kind und Eltern, die Entwicklung eines respektvollen und liebevollen Umgangs miteinander, die Förderung der kindlichen Entwicklung durch Lernen, Loben und Vorbildsein, aber auch durch Setzen klarer Regeln und negative Konsequenzen bei Nichteinhaltung (z. B. PEP Wolff Metternich et al. 2002).

Eines zeigt sich ganz deutlich: Bei zahlreichen dieser weltweit eingesetzten Elternprogramme können deutlich positive Effekte festgestellt werden.

Das Aggressionspotenzial und die Verhaltensprobleme oder -störungen der Kinder und Jugendlichen lassen deutlich nach (Heinrichs et al. 2006; Sanders 1999; Sanders et al. 2000). So sind verschiedene Elternprogramme oder Coachings wie z. B. „Triple P" (deutsch: Positives Erziehungsprogramm) von Prof. Matthew Saunders und Kollegen der Universität Queensland, das Programm „Parenting through Change" von Martinez und Forgatch (2001) oder das „Präventionsprogramm für Expansives Problemverhalten (PEP)" von Wolff Metternich et al. (2002), die zum Teil auch in Österreich, der Schweiz und Deutschland eingesetzt wurden, erfolgversprechend.

Um den Risiken von Gewalt, Aggression und Verhaltensstörungen im Jugendalter vorzubeugen, ist es sicherlich sinnvoll, in Zukunft über den flächendeckenden Einsatz solcher Präventionsprogramme für Eltern bereits an Kindergärten nachzudenken.

Als vertrauensvolle Medienratgeber fungieren: Natürlich müssen wir uns auch darüber im Klaren sein, dass der Einfluss auf Werte und Verhalten der Kinder gerade in der Pubertät merklich schwindet. Kinder und Jugendliche versuchen sich in dieser Phase von den Eltern zu lösen, selbstständig zu werden, und orientieren sich vielfach an anderen Personen wie den besten Freunden oder „coolen" Mitschülern.

Dazu dienen aber eben auch immer mehr ihre Online-Freunden aus Facebook & Co. und Stars aus Film, Fernsehen oder Musik (Daily Soaps wie GZSZ, Lady Gaga, Justin Bieber, aber auch Sido oder Bushido usw.). Kinder und Jugendliche suchen sich also gezielt solche Vorbilder, die ganz anders sind als die eigenen Eltern. Dies zeigt sich schon in der Gruppe der 4- bis 5-Jährigen: Bei rund 30 % beeinflusst die Mediennutzung bereits die Sprache (Wortwahl und bestimmte Ausdrücke). Und: 65 % der Kinder in diesem Alter haben bereits einen festen Medienhelden, der bei ihnen auch konkrete Anschlusshandlungen auslöst (KidSmart 2012). Dies können Konsumwünsche, die Suche nach weiteren Informationen, Sendungen und Inhalten zu dem entsprechenden Medienhelden sein, aber auch das Übernehmen von Einstellungen oder sogar Verhaltensweisen.

In der aktuellen Cyberlife-Schüler-Studie des Bündnisses gegen Cybermobbing (2013c) geben 42 % der deutschen Jugendlichen zwischen 8 und 18 Jahren an, dass sie in den Personen, die sie im Internet kennenlernen, starke Vorbilder finden für Mode und Styling, aber auch für das, was sie später einmal werden wollen. Dies ist also ein eindeutiger Beweis dafür, dass soziale Netzwerke immer mehr auch zu einem Sozialisationsmedium werden, in dem Kinder und Jugendliche konkretes Verhalten und Einstellungen erlernen.

Ein weiteres Indiz hierfür ist, dass sich ein Teil der Kinder und Jugendliche, die viel Zeit in sozialen Netzwerken verbringen, verändert. Zumindest behaupten dies immerhin 70 % der Jugendlichen, die an dieser Studie teilgenommen haben, von sich selbst.

Gerade deshalb üben die Eltern im Kindesalter wie auch in der Pubertät eine ganz wichtige Funktion aus: Sie können regulativ auf das wirken, was ihre Kinder außerhalb des Zuhauses und eben auch im Internet kennenlernen. Doch wie können Eltern das vor allem in der schwierigen Zeit der Pubertät erreichen?

Zwei wichtige Faktoren, die Eltern auch in der Pubertät die Akzeptanz im Bereich der Medienerziehung bei ihren Kindern sichert, sind Medienwissen und Vertrauen. Denn Eltern können natürlich nur dann etwas regulieren oder das, was ihre Kinder im Internet sehen, in das richtige Licht rücken, wenn sie 1. wissen, was ihre Kinder online tun und erleben, und wenn sie 2. von ihren Kindern als Ratgeber akzeptiert werden. Doch was wissen Eltern überhaupt über Gefahren, die im Internet für ihre Kinder lauern können?

Wenn wir Eltern beispielsweise zu Online-Risiken befragen, so wissen viele mit den Begriffen Cybermobbing oder Online-Grooming durchaus etwas anzufangen: Fast 90 % der Eltern in Deutschland kennen den Begriff Cybermobbing mittlerweile und Grooming immerhin 69 %. Allerdings haben von Cybercrime bisher nur weniger als die Hälfte der befragten Eltern etwas gehört (Bündnis gegen Cybermobbing 2013a). Und das stimmt schon etwas bedenklich! Denn Cybercrime betrifft ja gerade auch das Internetverhalten von Erwachsenen, wie z. B. die Infizierung von Rechnern mit Schadsoftware (Trojanern usw.), Datenklau, Kreditkartenbetrug usw.

Aber, und das ist wichtig: Viele Eltern sind der Meinung, dass es sich gerade bei Cybermobbing um ein bedeutsames Problem handelt. Doch tun Eltern auch etwas dafür, um ihre Kinder vor diesen Online-Gefahren zu schützen? Beobachten sie, was ihre Kinder im Netz tun? Fragen sie nach und diskutieren sie mit ihren Kindern darüber?

Schauen wir uns einmal an, was Eltern konkret tun, um Online-Gefahren für ihre Kinder abzuwenden. So macht z. B. eine Studie von Grimm und Kollegen aus dem Jahr 2008 deutlich, dass Eltern ihre Kinder bezüglich der Dauer der Internetnutzung größtenteils gar nicht (40 %) oder nur selten (28 %) kontrollieren. Dabei werden die besuchten Internetseiten bei über der Hälfte der Minderjährigen nie kontrolliert und bei weiteren 25 % nur selten.

Ebenfalls gaben in dieser Untersuchung mehr als die Hälfte der unter 18-Jährigen befragten Jugendlichen selbst an, dass sie alle Seiten im Web problemlos anklicken können. Nur bei rund einem Drittel der Kinder und Jugendlichen wurden einige Seiten durch Software gesperrt. Die meisten Eltern beaufsichtigten damals also den Internetkonsum sowohl hinsichtlich der

Dauer als auch der Inhalte nie oder nur selten (Grimm et al. 2008). Ein wenig ernüchternd sind die Ergebnisse schon!

Ein ähnliches Bild zeigt auch die aktuelle Cyberlife-Eltern-Studie des Bündnisses gegen Cybermobbing für das Jahr 2013: Nur 4 von 10 Eltern blockieren bestimmte Internetseiten bzw. Software und Programme, um ihre Kinder vor nicht altersgerechten Seiten zu schützen. Und rund 60 % aller deutschen Eltern haben noch nie Software auf dem vom Kind genutzten Rechner blockiert.

Hinzu kommt, dass gerade der Punkt, der für das Erlernen von Medienkompetenz im Alter der 11- bis 14-Jährigen am allerwichtigsten ist, am stärksten vernachlässigt wird: die Begleitung der Internetnutzung durch die Eltern. So bestätigen nur 6 % der deutschen Eltern, dass sie regelmäßig gemeinsam mit ihren Kindern online gehen. Ca. 24 % geben an, dies ab und zu tun, aber eben nicht kontinuierlich. Also rund 70 % aller deutschen Eltern lassen ihre Kinder ganz allein das Internet besuchen und erkunden!

Diese neuen Zahlen für Deutschland sollten uns durchaus nachdenklich stimmen. Denn gerade bei den jüngeren Internetnutzern fehlt ein erfahrener, kompetenter Ratgeber, wenn sie in unbekannte und unangenehme Situationen geraten. Doch woran liegt dieses zurückhaltende Engagement der Eltern? Informieren sie sich zu wenig? Gibt es nicht genügend Angebote für Eltern, sich mit den Auswirkungen der neuen Medien zu beschäftigen? Glauben sie vielleicht, ihr Kind sei doch davon gar nicht davon betroffen? Oder haben Eltern Angst, sich vor ihren Kindern zu blamieren?

Ein bisschen von allem trifft den Kern des Problems. Erstens gilt: Auch wenn sich Eltern informieren, sind sie häufig überfordert und können die Menge an Informationsangeboten oft nicht in sinnvoll oder nutzlos einordnen. Deshalb fühlen sich auch nur ca. 40 % der deutschen Eltern über die neuen Problemlagen Internet, Handy & Co. gut informiert. Dabei sehen durchaus 75 % der deutschen Eltern ihre Erziehung durch den wachsenden Einfluss der neuen Medien deutlich erschwert (Bündnis gegen Cybermobbing 2013a). Hier besteht also ein klarer Handlungsbedarf!

Zweitens gibt es tatsächlich zu wenige spezifische Angebote für Eltern, um sich über die Problembereiche wie Cybercrime, Cybermobbing oder Grooming zu informieren. Auch bieten die meisten Schulen so gut wie gar keine Informationsabende oder Workshops für Eltern an. Im Jahr 2012 zeigte z. B. eine Untersuchung aller Schulformen in Baden-Württemberg, dass nur 15 % der untersuchten Schulen Informationsveranstaltungen für Eltern zum Thema neue Medien durchgeführt haben. Die Themen Cybermobbing oder Grooming fehlten allerdings ganz. Auch nützliche Hinweise auf der Schulhomepage fehlen oft. So hatten in dieser Studie auch nur 3 % aller weiterführenden Schulen auf ihrer Website Informationen zu Cybermobbing, Risiken im Internet oder ähnlichen Themen veröffentlicht (Studie: Engagement deutscher Schulen zum Thema „Risiken im Web 2.0: Cybermobbing und sexuelle Gewalt im Netz", Bündnis gegen Cybermobbing 2012). Also auch hier müsste sich einiges verbessern! Wie dies aussehen kann, werden wir später noch sehen.

Und Drittens: Nur 7 % der Eltern wissen, dass ihr eigenes Kind in Cybermobbing involviert ist. Demgegenüber glauben aber 27 % der befragten Eltern, dass andere Kinder von Cybermobbing betroffen sind (Bündnis gegen Cybermobbing 2013a). Das heißt also, hier klaffen Problembewusstsein im eigenen Umfeld und die tatsächlichen Gegebenheiten auseinander.

Also: Auch wenn das Engagement der Eltern bezüglich der Beobachtung und Kontrolle des Internetverhaltens ihrer Kinder eher gering ist, sehen sie ja durchaus die Bedeutung von Risiken und Gefahren, denen ihre Kinder im Internet ausgesetzt sind. Allerdings ist dies auf den ersten Blick ja ein eindeutiger Widerspruch. Wie müssen wir dies nun deuten?

Ein Grund für die elterliche Zurückhaltung ist oft, dass es für sie ein Problem darstellt, mit ihren Kindern darüber zu reden. Ein Teil der Eltern möchte sich keine Blöße geben, wenn sie in der Handhabung des Internets nicht so gut sind wie ihre Kinder. So halten rund 57 % der deutschen Eltern ihre Kinder für Internetprofis (Bündnis gegen Cybermobbing 2013a). Eltern glauben auch oft, dass ihre eigenen Kinder sie für totale Internetanalphabeten halten, und trauen sich deshalb nicht, mit ihnen über Facebook, Chatroulette usw. zu reden. „Man traut sich ja gar nicht, mit den Kindern darüber zu reden, die lachen einen ja doch nur aus …", so eine 44-jährige Mutter aus Düsseldorf.

Zum Teil liegt das geringe Eingreifen der Eltern in der Internetnutzung aber auch daran, dass sie ihre Kinder nicht einschränken wollen. Dies auch aus Angst, ihre Kinder könnten in der Schule zum Gespött werden, wenn sie nicht auf Facebook mit Fotos zu finden sind.

Die Eltern von heute haben es also schon schwer: den Kindern den Zugang zu neuen Medien zu erlauben, aber gleichzeitig auch eine Grenze zu ziehen. So schildert eine Mutter aus Köln ihre prekäre Situation folgendermaßen: „Jeder sagt doch etwas anderes, aber wie viel Internet ist denn überhaupt gut für mein Kind? Und ganz verbieten will ich es ja auch nicht …, aber eigentlich möchte ich meinem 10-jährigen Sohn auch kein Handy mit Kamera geben, aber die anderen lachen ihn doch aus, wenn er eins hätte, das nur Tasten zum Telefonieren hat …"

Natürlich gibt es viele unterschiedliche Expertenmeinungen zur Internetnutzung von Kindern, gerade in den sehr frühen Jahren. Einige wie Manfred Spitzer (2012) lehnen gerade in den ersten Lebensjahren die Internet- und

Computernutzung ganz ab. Andere propagieren den Einsatz schon im Alter von 4 Jahren (Röll 2013). Die Wahrheit liegt wohl irgendwo dazwischen.

Die Technikentwicklung können wir nicht mehr aus der Welt schaffen. Und das wollen wir ja auch gar nicht, denn gerade das Internet hat in vielfältigster Weise zum Fortschritt unserer Zivilgesellschaft beigetragen, nicht zuletzt auch zum volkswirtschaftlichen Wohlstand.

Allerdings sollte man gerade in den ersten Entwicklungsjahren der Kinder bedenken, dass das, was sie hier erlernen, sie auch im weiteren Leben prägen wird. Eine verantwortungsvolle Computer- und Internetnutzung ist somit unerlässlich. Beispielsweise muss ein 8-Jähriger keinen Internetanschluss im Kinderzimmer haben, auch muss er nicht den ganzen Nachmittag vor dem PC sitzen, um Online-Spiele zu spielen oder mit anderen zu chatten. Nutzung ja, aber bitte begrenzt! Wer dies von vornherein festlegt, hat zum einen später auch keine Mühe, weitere Regeln durchzusetzen, und zum anderen beugt man Gefahren wie Vereinsamung oder auch Internetsucht vor (s. Young 1998).

Ganz wichtig ist: „Dass Eltern ihre Kinder begleiten, wie immer im Leben, erst Recht im Internet. […] dass man den Kindern den Rücken stärkt. Dass man wegkommt von ‚Chatten ist schlecht‘, dass man konstruktiv mit den Kindern gemeinsam versucht herauszufinden, wie kann ich das wirklich so nutzen, wie ich das eigentlich möchte", so Moritz Becker von Smiley e. V. Niedersachsen (in Retzlaff 2012).

Ein wichtiger Schritt ist hierbei, dass Eltern ihre eigene Angst verlieren, mit ihren Kindern gemeinsam das Internet zu erkunden. Und: Sie sollten ihren Kindern vermitteln, dass sie mit allem zu ihnen kommen können, ohne dass sie befürchten müssen, man verbiete ihnen sofort die gesamte Internet- oder Handynutzung.

Also: Das Aufbauen von Vertrauen ist ein weiterer ganz bedeutender Aspekt, um Kinder vor einer Eskalation durch Cybermobbingattacken oder auch sexuellen Übergriffen zu schützen. Eltern müssen eingreifen können, bevor noch Schlimmeres passiert. Dies können sie aber nur, wenn sich ihre Kinder trauen, über Online-Probleme oder unangenehme Erfahrungen mit ihnen zu besprechen. Eltern sollten also viel mehr Zutrauen in die eigenen Fähigkeiten haben: Wenn sie von Beginn an mit ihren Kindern gemeinsam das Internet erkunden und darüber diskutieren, dann akzeptieren die Kinder auch später ihre Meinung.

Allerdings müssen sich Eltern dazu ihren Kindern gegenüber auch informiert zeigen. D. h., sie müssen natürlich erst einmal wissen, was im Netz überhaupt los ist und was ihre Kinder dort tun. Wer z. B. keine Ahnung von Chatroulette hat, der wird von den Kindern eben belächelt. Wir müssen uns somit alle regelmäßig über neue Trends im Lifestyle der Jugend informieren.

Wer sich Jugendzeitschriften kauft oder sich diese Magazine auf den Online-Portalen anschaut, der kann mitreden. Und wir sollten auch ab und zu auf Facebook nachschauen, was hier überhaupt unter den Jugendlichen läuft. Der einzige Weg für Eltern, die Kommunikation zu Themen rund um das Internet mit ihren Kindern zu suchen und Gefahren oder Risiken zu diskutieren, ist, selbst über die Medien Bescheid zu wissen. Der erhobene Zeigefinger, Hysterie und Verbote bringen hier niemanden weiter.

Wir sollten also durchaus auf Augenhöhe mit den Kindern diskutieren. Aber: Wir müssen dabei auch deutlich machen, was geht und was nicht geht. Denn die Lebenserfahrung haben die Eltern und nicht die Kinder.

Um ihren Kindern also einen verantwortungsvollen Umgang mit den neuen Medien zu ermöglichen, sollten Eltern Folgendes in den Fokus rücken:

• das eigene Medienwissen ausbauen,
• durch das eigene Medienwissen Akzeptanz bei ihren Kindern als Ratgeber und Vertrauensperson schaffen.

Allerdings ist das natürlich nicht immer ein einfaches Unterfangen, vor allem, wenn beide Elternteile berufstätig sind oder wenn man alleinerziehend ist. Auch ist die Informationsflut gerade im Internet groß. Wie entscheidet man also, welche Informationen für Diskussionen mit den Kindern wirklich nützlich sind?

Hierbei sind Eltern häufig überfordert. Mittlerweile gibt es zwar einige Angebote für eine Medienausbildung der Eltern wie z. B. im Bundesland Berlin-Brandenburg, das Elternseminare anbietet und auch die Ausbildung zum Eltern-Medien-Trainer (http://www.bits21.de/153_Eltern_Medien_Trainer_in.htm). Aber dies sind leider bis jetzt in Deutschland Ausnahmebeispiele.

Um das Mediennutzungsverhalten ihrer Kinder besser einschätzen zu können, sind folgenden Fragen für Eltern hilfreich:

• Welche sozialen Beziehungsnetzwerke hat Ihr Kind im Alltag (Schule, Nachbarschaft, Sportverein usw.) und wie nutzt es diese im Vergleich zum Internet (z. B. Facebook) oder Computerspielen?
• Wie sind die allgemeinen Fortschritte in der Entwicklung der Sprache und des Bewegungsapparates Ihres Kindes (s. dazu auch Marci-Boehncke 2013)?
• Hat Ihr Kind Interesse an eigenen sportlichen Aktivitäten (z. B. Fußball, Ballett, Turnen)?
• Wie verhält sich Ihr Kind gerade nach einer intensiven Mediennutzung (z. B. Fernsehen, Spielekonsolen, PC)? Ist es müde, verängstigt, unausgeglichen oder eher aggressiv?

- Hat die Mediennutzung Ihres Kindes häufig eine kompensatorische Funktion (z. B. Alleinsein entfliehen, Ablenkung wegen schlechter Schulleistungen oder Konflikten mit den Eltern)?
- Nutzt Ihr Kind PC und Internet am meisten mit Freunden zusammen oder alleine?
- Wie intensiv setzt sich Ihr Kind mit den Medieninhalten auseinander? Kann Ihr Kind differenzieren zwischen Film oder Rollenspiel und Fiktion und der realen Alltagswelt? Oder sieht es gerade in medial vermittelten Inhalten eine echte Welt (z. B. TV-Soaps wie GZSZ, Rollenspiele wie World of Warcraft)?
- Kann Ihr Kind Regeln bei der Nutzung von Internet und Handy einhalten?

Um die Mediennutzung ihrer Kinder beurteilen zu können, müssen Eltern sich allerdings auch Fragen darüber stellen, ob sie selbst ein unsicheres, risikoreiches Online-Verhalten an den Tag legen: welche und wie viele Fotos sie ins Netz stellen, die nicht nur ihre Freunde, sondern auch die „Freunde ihrer Freunde" einsehen können usw.

Auch müssen Eltern sich selbst hinterfragen, inwieweit sie bei ihren Kindern überhaupt Regeln für die Internet- und Computernutzung klar und deutlich festlegen, und diese auch standhaft durchsetzen. Natürlich sind Ausnahmen in Ordnung (z. B. einmal im Monat länger als sonst mit Freunden an einer LAN-Party teilnehmen dürfen). Aber zu viele Ausnahmen können die Grundsätze außer Kraft setzen, und als Folge nehmen Kinder bei ihren Eltern fehlende Durchsetzungskraft und Standhaftigkeit wahr.

Eine wichtige Aufgabe, die die Eltern als Medienratgeber also haben, ist, ihren Kindern ein sicheres Nutzungsverhalten im Cyberspace aufzuzeigen. Hierzu gehört, dass bestimmte Gefahren, aber auch Verhaltensweisen diskutiert werden, die die möglichen Risiken begrenzen können. Kinder und Jugendliche sollten aber auch generell befähigt werden, medienkritisch mit Inhalten umzugehen, die sie in Film, Fernsehen, aber auch auf YouTube oder Facebook konsumieren.

Genauso wenig wie der Tatort am Sonntagabend den wirklichen Arbeitsalltag von Polizei oder Landeskriminalamt schildert, ist das normale Leben in keiner Weise so, wie es in den TV-Soaps „Gute Zeiten, schlechte Zeiten", „Berlin Tag & Nacht" oder im „Dschungelcamp" abläuft. Gleichermaßen kritisch und vorsichtig müssen auch Inhalte bewertet werden, die uns auf YouTube oder Facebook begegnen: Hinter den „Büroschlampen" auf Facebook können sich nämlich durchaus nicht nur Frauen, sondern auch Männer verbergen, die sich als Frauen ausgeben, um so an Informationen zu kommen und eventuell auch einen sexuellen Kick zu erleben. Und nur, weil ein Video, das gewalttätige Sexszenen zeigt, auf YouTube bereits 200.000 mal angeklickt

wurde, heißt das noch lange nicht, dass dies den ganz normalen sexuellen Alltag darstellt. Denn die meisten Beteiligten machen dies eben nicht unbedingt
freiwillig: Gerade Vergewaltigungsvideos entstehen dadurch, dass man Frauen
durch Gewalt und Erpressung zur Teilnahme zwingt.

Kinder und Jugendliche müssen also lernen, zwischen Fiktion und Normalität zu unterscheiden. Denn Aussagen wie „Die wollen doch alle hart
genommen werden, die Schlampen" des uns bereits bekannten 14-jährigen
Schülers, sollten nicht zu unserem Alltag werden! Ein sozial verantwortungs-
volles Medienhandeln und eine kritische Medienbeurteilung sollten Kinder
und Jugendliche im Laufe der Zeit entwickeln. Dafür sind die Eltern in be-
sonderem Maße gefordert.

Wie sollten Eltern aber nun vorgehen, um ihre Kinder an verantwortungs-
volles, kritisches Medienhandeln heranzuführen? Natürlich werden sich auch
heftigere Diskussionen mit den Kindern um die Nutzung von Internet und
Online-Spielen oder Spielekonsolen niemals ganz vermeiden können. Doch
auch davor sollten sie keine allzu große Angst haben und diese Konflikte nicht
nur negativ sehen. Denn gerade hier ergeben sich vor allem in der Pubertät
Ansätze, die allgemeine Kommunikation in der Familie wieder auszuweiten,
wenn sich die Jugendlichen doch gerade in dieser Phase den Eltern so gerne
entziehen. Außerdem bieten Auseinandersetzungen immer auch zahlreiche
Möglichkeiten, Meinungen auszutauschen, und vor allem, zu neuen Einsich-
ten oder Ansichten zu kommen.

Und wenn wir als Eltern ein paar Spielregeln von vorneherein mit in
den Fokus unserer Medienerziehung rücken, läuft vieles einfacher und ent-
spannter: So sollten Eltern gerade jüngere Kinder nicht alleine vor den Bildschirm setzen, sondern die PC- und Internetnutzung hilfestellend begleiten.
Dazu gehört auch, dass Eltern und Kinder gemeinsam im Internet surfen
und die Vorlieben der Kinder (z. B. besuchte Websites) miteinander besprechen oder sich darüber austauschen, was ihnen an welchem Webangebot
besonders gut oder eben auch nicht gefällt. So weisen neue Studien ganz
klar nach: Ein langsames Heranführen an die neuen Medien durch die Eltern, und nicht etwa ein Ergründen auf eigene Faust, führt zu weniger Cybermobbing auf der Täter- und auf der Opferseite (Bündnis gegen Cybermobbing 2013c).

Auch sollten ein genauer Zeitplan sowie Nutzungsregeln aufgestellt werden, damit von vorneherein klar ist: Stundenlang unablässig vor dem Bildschirm sitzen, kommt nicht in Frage.

Dabei ist gerade für die ganz jungen Usergruppen die Installation einer
Jugendschutzsoftware auf dem benutzten PC sinnvoll. Für die ganz Jungen
kann man auch eine kindgerechte Startseite wie z. B. www.blindekuh.de
einrichten und bestimmte Websites sperren. Dabei ist auch ein Adressenver-

zeichnis nützlich, das alle zu besuchenden Websites beinhaltet. Die Erstellung einer E-Mail-Adresse sollte ebenfalls gemeinsam mit dem Kind geschehen, aber wir sollten uns auch überlegen, ob unsere Kinder mit 6 Jahren überhaupt schon eine E-Mail-Adresse benötigen!

Folgendes sollten nicht nur Kinder, sondern auch Erwachsene unbedingt einhalten:

- Möglichst nicht zu viele private Daten verbreiten, vor allem nicht an Fremde weitergeben, wie z. B. Alter, Adresse, Urlaubsort, Telefon, Schule, Körpergröße, Gewicht oder Körbchengröße.
- Keine zu intimen Fotos veröffentlichen (z. B. im Bikini, am Strand, in Unterwäsche, oben ohne). Überlegen, ob es sinnvoll ist, ein Fotobuch mit Hunderten von Familienfotos zu veröffentlichen. Vor allem Grundschüler sollten davon noch keinen Gebrauch machen!
- Passwörter nicht anderen mitteilen, auch nicht an Freunde weitergeben. Denn auch, was einmal als Spaß begonnen hat, kann böse enden.
- Sicherheitsstellungen für den privaten Bereich unbedingt beachten! Aber bitte nicht vergessen: Je mehr Freunde man hat, desto mehr können das Profil einsehen!
- Überlegen, was man im Netz veröffentlicht, denn es bleibt ein Leben lang drin!
- Konflikten auf Facebook & Co. aus dem Weg gehen, diese nicht eskalieren lassen, sondern mit anderen darüber reden und sie notfalls dem Provider mitteilen.
- Nicht jeden, der einem eine E-Mail oder Kontaktanfrage schickt, sofort in die Freundesliste aufnehmen: Ein gesundes Misstrauen ist durchaus angebracht, denn man weiß ja nie, wer sich hinter dem Nickname oder dem Profilbild tatsächlich verbirgt.
- Auch sollte man ab und zu nach seinem eigenen Namen suchen, um zu schauen, ob nicht ein Profil existiert, das man selbst gar nicht erstellt hat (z. B. über www.yasni.de): Dann ist Vorsicht geboten!

Ein weiterer wichtiger Ansatzpunkt: Eltern sollten auch zu den Eltern der Freunde engeren Kontakt aufnehmen und gerade auch Fragen der Medienerziehung gemeinsam diskutieren. Auch hier kann man sich absprechen: Was ist kind- oder entwicklungsgerecht und was erlauben wir und was nicht?

Und: Eltern können mit einem offenen Haus für die Freunde ihrer Kinder dafür sorgen, dass viel mehr im geschützten Raum stattfindet, statt außerhalb des familiären Umfeldes in Cybercafés oder an öffentlichen W-LAN Spots. Auch das Diskutieren mit den eigenen Kindern und deren Freunden über Sexualität im Internet (mädchen- und jungenspezifisch) und Risiken wie Cybermobbing kann dazu beitragen, das Vertrauen der Kinder zu fördern. Wichtig: immer ohne den erhobenen Zeigefinger oder zu viel Pessimismus! Auch ältere Geschwister können hier ganz gut als Diskussionsratgeber mit ins Boot geholt werden.

> - Was tun Sie, um Ihrem Kind eine verantwortungsvolle Mediennutzung zu vermitteln?
> - Welche Quellen nutzen Sie, um sich über Medienverhalten, Neuigkeiten und Trends zu informieren?
> - Geben Sie klare Regeln bei der Internet-, Handy- und Fernsehnutzung vor?
> - Nutzen Sie Kindersicherungen am PC oder auch technische Einschränkung der PC-Laufzeit oder Handynutzung (z. B. PC schaltet sich nach einer bestimmten Zeit automatisch ab, W-LAN ist nur zu bestimmten Zeiten aktiv, Prepaidkarte verfügt nur über einen bestimmten Betrag im Monat)?
> - Überlegen Sie sich auch einmal, warum Sie bestimmte Dinge erlauben und andere nicht!
> - Wann und aus welchem Grund schenken Sie Ihrem Kind mediale Endgeräte (z. B. PC, Spielekonsolen, Handy, iPod) oder medienbezogene Produkte (z. B. Handyvertrag mit Internetflatrate, Spiele, Unterhaltungssoftware, Lernsoftware)?
> - Sprechen Sie mit anderen Eltern in der Schule über Medienerziehung, Risiken und Altersbegrenzungen?

4.1.1　Auf welche Warnzeichen sollen Eltern achten?

Unsere Kinder sollten weder zu Opfern noch zu Tätern werden. Und damit Eltern Cybermobbing bereits in den Anfängen stoppen und sie ihren Kindern schnell und konkret Hilfestellung geben können, sollten sie unbedingt lernen, erste Anzeichen wahrzunehmen (Abb. 4.1).

Zum einen müssen sie ganz genau hinschauen: Verändert sich mein Kind? Ist es z. B. immer häufiger allein zu Hause und bekommt es keinen Besuch von Freunden mehr? Wird mein Kind auffallend stiller oder wird es aggressiver? Schottet sich mein Kind von mir zunehmend ab? Steht es auch an der Bushaltestelle oder nach dem Sport alleine, wenn man es abholt? Gerade Veränderungen in den sozialen Beziehungen und Netzwerken können auf Probleme hindeuten.

Aber auch Änderungen im Aussehen und gesamten Auftreten können Warnhinweise sein: Kommt mein Kind z. B. mit dreckigen, kaputten Sachen nach Hause oder will es die teuren Markenklamotten nicht mehr in der Schule anziehen, verhüllt es sich unter langen weiten Shirts, Pullis oder dunklen

Abb. 4.1 Worauf Eltern bei ihren Kindern besonders achten sollten, um Warnzeichen für Cybermobbing zu erkennen. (Quelle: Katzer 2012a)

Klamotten, wird es immer dicker oder nimmt es immer mehr ab und gleitet in Magersucht oder Bulimie? All dies können Hinweise dafür sein, dass irgendetwas mit dem Kind nicht stimmt und dass es vielleicht persönliche oder schulische Probleme hat. Dahinter muss sich natürlich nicht immer ein Fall von Mobbing oder Cybermobbing verbergen, aber es könnte sein, und deshalb sollten Eltern hier besonders Acht geben.

Natürlich können auch Leistungsschwankungen in der Schule oder Schulverweigerung darauf hindeuten, dass möglicherweise etwas nicht in Ordnung ist. Das kann aber auch der neue Lehrer sein, mit dem das Kind im Moment nicht klarkommt, oder anfängliches Eingewöhnen in einer neuen Klasse. Doch es kann auch etwas anderes dahinterstecken.

Und auch Veränderungen in der Internet- oder Computernutzung können Hinweise darauf sein, dass etwas nicht stimmt: Will mein Kind z. B. gar nicht mehr so oft den Computer nutzen, obwohl sonst der erste Weg nach der Schule direkt zum Laptop oder PC zu Facebook & Co. war? Oder macht es den Bildschirm sofort aus, wenn die Eltern vorbeikommen? All dies können Zeichen dafür sein, dass Kinder etwas zu verbergen haben.

Auffällig ist es auch, wenn Jugendliche den Fragen der Eltern immer mehr aus dem Weg gehen und mit ihnen unter keinen Umständen darüber diskutieren möchten, was sie am PC genau machen. Oder wenn Jugendliche den PC bis spät in die Nacht nutzen und morgens kaum aus dem Bett kommen, ständig übermüdet sind und nicht zur Ruhe kommen oder wenn sie unruhig werden, weil sie den PC einmal nicht sofort nutzen dürfen. In all diesen Fällen sollten Eltern hellhörig werden. Irgendetwas ist vielleicht nicht so, wie es sein sollte.

Ein weiteres Anzeichen für ein ungewöhnliches Internetverhalten kann auch sein, wenn Jugendliche über mehrere Accounts oder Profile auf Facebook oder in anderen sozialen Netzwerken verfügen. Diese können zum Schutz vor weiteren Anfeindungen angelegt worden sein, aber auch, um Cybermobbingattacken unter einem Pseudonym zu begehen. Eltern sollten sich hierbei überlegen, dass das eigene Kind Opfer, aber auch Täter sein kann!

Generell sollten Eltern also alleine aus Sicherheitsgründen regelmäßig nach Profilen ihres Kindes suchen, denn sie können dabei durchaus auf einige stoßen, die ihr Kind gar nicht selbst erstellt hat. Und dahinter können sich kriminelle Machenschaften verbergen.

4.1.2   Erste-Hilfe-Plan für Eltern

Wenn ihr Kind Opfer oder auch Täter von Cybermobbing wird, dann gilt es für die Eltern, sofort zu reagieren. Um entscheidende erste Schritte immer im Kopf zu haben, sollten sie einen konkreten Erste-Hilfe-Plan aufstellen und diesen auch mit ihrem Kind besprechen:

Zuerst soll das Kind unbedingt eine erwachsene Person, zu der es Vertrauen hat, über die Erlebnisse informieren. Wenn dies nicht die Eltern sind, dann können auch Tante, Onkel, Geschwister oder Lehrer benachrichtigt werden. Mit dieser Person sollte das Kind durchsprechen, was man jetzt tun kann. Seitens der Opfer ist es besonders wichtig, jemanden an der Seite zu haben, der ihnen konsequent den Rücken stärkt. Gerade bei der emotionalen Verarbeitung benötigen Opfer starke Unterstützung.

Zunächst sollte man versuchen, ruhig zu bleiben und genau zu überlegen, wie man weiter vorgehen soll. Nun ist es von großer Bedeutung, dass die Daten gesichert werden. Fotos und verleumderische Inhalte müssen kopiert werden, ein Screenshot ist dabei sinnvoll. Man sollte auch probieren herauszufinden, welche Profile z. B. Mitglieder in der Hassgruppe sind, und diese Profilnamen unbedingt notieren.

Eltern und Kinder sollten wissen, an wen sie sich im Fall von Cybermobbing wenden sollen, damit sie den Provider sofort über die Geschehnisse informieren und die notierten Profile an ihn weiterleiten können. Zudem sollte man nachfragen, welche Schutzmaßnahmen der Provider selbst anbietet. Auch engste Freunde sind zu benachrichtigen, damit diese sofort wissen, dass z. B. ein „gefaktes" Profil mit Sex- und Pornoinhalten veröffentlicht wurde. Überhaupt spielen die engsten Freunde bei der Verarbeitung von Cybermobbing eine wichtige Rolle. Das Cybermobbingopfer sollte mit ihnen die Situation diskutieren, sie um Rat fragen und gemeinsam nach Lösungen suchen.

Auch ist es vielfach sehr nützlich, wenn das Kind oder der Jugendliche sich an ein Hilfeportal im Internet wendet, z. B. an www.juuuport.de oder www.save-me-online.de (Abschn. 2.5.3 und 4.1.4).

Und natürlich sollte auch die Schule von dem Cybermobbingvorfall wissen. Idealerweise ist das Thema im Unterricht zuvor bereits ganz allgemein behandelt worden. Im konkreten Fall sollten dann die Beteiligten zur Rede gestellt und auch deren Eltern informiert werden. Denn gerade für die Opfer ist es wichtig, dass die Cybermobber zur Verantwortung gezogen werden (auch Sanktionen sollten verhängt werden: z. B. Handyentzug für eine bestimmte Zeit). Allerdings müssen auch die Täter mit der Opfersituation konfrontiert werden: Möchten sie, dass ihnen genauso etwas passiert? Und: Eltern und Lehrer sollten immer versuchen, die Gründe für Cybermobbing herauszufinden.

Niemand darf Angst haben, sich zu wehren, denn Cybermobbing darf nicht als normal hingenommen werden!

Im Anschluss an solche Vorkommnisse, aber natürlich auch zur Prävention, ist es empfehlenswert, ein Netzwerk gegen Cybermobbing mit anderen Eltern an der Schule des Kindes zu etablieren, so dass man sich austauschen kann. In diesem Rahmen können Elternscouts eingeführt werden, die andere Eltern über eigene Medienerfahrungen und Probleme informieren. Ein Elternnetzwerk kann natürlich auch Medienthemen für den Schulunterricht vorschlagen sowie Experten von außen (z. B. Polizisten, Mobbingcoachs) einladen.

So hat die aktuelle Cyberlife-Eltern-Studie (Bündnis gegen Cybermobbing 2013a) gezeigt, dass sich Eltern durchaus mehr sinnvolle Informationshilfen wünschen würden, die es ihnen auch leichter machen, mit Cybermobbing umgehen zu können (z. B. auch Online-Coaching). Gerade die Unterstützung von der Institution Schule, aber auch der Politik generell wünschen sich die meisten Eltern in Deutschland. Allerdings sind nicht nur Ratgeber oder Informationsveranstaltungen gefragt, sondern ganz konkrete Hilfestellen, die institutionell angeboten werden, Rat geben und aktive Unterstützung leisten können.

Handlungsempfehlungen für Eltern

Jugendwelten und Jugendkulturen bewusst wahrnehmen:
- Online-Welt der Jugend erschließen
- Problematik von Cybermobbing verstehen lernen
- Sich für das interessieren, was Kinder und Jugendliche im Internet tun

Vertrauen aufbauen:
- Keine absoluten Verbote erteilen
- Medienthemen, gerade auch unangenehme Themen wie sexuelle Online-Gewalt oder Cybermobbing, mit Freunden der Kinder gemeinsam diskutieren

Nutzungsregeln mit Kindern gemeinsam erarbeiten:
- Schutzprogramme verwenden
- Über problematische und gefährliche Inhalte und Websites reden (z. B. Grooming auf Flirtportalen, rechtsradikale Lockversuche über harmlos aussehende Umweltportale)
- Rechtliche Konsequenzen ansprechen: Cybermobbing ist strafbar (StGB)!
- Über Schutz der Privatsphäre im Netz sprechen

Auf Warnzeichen bei Kindern achten

Erste-Hilfe-Plan einsetzen:
- Cybermobbing nicht hinnehmen, auch wenn das eigene Kind als Täter auftritt
- Provider informieren und nachfragen, welche Schutzmaßnahmen er selbst anbietet
- Schule und Beteiligte informieren und einbeziehen
- Lösungen gemeinsam entwickeln

Elternnetzwerk aufbauen, auch in der Schule (andere Eltern miteinbeziehen, sich austauschen)
- Elternscouts einführen (Eltern informieren andere Eltern über eigene Medienerfahrungen und Probleme)
- Medienthemen für den Schulunterricht vorschlagen
- Experten von außen in die Schule bringen (Polizisten, Mobbingcoachs)

- Besprechen Sie regelmäßig mit ihren Kind Gefahren und Risiken, aber auch den Nutzen von Internet, Handy & Co.?
- Schauen Sie sich gemeinsam mit Ihrem Kind gezielt TV-Sendungen zum Thema Internet an?
- Welche Medien nutzen Sie selbst, um sich über Cybercrime, aber auch über neue Trends zu informieren?
- Wie können Sie Verbote umgehen, aber trotzdem die Internetnutzung regeln?
- Was erlauben Sie Ihrem Kind wann? Ist das am Wochenende anders als in der Schulwoche?
- Wenn Sie an Ihren eigenen Umgang mit Kommunikationsformen im Internet denken (z. B. wer-kennt-wen, Facebook), wie gehen Sie hier vor, und was ist Ihnen dabei wichtig?
- Könnten Sie sich vorstellen, mit anderen Eltern ein Netzwerk gegen Cybermobbing und für mehr Medienförderung zu bilden, das Sie auch in die Schule tragen?

4.1.3 Was können Freunde tun, um Cybermobbing zu verhindern oder zu bewältigen?

Wie wir bereits gesehen haben, spielen Beziehungsnetzwerke und Freunde eine ganz wichtige Rolle in der Präventionsarbeit. So z. B. als Verteidiger der Opfer und bei der Bewältigung von Cybermobbingerlebnissen, aber auch, um Cybermobbing schon in den Anfängen zu stoppen (Pfetsch 2012; Participant-Role-Ansatz nach Salmivalli et al. 1996).
Denn:

* Wer alleine ist, wird eher zur Zielscheibe von Anfeindungen und Gemeinheiten einer Gruppe.
* Wer alleine ist, kann sich schlechter verteidigen als jemand, der eine schützende Gruppe um sich hat.
* Wer alleine ist, hat oft ein geringeres Selbstwertgefühl, denn es scheint sich für ihn zu bestätigen, dass er weniger gemocht wird und nicht liebenswert ist.

Aber auch für diejenigen, die beobachten, dass jemand zur Zielscheibe von Mobbing wird, spielt es eine wichtige Rolle, ob sie alleine dastehen oder in eine Gruppe integriert sind. Denn:

* Wer ein Teil einer Gruppe ist, der traut sich eher jemandem zu helfen, denn er geht weniger die Gefahr ein, selbst Opfer zu werden: Er hat ja die Mitglieder seiner Gruppe um sich, die im Normalfall zu ihm halten. Der Helfende befindet sich hier also in einem sozialen Schutzraum.
* Wer ein Teil einer Gruppe ist, wird von den Gegnern ernst genommen: Die Tätergruppe ist zurückhaltender und zögerlicher, gegen eine ganze Verteidigergruppe anzugehen.

Deshalb spielen gerade Beziehungsnetzwerke bei der Vermeidung von Gewalt und Mobbing unter Kindern und Jugendlichen eine so große Rolle. Wer einmal erlebt hat, wie sich die Dynamik in einer Klasse verändern kann, wenn sich immer mehr Jugendliche gegen den Täter wenden, der sieht, welche Kraft hier die Gemeinschaft entfalten kann: Der Täter geht auf einmal selbst Gefahr ein, zum Außenseiter zu werden. Der soziale Schutzraum ist also besonders wirksam.
Genau dieses Bewusstsein müssen wir bei Kindern und Jugendliche sehr früh wecken: Sie sollten ein Gefühl dafür bekommen, dass sie Schwächeren besonders in der Gruppe konkret helfen und beistehen können. Und auf der anderen Seite ist es wichtig, auch den Tätern durch die Gruppe zu vermitteln: Gewalt ist keine Lösung und wird bei uns nicht akzeptiert!

Somit spielen Gruppenprozesse und Beziehungsnetzwerke vor allem in zwei Phasen eine ganz wichtige Rolle:

1. bei der Vorbeugung von Cybermobbing,
2. bei der Bewältigung von Cybermobbing.

4.1.3.1 Vorbeugung von Cybermobbing

Gerade bei der Vorbeugung von Cybermobbing spielt das soziale Umfeld eine bedeutende Rolle. So können Freunde und Mitschüler Cybermobbing bereits in den Anfängen stoppen und auch die ersten Schritte gegen eine Eskalation einleiten.

Somit ist es wichtig, dass Jugendliche von Anfang an ihre Augen offen halten: Wer bemerkt, dass auf Facebook oder in einem anderen sozialen Netzwerk etwas abläuft, wodurch jemand geschädigt werden könnte, sollte eingreifen. Ob durch Benachrichtigung des Anbieters (auch über Meldebuttons), Weiterleitung an eine Internetbeschwerdestelle, direktes Einbinden anderer Facebook-User oder Ansprechen der Thematik in der Schule – Zivilcourage ist gefragt! Denn nur so kann Cybermobbing vorgebeugt und Schlimmeres verhindert werden.

Das heißt aber auch, dass potenzielle Opfer von Cybermobbing darauf angewiesen sind, dass sie von Außenstehenden unterstützt werden. Alleine dagegen anzugehen ist äußerst schwierig: Man braucht also aktive Mitstreiter und Helfer.

Wie wir bereits gesehen haben (Abschn. 2.5.1), besteht ja z. B. auch bei neuen Usern, die sich zu Beginn noch unsicher in einem Chatroom oder sozialen Netzwerk bewegen, oder bei Jugendlichen, die viel von ihren Sorgen und Nöten berichten, ein erhöhtes Risiko, gemobbt zu werden. Hier könnten bereits versierte User diese „Gefährdeten" aufklären und ihnen Ratschläge und Tipps geben, wie sie dort sicherer auftreten.

Allerdings zeigt sich, dass Jugendliche selbst ihre Einfluss- und Handlungsmöglichkeiten, die Opfer zu unterstützen und gegen Täter von Cybermobbing vorzugehen, als eher gering einschätzen. Dies muss sich ändern! Gerade den Außenstehenden und Beobachtern muss vermittelt werden, welche wichtige Aufgabe sie im Kampf gegen Cybermobbing haben.

4.1.3.2 Bewältigung von Cybermobbing

Auch bei der Bewältigung und emotionalen Verarbeitung von Cybermobbingerlebnissen sind Gleichaltrige eine große Hilfe. Deshalb sollten Jugendliche, die beobachten, dass z. B. ein Mitschüler oder jemand seiner Freun-

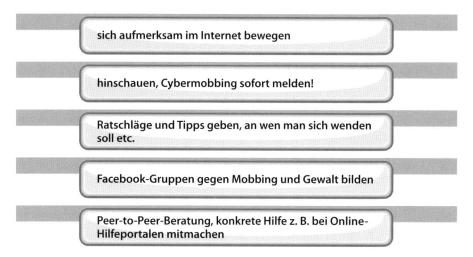

Abb. 4.2 Was jeder Einzelne gegen Cybermobbing tun kann

des- oder Buddyliste auf Facebook zum Opfer von Cybermobbing wird, den Mut haben, diesen anzusprechen und Hilfe anzubieten. Das heißt aber nicht unbedingt, dass man in einen Streit direkt eingreifen muss. So gibt es verschiedene Möglichkeiten, jemandem beizustehen oder zu helfen, ohne direkt involviert zu werden.

Wenn ein Jugendlicher z. B. mitbekommt, dass sich ein Mitschüler aufgrund von Mobbing unwohl fühlt, dann sollte er demjenigen sofort signalisieren: „Ich habe das registriert, und du kannst mit mir darüber jederzeit reden!"

„Je mehr Unterstützer sich an die Seite des Opfers stellen, umso schneller kann Mobbing oder Cybermobbing beendet werden. Und vor allem gibt es den Opfern Hoffnung und Selbstwertgefühl", so Justin Patchin (2011), Cybermobbingexperte aus den USA.

Somit sollten Freunde, Mitschüler und andere Beobachter den Opfern von Cybermobbing klar zeigen, dass sie nicht alleine sind, sie sich bei ihnen aussprechen können und man ihnen auch Hilfe dabei leistet, gegen die Täter vorzugehen. Das macht den Opfern Mut und vor allem trauen sie sich dadurch überhaupt erst, sich gegen Cybermobbing zu wehren.

Dabei können sich Jugendliche für andere Jugendliche auch online einsetzen, z. B. indem sie auf Facebook oder den entsprechenden Chatplattformen Unterstützergruppen gegen Mobbing und Cybermobbing gründen. Dadurch können viele andere Mitstreiter aktiviert werden, die sich für die betroffen Personen einsetzen, ihnen beistehen und sie verteidigen. Wir können also das Internet auch sehr gut nutzen, um Gruppenprozesse einzuleiten und zu fördern.

Und wer nicht direkt aktiv in das Geschehen eingreifen und als Helfer in Erscheinung treten möchte, kann Cybermobbingopfern auch anonym in Online-Hilfeportalen Unterstützung anbieten. Hier kann man den Opfern von Cybermobbing ein offenes Ohr leihen und sie beim weiteren Vorgehen beraten, ohne dass Fremde oder Cybermobber davon wissen.

Somit sehen wir, dass die sogenannten „Bystander" eine sehr wichtige Funktion bei der Vorbeugung und der Bewältigung von Cybermobbing haben, da sie die Opfer online und offline unterstützen können (Pfetsch 2012), wie Abb. 4.2 noch einmal zeigt.

4.1.4 Internet, Fernsehen und Radio als Medien für Prävention und Opferberatung

4.1.4.1 Prävention in Internet, Fernsehen und Radio

Damit Eltern ihren Kindern zukünftig medienpsychologische und medien-pädagogische Kenntnisse besser vermitteln können, benötigen sie spezifische Informationsratgeber, die einen guten und verständlichen Überblick zu den wichtigsten Themen geben.

Natürlich gibt es zahlreiche Infoseiten im Web und Texte zum Download, doch diese können Eltern nicht alle lesen und durcharbeiten. Auch stellen sie sich häufig die Frage, welche Informationen nützlich sind und welche eben nicht. Zudem gibt es eine Vielzahl interessanter Projekte gegen Gewalt und Mobbing für Kinder und auch Eltern, die im Netz vorgestellt werden, doch leider findet man nur in manchen Bundesländern gute Angebote.

Sinnvoll wäre es also, wenn wir uns alle einen guten Überblick über die Gesamtheit nützlicher Angebote und Präventionsprojekte verschaffen könnten. Dazu könnte man ein überregionales Netzwerk nutzen, das den Austausch aller Erkenntnisse ermöglicht, wie z. B. das I-KIZ (Zentrum für Kinderschutz im Internet) oder die Landesmedienanstalten der Länder.

Insgesamt sehen Eltern in den Online-Medien eine große Chance für die Präventionsarbeit (Bündnis gegen Cybermobbing 2013). So können sich viele Eltern durchaus auch vorstellen, dass Online-Coachings zum Thema „Umgang mit Mobbing und Cybermobbing", E-Mail-Dienste mit Ratgeberfunktion oder Apps auf Smartphones für Prävention und Aufklärung entwickelt werden. Es ist also sinnvoll, über entsprechende Fortbildungs- und Informationsangebote für die Gewaltprävention und Medienbildung nachzudenken.

Dabei sollten aber auch Fernsehen und Radio nicht vernachlässigt werden und spezielle Formate für Kinder und Eltern entwickeln. So wurde bereits ein Ansatz für ein Fernsehformat für Jugendliche, „Netzm@gazin", vorgestellt (Katzer und Heinrichs 2012b).

Einige nützliche Links für Eltern zur Netzsicherheit:
www.webhelm.de
www.jugenschutznet.de
www.klicksafe.de
www.schau-hin.info.de
www.surfen-ohne-risiko.de
www.bündnis-gegen-cybermobbing.de

Dieses TV-Format „Netzmag@zin" hat das Ziel, detailliert über das Online-Leben der Jugendlichen zu informieren, über Risiken und Gefahren aufzuklären und Präventionskonzepte vorzustellen. Im Sinne der Peer-to-Peer-Education soll es eine Sendung von Jugendlichen für Jugendliche sein. Es soll aber auch dazu beitragen, die Kluft zwischen Jugendlichen und Erwachsenen im Hinblick auf das Thema Cyberlife zu verringern und den Erwachsenen (Eltern, Lehrern usw.) die soziale Bedeutung des Internets für die jüngere Generation nahezubringen. Die Themenwahl können und sollen die Jugendlichen selbst mitbestimmen, und das Magazin sollte z. B. durch Online-Akteure wie Microsoft, Google oder Facebook unterstützt werden.

Auch für das Radio als Informations- und Aufklärungsmedium liegen bereits Vorschläge auf dem Tisch (s. Konzept „Netzl@ben, Katzer und Heinrichs 2012a). Das wesentliche Ziel eines solchen Radioformates sollte darin bestehen, Eltern, Lehrer, Jugendliche selbst und alle anderen Interessierten darüber zu informieren, was im Netzl@ben passieren kann, welche unangenehmen, aber auch positiven Einflüsse dieses auf die Sozialisation der Kinder und Jugendlichen haben kann.

Somit ist nicht nur die Thematik Cybermobbing im Spannungsfeld zwischen virtueller Internetwelt und schulischer Lebenswirklichkeit zu diskutieren, sondern auch die Rolle des Internets als Medium für die Vermittlung von Werten insgesamt. Auch die Folgen dieser Entwicklungen für die zukünftige Medienerziehung im Elternhaus und in der Schule können thematisiert werden.

Neben einem wechselnden Expertenstamm würde die Sendung wöchentlich von einem Hauptmoderator gestaltet. Innerhalb einer halben Stunde können Zuhörer telefonisch oder per E-Mail Fragen zum aktuellen Thema stellen. Diskutiert werden kann auch im Netzl@ben-Forum, das online eingerichtet wird.

Somit ist die aktive Mitgestaltung durch Jugendliche und aller anderen Beteiligten an einem solchen Radioformat von entscheidender Bedeutung. Aufklärung, Handlungsempfehlungen und Präventionsansätze, die die Bereiche Medienerziehung und Gewaltprävention in der Schule, Elternverhalten und politische Rahmenbedingungen besonders hervorheben, sollen im Fokus stehen. Vielleicht wagt sich ja endlich einmal jemand an solche Konzepte heran?

Alles in allem betrachtet, liegt es also zukünftig an jedem von uns, eine so breite Informationsbasis über verschiedene Kanäle bereitzustellen, um die Medienerziehung in Deutschland insgesamt voranzubringen.

4.1.4.2 Opferberatung im Internet

Wie wir bereits gesehen haben (Abschn. 2.5.4 und 4.1.2), werden das Internet und seine vielfältigen Online-Portale von vielen Jugendlichen auch dafür genutzt, um auf Menschen zu treffen, mit denen sie sich über Probleme austauschen können. Schon in eigenen Untersuchungen zu Cybermobbing und sexueller Gewalt in Chatrooms aus dem Jahr 2005 zeigte sich, dass viele Jugendliche, die unangenehme Erlebnisse gemacht haben, nicht nur in ihrem realen, physischen Umfeld Hilfe suchen, sondern auch online im Internet. Dies bestätigt auch die aktuelle Cyberlife-Schüler-Studie (Bündnis gegen Cybermobbing 2013c): So wünschen sich 63 % der befragten Cybermobbingopfer mehr anonyme Hilfe und Beratung im Internet.

Vor allem, wer zu Hause oder auch bei den Freunden keine Ansprechpartner hat, um Stresssituationen, Sorgen oder Liebeskummer zu bewältigen, der sucht vermehrt im Netz nach Hilfe und Ratgebern. Und so vertrauen sich auch verstärkt zahlreiche Jugendliche, die Opfer von sexuellen Übergriffen oder Cybermobbing geworden sind, im Netz jemandem an. Wichtige Gründe dafür sind, dass sich Kinder und Jugendliche aufgrund der Erlebnisse vor den Eltern oder Lehrern häufig schämen oder auch Angst haben, dass z. B. ein vollständiges Internetverbot folgen könnte.

Dass sich gerade Opfer von Cybermobbing und Grooming im anonymen virtuellen Raum des Cyberspace öffnen und Hilfe für ihre Probleme suchen, kommt nicht überraschend. Für die Opfer gilt ähnlich wie für die Täter: Anonymität führt dazu, dass man seine Hemmungen ablegt und sich leichter offenbart als in einer Face-to-Face-Situation. Auch Schamgefühl lässt in einer Situation, in der man körperlich abwesend ist, deutlich nach, d. h., man traut sich eher, über unangenehme, sehr persönliche Dinge zu reden.

So melden sich Ratsuchende noch eher bei einer Online-Beratung als bei einer Telefonberatung, da sie im Internet nicht einmal ihre Stimme zu erkennen geben müssen (Risau 2010). Und: Jugendliche wählen die Online-Beratung selbstständig aus, während eine Face-to-Face-Beratung in einer Fachstelle meist von Erziehungsberechtigten oder Lehrern eingeleitet wird. Gleichzeitig wird auch das eigene Hilfeverhalten einfacher: Man kann anderen helfen oder beistehen, ohne sich zu „outen" und das Risiko einzugehen, eventuell selbst zum Opfer zu werden. Die Anonymität des Internets hat also auch hier Vorteile.

In Deutschland wurden die ersten Online-Hilfeforen im Zusammenhang mit der Beratung von jugendlichen Opfern sexueller Gewalt konzipiert und eingeführt (Wildwasser e. V. und Dunkelziffer e. V.). Mittlerweile werden von immer mehr Experten in der psychologischen Beratung die Vorzüge der Online-Kontaktaufnahme gesehen. So werden im psychosozialen und gesundheitlichen Bereich immer häufiger Online-Beratungsformen im Rahmen der Prävention, zur Unterstützung laufender Beratungsprozesse sowie in der Intervention und Nachsorge angeboten (Risau 2010).

Allerdings stellen sich natürlich auch bestimmte Anforderungen an die Berater und Beraterinnen: Neben der fachlichen Qualifikation sollten vielfältige Medienkenntnisse vorliegen, und die Kommunikation zwischen Klient und Berater muss funktionieren. D. h., der Berater muss das, was ihm über die Chat- oder E-Mail-Kommunikation mitgeteilt wird, richtig einschätzen können, also eine korrekte Ferndiagnose stellen.

Und: Die Online-Beratung stößt auch an ihre Grenzen, nämlich dann, wenn direkte psychotherapeutische oder ärztliche Hilfe erforderlich ist. Allerdings kann man gerade über den Weg der Online-Beratung zu den Klienten langsam ein gewisses Vertrauensverhältnis aufbauen und sie dann im weiteren Verlauf auch zu einer persönlichen Kontaktaufnahme bewegen.

Ein Beispiel für ein solches Experten-Online-Forum ist die Plattform www.save-me-online.de, die im Folgenden näher vorgestellt werden soll. www.save-me-online.de ist eine Expertenberatung, die sich ausschließlich an Kinder und Jugendliche richtet. Verschiedene Experten sind über E-Mail und auch per Chat zu erreichen. Im Vorfeld können die Jugendlichen sich über die Experten etwas informieren, damit sie selbst entscheiden können, von wem sie sich beraten lassen möchten. Die Themen der Beratung: miese Anmache, Missbrauch privater Daten und Fotos, Cybermobbing, ungewollte Zusendung von Pornos, Gewalt per Handy und sexuelle Übergriffe.

Die Beratung ist kostenlos und bietet größtmögliche Sicherheit für die Anonymität der Betroffenen. Wenn jemand Fragen hat oder einen Chattermin ausmachen möchte, kann er sich einfach einloggen, indem er einen Nickname und ein Passwort wählt. Freie Termine findet man auf der Website. Dabei kann man seine eigene Mail-Adresse angeben, wenn man weiter benachrichtigt werden möchte, muss dies aber nicht. Hauptziel: gemeinsam Auswege zu suchen!

Aber nicht nur reine Expertenforen werden in den letzten Jahren deutlich stärker genutzt, auch neue Beratungskonzepte, bei denen Jugendliche andere Jugendliche sozusagen als Erste-Hilfe-Maßnahme unterstützen, werden immer häufiger angenommen. So konnten wir für das Jahr 2013 feststellen, dass immerhin 12 % der Jungen und 6 % der Mädchen, die Opfer von Cyber-mobbingattacken geworden sind, das Peer-to-Peer-Online-Hilfeportal www.juuuport.de genutzt haben (Bündnis gegen Cybermobbing 2013c).

www.juuuport.de ist eine Selbstschutzplattform im Internet auf der Jugendliche, die z. B. mit Cybermobbing in Kontakt gekommen sind (sei es als Opfer oder auch Beobachter), von anderen Jugendlichen Hilfe und Ratschläge erhalten. Jugendliche helfen sich in diesem Portal also gegenseitig, wenn sie Probleme im und mit dem Internet haben. Doch nicht nur zu Cybermobbing können Jugendliche hier Rat bekommen. Auch zu Themen wie Online-Abzocke oder technischen Hintergründen können Fragen gestellt werden: entweder öffentlich im „fooorum" oder persönlich in der Beratung per E-Mail-Formular. Die Beratung ist kostenlos.

Die juuuport-Scouts sind also für alle Jugendlichen da, die Hilfe und Rat suchen, und sind zwischen 15 und 21 Jahren alt. Sie arbeiten ehrenamtlich und werden von Experten aus den Bereichen Recht, Internet und Psychologie ausgebildet, so dass sie dann als Moderatoren und Berater selbstständig auf www.juuuport.de arbeiten können. Träger ist die Niedersächsische Landesmedienanstalt (NLM), Mitförderer sind die Bremische Landesmedienanstalt (brema), die Landesanstalt für Medien Nordrhein-Westfalen (LfM), die Landeszentrale für Medien und Kommunikation Rheinland-Pfalz (LMK), die Medienanstalt Hamburg Schleswig-Holstein (MA HSH), die Medienanstalt Mecklenburg-Vorpommern (mmv), die Medienanstalt Sachsen-Anhalt (MSA) und die Sächsische Landesanstalt für privaten Rundfunk und neue Medien (SLM).

Es ist also durchaus sinnvoll, dass Peer-to-Peer-Konzepte in die Online-Beratung integriert werden. Vor allem, da sich viele Jugendliche eben nicht gerne gegenüber Erwachsenen öffnen. Sie fühlen sich von Gleichaltrigen oder etwas älteren Jugendlichen oft viel besser verstanden.

Wie wir jetzt noch einmal detailliert gesehen haben, ist das Internet eben nicht nur als Tatort besonders geeignet, sondern auch als Plattform, über die ganz gezielt Hilfestellung bei Problemen, Sorgen und Nöten gegeben werden kann. Das Internet ist also auch ein Medium für prosoziales Verhalten. Helfen im Web 2.0 sollte somit zu einem neuen Trend werden!

4.2 Cybermobbing: Eine Herausforderung für das schulische Umfeld

Das schulische Umfeld muss sich in vielfacher Hinsicht den neuen Herausforderungen im Umgang mit Gewalt stellen.

Zum einen liegt dies an der zunehmenden Bedeutung von Mobbing unter Schülern, vor allem durch das neue Phänomen Cybermobbing. Und das gilt nicht nur für weiterführende Schulen, sondern auch für Grundschulen. D. h., die Schule ist ein wichtiger Tatort, an dem Mobbing und Cybermobbing stattfindet. Allein schon deshalb müssen sich Schulen mit dieser Problematik zukünftig stärker auseinandersetzen (Campbell et al. 2008).

Zum anderen ist die Schule der Ort, an dem Jugendliche viel Zeit zusammen verbringen. Somit können gerade in der Schule, die Lernort, soziale Gemeinschaft, aber auch Tatort ist, Präventions- und Interventionsmaßnahmen am besten ansetzen: Denn nur hier hat man Täter, Opfer und Bystander an einer Stelle versammelt (s. auch Olweus 1991).

4.2.1 Welchen Leitlinien sollten Schulen zukünftig folgen?

Um nicht nur kurzfristige, sondern dauerhafte und nachhaltig wirksame Effekte bei der Prävention gegen die verschiedenen Gewaltphänomene wie Mobbing und Cybermobbing zu erreichen, ist die Einführung eines zielorientierten, umfassenden Präventionsmanagements an Schulen sinnvoll. Am erfolgversprechendsten gegen Mobbing und Gewalt sind Konzepte, die die ganze Schule und alle Akteure (Schüler, Lehrer, Direktorium und Eltern) integrieren, darauf weisen auch die Beurteilungen zahlreicher Präventionskonzepte durch Farringdon und Tfofi (2009) hin.

Ein solches Präventionsmanagement beinhaltet vor allem drei Aspekte (Katzer 2012a, 2012c, d, 2013):

1. eine längerfristige Medienerziehung für Schüler, Lehrer und Eltern,
2. eine Gewaltprävention mit Medienerziehung,
3. ein Informations- und Hilfesystem gegen Cybermobbing und Mobbing an allen Schulen.

Um aber überhaupt eine solche zielorientierte Vorbeugung nachhaltig und dauerhaft an Schulen verankern und somit institutionalisieren zu können, steht am Anfang erst einmal die Erfassung der individuellen Schulsituation. Denn nur wenn man die aktuellen Problemlagen an den Schulen kennt, ist es möglich, individuell zu reagieren und entsprechende Konzepte einzusetzen.

Da wir heute wissen, dass Mobbing und Cybermobbing bereits an Grundschulen ein Problem darstellt, muss man also auch schon hier mit der Präventionsarbeit beginnen. Auch haben wir gesehen, dass Pädagogen und Erzieher ebenso wie die Eltern häufig mit der neuen Situation überfordert sind. Lernen zu vermitteln, aber gleichzeitig auch gezielt Ansprechpartner für die Probleme der Jugendlichen zu sein und Mobbing und Cybermobbing im Klassenverband vorzubeugen oder es zu verringern, das ist für viele Lehrer eine schwierige Aufgabe. Auch hier muss sich einiges verbessern.

Lehrern muss die Möglichkeit gegeben werden, sich weiterzubilden, ohne dass dies für sie mit Nachteilen verbunden ist. D. h., die Medienerziehung und Gewaltprävention sollte zukünftig im universitären Lehramtsstudium, aber auch in der Fort- und Weiterbildung zu einem festen Bestandteil werden.

Dabei müssen auch die Angebote für Eltern an Schulen ausgebaut werden. Häufig wird allerdings seitens der Schulen argumentiert, die Eltern hätten ja gar kein Interesse an Workshops oder Informationsveranstaltungen. Um die Eltern stärker zu motivieren, gibt es durchaus kreative Wege, die wir im Folgenden auch diskutieren werden (Stichwort: Peer-to-Parent-Education).

„Auch Eltern erwarten Informationen über das Medium Internet. In den zielgruppenorientierten Fortbildungen von Dunkelziffer e. V. erfahren sie, wie sie Kinder und Jugendliche begleiten können und wo Hilfe zu bekommen ist, falls es zu sexueller Anmache und anderen Formen von Gewalt gekommen ist" (Kerger-Ladleif 2007).

Und: Wir dürfen bei allem nicht die verschiedenen Beteiligten vergessen, die als Akteure für die Präventionsarbeit in der Schule wichtig sind. Dies sind zwar in erster Linie die Schüler, aber das Direktorium sowie die Lehrer stellen die Weichen und geben den Schülern erst die Möglichkeit, präventiv tätig zu werden. D. h., Direktorium, Lehrer und Schüler müssen sich miteinander und untereinander darüber verständigen, was sie verändern wollen, und vor allem müssen sie verstehen, was die anderen bewegt und sie wichtig finden.

Der kommunikative Austausch zwischen allen Akteuren, ist somit das A und O am Anfang der Präventionsarbeit!

4.2.2 Längerfristige Medienerziehung für Schüler, Lehrer und Eltern

Eines wird in Zukunft immer wichtiger werden, nämlich, dass an allen Schulen, den Grundschulen und den weiterführenden Schulen, eine nachhaltige und dauerhafte Medienerziehung eingeführt wird. D. h., kein Schüler sollte zukünftig an seiner Schule ohne einen entsprechenden altersgerechten Medienunterricht aufwachsen.

Dies kann, wie es z. B. in England geplant ist, in Form eines eigenen Lehrfaches „Medienerziehung" geschehen, in dem dann alle Themen rund um die neuen Technologien detailliert unterrichtet werden. Dies hätte den Vorteil, dass es nicht zu einem ständigen Hin- und Herschieben der Verantwortung zwischen den Schulakteuren (Lehrer, Schulleitung usw.) kommen kann, sondern es einen ganz klaren Zuständigkeitsbereich gäbe.

Eine längerfristige Medienerziehung kann aber auch in bereits bestehende Schulfächer integriert werden, z. B. in das Fach Ethik, wie es in Berlin als explorativer Versuch bereits geschehen ist (Scheithauer 2012). Aber auch der Deutschunterricht kann ein guter Einsatzort sein, um den positiven Umgang mit Internet, Handy & Co. zu erlernen. So gibt es in Rheinland Pfalz erste Projektansätze, in denen z. B. die im Unterricht diskutierten Gedichte oder Novellen von den Schülern in filmische Szenen übersetzt, dargestellt und dann mit dem Smartphone, dem Handy oder der Kamera aufgenommen werden. Über YouTube können diese Filme dann auch anderen zur Verfügung gestellt werden, die sie dann als Diskussionsgrundlage für die Behandlung bestimmter Themen im eigenen Unterricht einsetzen.

Auf diese Weise erreicht man zwei wichtige Dinge: Zum einen werden den Jugendlichen Inhalt und Botschaft der behandelten Lektüren lebhafter nahe gebracht. Die Auseinandersetzung mit der besprochenen Thematik wird durch das Mitwirken eher als eigene Erfahrung verstanden. Dazu kommt, dass Lernen und auch Verstehen auf diesem kreativen Weg deutlich leichter fällt und auch mehr Spaß macht. Zum anderen lernen Jugendliche, dass Internet, Handy & Co. nicht nur für die Freizeitgestaltung oder für boshafte Handlungen, wie eben Cybermobbing, zu nutzen sind, sondern auch für einen sinnvollen Einsatz in der Schule oder auch im Beruf.

Entscheidend ist somit bei der Medienerziehung auch, dass es nicht nur um Risiken geht, die mit den neuen Medien zusammenhängen können, sondern eben auch um die vielfältigen Nutzungsmöglichkeiten des Web 2.0. Hierzu gehört auch, dass z. B. ganz neue Berufe durch das Internet entstehen (z. B. in den Bereichen Recht und Justiz, Virenschutz- und Computerspielentwicklung), dass Unternehmen Mitarbeiter über das Internet auswählen, dass Social Marketing über das Internet stattfindet, Lernplattformen entstehen (z. B. Coachingformate) und eben auch Selbstdarstellung, Selbstpräsentation, soziales Miteinander (z. B. Online-Beratung in Psychologie, zu rechtlichen Fragen oder zu Bewerbungsanforderungen) und vieles mehr über soziale Netzwerke wie Facebook gesteuert werden.

Wir sehen also, dass die Einbindung der neuen Medien in den Unterricht in Zukunft eine wichtige Rolle spielen sollte. So können Lehrer z. B. auch soziale Netzwerke wie Facebook oder Twitter zum Lernen im Austausch mit anderen Schulen einsetzen. Ob Internetkonferenzen, Wissenswettbewerbe oder Facebook-Gruppen zu verschiedenen Schulfächern, all diese Formen von Partizipation können helfen, bestimmte Fragestellungen zu lösen, Diskussionen in einem großen Kreis zu führen oder Wissen zu teilen. Auch auf diesem Weg sehen die Jugendlichen, welche positiven Möglichkeiten und Eigenschaften uns das Internet bietet.

Zu einer längerfristigen Medienerziehung gehört allerdings auch, dass alle schulischen Akteure dauerhaft auf den neuesten Stand gebracht werden. D. h., Schüler, Lehrer, Schulsozialarbeiter, aber auch Eltern sollten in regelmäßigen Abständen über Informationsabende, Workshops und Fortbildungen zu neuen Themen rund um die neuen Medien informiert werden. Ob neue Datenspeicherung wie Clouding, Twitter-Dienste, Fotoportale wie Instagram, aber auch die damit einhergehenden möglichen Risiken – all dies sollte in Schulen zukünftig thematisiert werden. Dazu können auch Newsletter, die verschickt werden, ein nützliches Angebot für die Eltern sein. Und auch auf der schuleigenen Website kann z. B. auf Neuigkeiten (neue Online-Spiele, Schutzsoftware usw.), die aktuelle Gesetzeslage, Fortbildungsangebote oder Online-Hilfeportale zur Beratung von Cybermobbingvorfällen (z. B. www.save-me-online.de oder www.juuuport.de) hingewiesen werden.

4.2.3 Gewaltprävention mit Medienerziehung

Da Gewalt heutzutage immer häufiger in Verbindung mit den neuen Medien wie Handy, Smartphone, YouTube, Facebook oder Instant Messaging stattfindet, müssen wir zukünftig auch die Gewaltprävention auf diese neuen situativen Bedingungen ausrichten.

D. h., Lehrer müssen in Zukunft in allen Schulen Kindern und Jugendlichen vermitteln, wie neue Formen von Gewalt aussehen, was also Cybermobbing überhaupt ist. Dazu gehört auch, zu diskutieren, warum dies die Täter überhaupt tun, warum andere, zunächst Unbeteiligte plötzlich dabei mitmachen und was Cybermobbing und Shitstorm bei den Opfern anrichten können. Überhaupt sollten in den Schulen Themen rund um Medienpsychologie, mögliche Auswirkungen des Medienkonsums, aber auch Suchtgefährdungen (Internet- oder Computerspielsucht) stärker diskutiert werden.

„Der Schutz vor Cybermobbing kann nur dann erfolgreich sein, wenn neben der Umsetzung von Präventionsmaßnahmen gleichzeitig entscheidende Medienkompetenzen vermittelt werden", so Herbert Scheithauer (http://www.bbpp.de/TEXTE/cyber-mobbing-FU.htm, 28.02.2012).

Wie sollte Gewaltprävention heute an Schulen aussehen? Zum einen ist es sinnvoll, an den Schulen einen ganzheitlichen Ansatz gegen Mobbing und Gewalt umzusetzen. Dazu sollte jeder wissen, dass die eigene Schule ein bestimmtes Ziel verfolgt. „Gewalt vermeiden, Menschen, die anders sind als man selbst, tolerieren und sich um andere kümmern!", so beschreibt die aus Irland stammende Pädagogin und Präventionsexpertin Mona O'Moore den ABC Whole School Community Approach to Bullying and Violence („Avoid Aggression, Be Tolerant and Care for Others"). Auch Metaanalysen durch das Team um Farringdon und Tfofi (2009) bestätigen, dass zur Reduzierung und Verhinderung von Mobbing und Gewalt unter Schülern gerade diese Ziele am meisten beitragen und sie insgesamt am wichtigsten sind (O'Moore 2012).

Allerdings können diese Ziele natürlich nur durch konkrete Maßnahmen erreicht werden. Und diese sollten zukünftig eben nicht nur das physische schulische Umfeld, sondern auch das virtuelle Umfeld miteinbeziehen. Jede Schule braucht also eine einheitliche Definition von Mobbing und Cybermobbing und eine Gesamtstrategie, die von jedem mitgetragen wird. „Jeder muss sich über das Ausmaß im Klaren sein und Cybermobbing von normalem Mobbing unterscheiden können. Junge Leute und ihre Eltern sollten [...] auch über Sanktionen bei Missbrauch aufgeklärt werden. Eltern und Schüler sollten wissen, dass die Schule ihnen Unterstützung anbietet, auch wenn Cybermobbing außerhalb der Schule stattfindet", so Birgit Kimmel, Pädagogische Leiterin der EU-Initiative klicksafe (2010).

Wie sieht Gewaltprävention mit Medienerziehung nun konkret aus? Wenn wir uns einmal die traditionelle Mobbingprävention in Schulen anschauen, z. B. Programme wie Faustlos (Cierpka 2005), dann liegt der Fokus hier auf der Förderung von Schutzfaktoren, wie z. B. der Steigerung von Selbstwert und Selbstbewusstsein bei potenziellen Opfern, der Empathieförderung bei potenziellen Tätern und der Einbindung der Bystander zur Opferstärkung.

In Zukunft gilt es, genau diese Faktoren auch in die virtuelle Situation der Internetwelt zu übertragen. D. h., da man z. B. weiß, dass Facebook-User, die häufig über ihre eigenen Probleme reden (Liebeskummer oder sexuelle Wünsche usw.), eher zu Opfern von Cybermobbing werden, müssen Lehrer Kinder und Jugendliche genau darauf vorbereiten: Was kann man wem online mitteilen und was sollte man besser sein lassen?

Dazu gehört allerdings auch, dass man Kindern und Jugendlichen Handlungsstrategien (Copingstrategien) beibringt, wie sie die Erlebnisse besser psychisch verarbeiten können, aber auch, wie sie im Fall von erlebtem oder beobachtetem Cybermobbing konkret vorgehen sollten. Denn Cybermobbing darf nicht hingenommen werden!

D. h. also, Lehrer müssen in den Schulen zukünftig die Problematik Cybermobbing viel ernster nehmen und auch zu den Jugendlichen ein besseres Vertrauensverhältnis aufbauen. Denn sie müssen wissen, dass die Lehrer an ihrer Schule versuchen, sie bei Problemen zu unterstützen. Jedem an der Schule muss ganz klar sein, dass gerade auch Opfer von Schulmobbing einer besseren und stärkeren Betreuung bedürfen. Denn vor allem bei ihnen besteht ja eine erhöhte Gefahr, dass sie auch zu Opfern von Cybermobbing werden.

Und es sollte immer gelten: Eingreifen, bevor es zur Eskalation kommt! Gerade auch aus Sicht der Lehrer, Schulpsychologen und Schulsozialarbeiter ist es wichtig, dass in Fällen von Cybermobbing sofort reagiert wird. Denn:

Wird nicht sofort etwas dagegen getan, kann es zu einem Schneeballeffekt kommen, der auf die ganze Schule übergreifen kann. Dazu gehört eben auch, dass Lehrer jugendlichen Cybermobbern klarmachen müssen, welche Traumatisierungen sie bei den Opfern durch ihre Online-Taten auslösen können: Manche haben nämlich keine Ahnung, was sie anderen damit antun. „Empathie im Netz" ist hier das Stichwort.

Ein weiterer wichtiger Schritt ist auch die Einbindung derjenigen, die auf Facebook mitbekommen, dass andere diffamiert werden. So sollte Gewaltprävention zukünftig auch diese Gruppe viel stärker in den Fokus nehmen. D. h., Aufklärung über die Bedeutung der Freunde, Mitschüler oder Zuschauer bei der Bewältigung oder Verhinderung von Cybermobbing ist gezielt in die Arbeit der schulischen Gewaltprävention zu integrieren. Denn wer versteht, wie wichtig gerade für die Opfer von Mobbing und Cybermobbing die Unterstützung anderer ist, und wer weiß, dass man sich auch online mit anderen verbünden und anstelle einer Hassgruppe eben eine Unterstützergruppe für die oder den Gemobbten gründen kann, der wird dies auch eher tun.

Wir sehen also, wie wichtig es in Zukunft sein wird, dass in allen Klassen die Problematik neuer Gewaltformen im Internet wie Shitstorm, Cybermobbing und auch Cybercrime thematisiert wird. Dazu sind in den unteren Klassen gerade Rollenspiele sehr nützlich, um die jeweiligen Situationen der Beteiligten verstehen zu lernen. Aber auch der Einsatz von Filmen zu der Problematik (z. B. „Netzangriff") oder das Aufführen eines Theaterstücks wie „click it! 2" (Zartbitter e. V., Köln) oder „r@usgemobbt.de" (Comic On! Theaterproduktion, Köln), kann die Diskussion anregen und ein guter Einstieg sein, diese Thematik mit den Schülern zu erarbeiten.

Dabei sind auch Bücher, die sich mit Mobbing aus Sicht von Jugendlichen befassen und Hintergründe und Lösungsmöglichkeiten anbieten, eine sinnvolle Stimulation, sich mit der Thematik zu befassen. Schüler können auch Autoren (z. B. Silvia Hamacher) zu einer Lesungen an ihrer Schule einladen.

Zu dieser Aufklärungsstrategie gehört auch die Einbindung von Informationsveranstaltungen, die wie ein Tag der offenen Tür gestaltet sind und auch von einem Publikum von außerhalb (z. B. auch von anderen Schulen) besucht werden können. So können im Rahmen sogenannter „Medientage" auch Themen beleuchtet werden, die mit Cybermobbing in Verbindung stehen, wie z. B.:

- Welche Rolle spielt Sexualität im Netz?
- Was passiert auf sozialen Netzwerken wie Facebook?
- Neue Formen von Gewalt: Cybermobbing und Shitstorm
- Die Welt der Online-Spiele: Nutzen und Gefahren

Hier können Jugendliche genau die Themen, die ihnen aktuell wichtig sind, anderen darstellen und erläutern, aber eben auch auf mögliche Risiken wie Cybermobbing aufmerksam machen.

Dabei sollten zukünftig aber auch längerfristig angelegte Medienprojekte, an denen Schüler von der Idee bis zur Umsetzung maßgeblich beteiligt sind, stärker in den schulischen Ablauf integriert werden. So kann z. B. eine von Schülern entwickelte und einmal wöchentlich ausgestrahlte Radiosendung in der Schulpause zum Thema „Wir sind gegen Mobbing und Gewalt" andere Jugendliche dazu motivieren, über diese Problematik nachzudenken und Wege, die aus der Mobbingfalle herausführen, zu entwickeln.

Auch können von Schulen sogenannte Anti-Mobbing-Wettbewerbe, wie z. B. Fit in Fair Play (Malteser Hilfsdienst e. V., Deutschland), sinnvoll genutzt werden: Die Schüler und Schülerinnen können eigene kreative Ideen für die Prävention gegen Mobbing und Gewalt an ihrer Schule umsetzen und diese dann für die Teilnahme an diesem Wettbewerb einreichen (www.fifp.net).

Wichtig ist: Lehrer sollten immer versuchen, Kinder und Jugendliche selbst in jegliche Aufklärungsstrategien einzubinden: Ein neuer Präventionsansatz heißt deshalb Peer-to-Peer-Education: Jugendliche bilden Jugendliche aus (Peer-to-Peer-Konzepte, Abschn. 4.2.6). „The Student Voice", so nennen es die australischen Forscher und Pädagogen Barbara Spears und Phil Slee, d. h. den Jugendlichen selbst mehr Stimme geben, anhören, was sie zu sagen haben, und ihre Meinungen und Vorstellungen akzeptieren (2009). Je mehr Lehrer die Prävention den Jugendlichen selbst in die Hand geben, also Jugendliche selbst als Mediencoachs einsetzen, umso erfolgreicher wird sie sein:

- Jugendliche nehmen Warnungen über Risiken und Gefahren, aber auch Schilderungen von schrecklichen Auswirkungen (z. B. auf Opfer von Cybermobbing) von Gleichaltrigen viel ernster als solche von Erwachsenen.
- Prävention wird von Jugendlichen gerade dann akzeptiert, wenn sie selbst konkret die Umsetzung mitgestalten können.
- Wenn wir als Eltern und Lehrer den Kindern und Jugendlichen mehr zutrauen, dann erleichtert dies auch unsere eigene Arbeit. Wir sollten in der Prävention mehr loslassen, dann setzen wir uns selbst auch weniger bei der Umsetzung unter Druck. Dies merken auch die Jugendlichen und dies macht den Umgang mit ihnen deutlich einfacher.
- Und auch bei der Elternaufklärung können Kinder und Jugendliche sich sehr vorteilhaft für die Schularbeit einsetzen: Viele Schulen beklagen ja, dass leider nur wenige Eltern kommen, wenn Informationsveranstaltungen angeboten werden. Dies kann man zum Teil dadurch verändern, dass nicht die Schule oder die Direktoren einladen, sondern die eigenen Kinder,

z. B. zu einem Anti-Cybermobbing-Tag. Garantiert werden deutlich mehr Eltern teilnehmen, denn kaum einer möchte doch verpassen, wenn die eigenen Kinder auf der Bühne Aufklärungsarbeit leisten! Der Ansatz „Jugendliche klären Eltern auf" ist also ebenfalls sehr vielversprechend (Peer-to-Parent-Education).

Folgende Fragen sollten Eltern ihren Kindern über Cybermobbing und die Präventionsarbeit an der Schule stellen:

- Sprichst du schon auch mal mit deinen Freunden über Gefahren und Risiken, die im Internet lauern können?
- Was tust du, um dich vor unangenehmen Erlebnissen im Internet zu schützen?
- Hast du schon mal jemanden geholfen, der Opfer von Mobbing oder Cybermobbing wurde? Wenn nicht, warum hast du nicht geholfen?
- Habt ihr an eurer Schule Medienscouts, also Jugendliche, die jüngere Schüler über Internet, Handy und Medien insgesamt aufklären?
- Habt ihr an deiner Schule ganz klare Vorgehensweisen, wenn Fälle von Cybermobbing auftreten?
- Ist an deiner Schule Mobbing, Cybermobbing und Cybercrime überhaupt ein Thema?
- Was denkst du, könnte am wichtigsten sein, um gegen Cybermobbing vorzugehen?
- Würdest du dir wünschen, dass ihr an eurer Schule mehr über Mobbing und Cybermobbing lernt?

Insgesamt spielt gerade die kreative Auseinandersetzung mit dem Thema Mobbing und Gewalt eine ganz wichtige Rolle in der Präventionsarbeit, wie wir später noch sehen werden (z. B. eigene Präventionsfilme oder -clips drehen).

Ein wichtiger Punkt ist hierbei aber immer auch, dass Lehrer die Jugendlichen mitbestimmen lassen und in die Präventionsarbeit von Anfang an mit einbinden. Jugendliche sollen selbst beeinflussen können, welche Hilfe sie sich in der Schule wünschen und was getan werden soll. Sie möchten aber auch, dass man ihnen zuhört: So sehen wir z. B., dass sich gerade Mädchen in Bezug auf gewalthaltige Videos oder Cybermobbingclips, die online frei zur Verfügung stehen, neben mehr Regulierungen direkt im Internet vor allem wünschen, dass ihre Eltern und auch Lehrer offene Gesprächspartner werden (Grimm et al. 2010).

Folgende Fragen sollten Jugendliche selbst beantworten, um mitzuentscheiden:

- Was geht an unserer Schule vor? Welche Formen von Gewalt treten an unserer Schule auf und wo passiert das am häufigsten?
- Wie stark ist Mobbing und Cybermobbing an unserer Schule ein Problem?
- Was sollen wir dagegen tun?
- Welche Hilfestellungen möchten wir haben?
- Wollen wir Anti-Mobbing-Berater, die von allen jederzeit ansprechbar sind und öffentlich sichtbar sind?
- Welche Erwachsenen möchten wir als Berater?
- Möchten wir Online-Hilfe in Anspruch nehmen (z. B. www.juuuport.de)?
- Wollen wir Hilfe von außen (z. B. Experten, Polizei, Jugendsozialarbeiter, Schulpsychologen)?
- Wie wollen wir das Thema in unseren Klassen thematisieren? Wollen wir Medienscouts?
- Wie informieren wir unsere Eltern (z. B. Newsletter an Eltern, Infoabend)?

Wir sehen also: Die Verbindung klassischer Gewaltprävention mit der Medienerziehung ist somit zukünftig unerlässlich!

4.2.4 Informations- und Hilfesystem gegen Cybermobbing und Mobbing an Schulen

Ein weiterer ganz wichtiger Punkt im Kampf gegen Cybermobbing und Gewalt an unseren Schulen ist die Einrichtung eines Informations- und Hilfesystems.

Dies beinhaltet zum einen die Einführung eines regelmäßigen Schulmobbingreports, also selbständiger Untersuchungen unserer Schulen, um den aktuellen Stand zu Mobbing und Cybermobbing festzustellen. Denn eines ist klar: Nur wenn man weiß, wie häufig welche Formen von Cybermobbing und Gewalt an unseren Schulen vorkommen und an welchen Orten diese stattfinden, können sinnvolle Maßnahmen dagegen entwickelt werden.

Viele Lehrer wären überrascht, wenn sie wüssten, wie häufig Cybermobbing an ihren Schulen auftritt. Denn nur, weil sie selbst keinen aktuellen Fall von Cybermobbing in ihrer Klasse haben, heißt dies ja nicht, dass Cybermobbing an der gesamten Schule gar nicht vorkommt. Der Vorteil, wenn man die Zahlen und Fakten der eigenen Schule zu Mobbing und Cybermobbing kennt, ist, dass diese mit dem Lehrerkollegium, der Schulleitung und auch mit den Schülern in den Klassen diskutiert werden können. Denn sie bilden ja das aktuelle reale Bild der eigenen Schule ab. Und dies kann man sehr gut als Diskussionsgrundlage für den Einstieg in die gesamte Thematik nutzen und hieraus konkrete Vorschläge für die Präventionsarbeit erarbeiten.

Zum anderen ist auch die Installation eines Hilfe- und Beratungssystems an unseren Schulen notwendig. Also eine Art Anlaufstation für Personen mit generellen Problemen im Internet (z. B. Cybercrime, Datenklau, Profilklau), aber auch für Opfer oder Beobachter von Cybermobbing. Wichtig ist, dass ein solches Internetberatungsteam, das man „Cyberdocs" oder „Cyberpolice" nennen kann, in erster Linie aus Jugendlichen selbst besteht. Allerdings fungiert natürlich ein Vertrauenslehrer oder Schulpsychologe als „Aufsichtsperson" oder „Ansprechpartner". Somit greift auch hier wieder der Peer-to-Peer-Ansatz – Jugendliche beraten und helfen anderen Jugendlichen –, denn erwiesenermaßen vertrauen sich Schüler eher etwas älteren Jugendlichen an, als ihren Lehrern.

Wichtig bei der Etablierung eines solchen Hilfe- oder Beratungsteams ist, dass jeder Schüler genau weiß, wer zu diesem Team gehört, wer für was zuständig ist und vor allem, dass die Mobbingberater auch online erreichbar sind: So z. B. über einen Online-Kummerkasten oder eine Online-Beschwerdestelle. Dies ist deshalb sinnvoll, weil die wenigsten Opfer oder auch Beobachter von den Erlebnissen Face-to-Face berichten. Auch möchten viele nicht dabei gesehen werden, wenn sie den Raum betreten, in dem die Mobbingberater z. B. in der Schulpause sitzen.

Ein solches Online-Beratungssystem hat noch einen weiteren Vorteil: Man erfährt hierdurch viel mehr über aktuelle Probleme und neue Gefahren, denen Jugendliche im Internet ausgesetzt sind (z. B. Gäng-Bäng oder Chatroulette). D. h., Lehrer haben hierdurch eine gute Informationsquelle und können dann neue Themenbereiche und Risiken im Unterricht aufgreifen.

Abb. 4.3 gibt einen Überblick über Präventionsmaßnahmen gegen Cybermobbing an Schulen.

4.2.5 Präventionsmanagement an Schulen: Leitfaden für die konkrete Umsetzung

Wie können Lehrer an Schulen nun konkret vorgehen, um eine dauerhafte Präventionsarbeit leisten zu können? Und: Was müssen Lehrer über ihrer eigene Schule überhaupt wissen, um gezielt vorgehen zu können?

Eines ist besonders wichtig: Lehrer müssen zunächst immer die individuelle Situation der eigenen Schule berücksichtigen. In welchem Stadtteil liegt z. B. die Schule (eventuell in einem Problembezirk), wie groß sind die Klassen (eventuell sehr große Klassen), befinden sich in einer Klasse überdurchschnittlich viele Wiederholer (Altersgefälle stark), wie engagiert sind die Eltern (starke Unterstützung bei Veranstaltungen, neuen Projekten usw.)? Dies

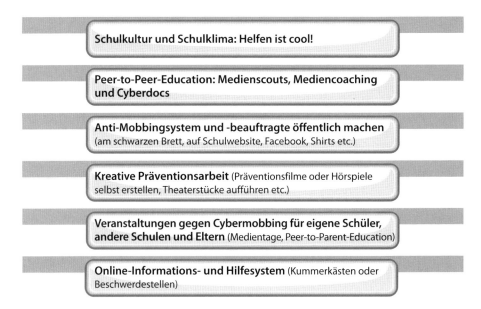

Schulkultur und Schulklima: Helfen ist cool!

Peer-to-Peer-Education: Medienscouts, Mediencoaching und Cyberdocs

Anti-Mobbingsystem und -beauftragte öffentlich machen (am schwarzen Brett, auf Schulwebsite, Facebook, Shirts etc.)

Kreative Präventionsarbeit (Präventionsfilme oder Hörspiele selbst erstellen, Theaterstücke aufführen etc.)

Veranstaltungen gegen Cybermobbing für eigene Schüler, andere Schulen und Eltern (Medientage, Peer-to-Parent-Education)

Online-Informations- und Hilfesystem (Kummerkästen oder Beschwerdestellen)

Abb. 4.3 Was Schulen konkret gegen Cybermobbing tun können

und vieles mehr spielt eine entscheidende Rolle bei der Auswahl des Präventionsvorgehens. Alleine schon die unterschiedlichen sozialen Gegebenheiten können bereits ein ganz anderes Vorgehen gegen Gewalt, Mobbing und auch Cybermobbing notwendig machen. Zwei Beispiele hierzu:

Wenn man sich als Lehrer an einer Schule mit einem sehr hohen Ausländeranteil befindet, so ist anzunehmen, dass man sich möglicherweise mit einem höheren Gewaltpotenzial auch in der Erziehung auseinandersetzen muss. So lernen häufig auch ausländische Jungen, dass Gewalt oder Gewaltandrohung dazu genutzt werden können, um das zu bekommen, was man will. Möchte man hier eine sinnvolle Präventionsarbeit leisten, müssen also die kulturellen Hintergründe miteinbezogen werden. Oft ist es gerade hier sinnvoll, jemanden von außen in die Konfliktsituation der Schule zu holen, der als fremde Respektsperson wahrgenommen und auch akzeptiert werden kann. Auch das Geschlecht des Präventionscoachs spielt eine nicht unwichtige Rolle: Gerade bei Jungen sollte ein männlicher Coach angeboten werden, der auch eine Vorbildfunktion einnehmen kann.

Denken wir uns die gleiche schulische Ausgangslage wie oben (hoher Ausländeranteil). Stellen wir uns nun eine konkrete Cybermobbingsituation zwischen zwei Mädchen vor: die Cybermobberin eine Deutsche und das Opfer eine Türkin. Über das türkische Mädchen wird auf Facebook nach einem Streit zwischen den eigentlichen „Freundinnen" verbreitet, sie hätte eine sexuelle Beziehung zu einem älteren Schüler, sogar Nacktfotos von ihr werden auf Facebook eingestellt.

Das Problem: Das Opfer hat tatsächlich eine Beziehung zu einem älteren Schüler, nur die Fotos sind mit Photoshop bearbeitet und nicht echt. Die ganze Schule hat die Fotos nun gesehen, einige beschimpfen die Schülerin jetzt als „sexgeile Schlampe". Allerdings auch ihr älterer Bruder: In seinen Augen ist sie nun tatsächlich eine Schlampe – und das wirkt sich extrem dramatisch aus, denn aus seiner kulturellen Sicht darf der erste Sex nur mit dem Ehemann erlebt werden.

Für das Cybermobbingopfer ist die Situation nun besonders schlimm: Nach einem solchen Erlebnis fühlt man sich sowieso schon furchtbar und man schämt sich. Aber bei dem türkischen Mädchen kommt noch etwas Entscheidendes hinzu: die Angst vor der eigenen Familie und vor möglicher Rache. In einem solchen Fall muss der Lehrer sich also nicht nur mit den Auswirkungen des Cybermobbings auf das Opfer beschäftigen, sondern auch noch mit der problematischen familiären Situation.

Wir sehen also: Um gegen Gewalt und Cybermobbing an einer Schule sinnvoll vorgehen zu können, ist ein umfassendes Präventionsmanagement nötig, das alle individuellen Gegebenheiten in einer Schule berücksichtigt.

Im Folgenden wird ein Präventionsmanagementleitfaden vorgestellt, der aufzeigt, wie Lehrer an ihren Schulen Schritt für Schritt die Thematik Gewalt, Mobbing sowie Cybermobbing und neue Medien miteinander verbinden können.

4.2.5.1 Was Lehrer von ihrer Schule wissen müssen, um Präventionskonzepte umsetzen zu können

Zuallererst müssen Lehrer erst einmal darüber informiert sein, was an ihrer Schule überhaupt los ist. Denn nur, wenn sie die aktuelle Gewaltsituation und die Gefahrenstellen an ihrer Schule kennen (z. B. welche Gewaltformen treten auf?) und wissen, wer daran beteiligt ist, können sie gezielt eingreifen und individuelle Präventionsarbeit leisten. Sie müssen also wissen:

- Was passiert an meiner Schule überhaupt (Welche Formen von Gewalt, Mobbing und Cybermobbing treten auf)?
- Wo sind an meiner Schule Gefahrenstellen für Gewalt, Mobbing und Cybermobbing (Schulhof, PC-Raum usw.)? Wie kann ich das verändern?
- Wer ist daran beteiligt (mehr ausländische Kinder, eher Jungen oder auch Mädchen als Opfer und Täter usw.)? Hieraus ergibt sich auch eine geschlechtsspezifische und kulturell abhängige Präventionsarbeit.

Allerdings sollten wir den Jugendlichen selbst auch die Möglichkeit geben, mitbestimmen zu können, was genau gegen Cybermobbing an der Schule getan wird.

Vor allem die Opfer von Cybermobbing und diejenigen, die helfen wollen, aber sich vielleicht nicht trauen, müssen eine starke Stimme bekommen und sollten äußern können, was sie sich bei der Arbeit gegen Mobbing und Cybermobbing sowie bei der Bewältigung solcher Erlebnisse wünschen („Student Voice"). So sollten sie auch mitbestimmen können, wenn Entscheidungen über Klassen-, Schulregeln oder disziplinarischen Maßnahmen gefällt werden.

4.2.5.2 Informationen über die Mobbing- und Cybermobbingsituation an der Schule sammeln

Wenn Lehrer also eine sinnvolle Präventionsarbeit gegen Cybermobbing im Speziellen leisten wollen, dann müssen sie z. B. wissen, wo Cybermobbing an ihrer Schule am häufigsten auftritt (z. B. in welchen Jahrgangsstufen, in welchen Klassen) oder bei welchen Jugendlichen ein Risikopotenzial besteht, dass sie zu Tätern oder Opfern werden.

Bevor man mit der Präventionsarbeit beginnt, ist es also zwingend notwendig, dass man eine umfassende Recherche durchführt. Nur ein klarer Überblick über die aktuelle Schulsituation ermöglicht es, dass man die passenden Schritte und Präventionsmaßnahmen einleitet. Dies kann z. B. durch die Bildung von Fokusgruppen (d. h. ausgewählte Schüler diskutieren das Thema Cybermobbing, um einen ersten Eindruck über deren Sichtweise zu gewinnen) oder Befragungen in den Klassen zu den verschiedenen Themen (s. Anhang) geschehen. Auch die generelle Thematisierung im Unterricht und eine daran anschließende Gruppenarbeit der Schüler mit Präsentationen in den Klassen ist ein sinnvolles Vorgehen, um mehr über die Meinungen der Jugendlichen zum Thema Cybermobbing und Gewalt zu erfahren. Die Vorteile dieser Wissensermittlung sind:

- Man weiß, was aktuell an seiner eigenen Schule vorgeht und bekommt schneller mit, wenn es neue mediale Entwicklungen und Trends wie Chatroulette oder Geocaching gibt.
- Das gesammelte Wissen ist generell eine gute Informationsbasis für Schulleitung und Lehrerkollegium: Sie sind up to date!
- Die Informationen können als gute Grundlage dienen, um eine Diskussion über diese Themengebiete mit den Schülern anzustoßen.

4.2.5.3 Lösungsansätze ableiten und umsetzen

Anhand der gesammelten Kenntnisse über die aktuelle Gewalt- und Mobbingsituation an den Schulen kann nun die Präventionsarbeit individuell an die bestehenden Bedürfnisse angepasst werden. In Absprache mit Schulleitung, Lehrern und Schülern wird nun überlegt, welche Schritte konkret folgen sollen. Auch der Einsatz außerschulischer Experten oder Expertenteams (z. B. Medienpsychologen) kann sinnvoll sein, um kreative Vorschläge für erste Maßnahmen in eine bestimmte Richtung anzustoßen.

So können z. B. Orte, an denen Mobbing und Cybermobbing öfter auftritt, besser abgesichert oder verändert werden (z. B. in Toilettenräumen mehr und bessere Lichtquellen) oder Schulhof- und Pausenscouts eingeführt werden, die für alle als Ansprechpartner deutlich sichtbar sind (z. B. bestimmte Sticker, Kappen oder T-Shirts).

Auch konkrete, an die Bedürfnisse der Jugendlichen angepasste Anlaufstellen können für Betroffene geschaffen werden, z. B. Anti-Mobbing-Beauftragte. Diese sollten so eingesetzt werden, dass nicht jeder immer mitbekommt, wenn man sich an sie wendet (z. B. nicht unbedingt die Anlaufstelle in einem Zimmer auf dem Klassenflur unterbringen, sondern auch Online-Kontakt möglich machen).

Dazu gehört auch, stärker den Peer-to-Peer-Ansatz in der Aufklärungs- und Medienarbeit zu fördern, beispielsweise durch den Einsatz von Schülerscouts oder Tutoren bei den jüngeren Schülern und in den unteren Klassen, sowie der zielgruppen- und auch geschlechtsspezifische Einsatz von Anti-Gewalttrainings und Empathieförderung.

- Wenn Sie die Situation an der Schule Ihres Kindes betrachten, welche Maßnahmen zur Gewaltprävention und Medienaufklärung werden hier angeboten?
- Was fehlt Ihnen ganz konkret in Bezug auf die Schule Ihrer Kinder oder Ihren Arbeitsplatz, wenn Sie an das Problem Cybermobbing denken?
- Welche Hilfe würden Sie sich gezielt wünschen, um mit Problemen wie Cybermobbing besser umgehen zu können?

4.2.6 Praxisbeispiele für Präventionskonzepte an Schulen

Um ein wie oben besprochenes Präventionsmanagement in unseren Schulen einführen und umsetzen zu können, ist zum einen die intensive Eigenverantwortung der Jugendlichen selbst von entscheidender Bedeutung. Denn von ihrer Akzeptanz hängt es ab, ob Präventionsarbeit gelingt oder nicht! Wenn Erwachsene sich also zu sehr in das Geschehen einmischen und sozusagen alles vorbestimmen wollen, was genau getan werden soll, dann ist dies wenig zielführend.

Deshalb sollten die Jugendlichen, selbstverständlich unter Mitwirkung der führenden, unsichtbaren Hand eines oder mehrerer Erwachsenen, die Aufklärungsarbeit und Auseinandersetzung mit dem Thema „Mobbing und Cybermobbing" selbst gestalten. Zum anderen müssen aber auch Erwachsene, Eltern sowie Lehrer, umfassend aufgeklärt und informiert werden, damit sie mit der Thematik auch routiniert in der Diskussion mit den Jugendlichen umgehen können.

Was wir brauchen, sind also Module für die Präventionsarbeit, die beides leisten: Den Jugendlichen eine kreative Auseinandersetzung mit dem Thema Cybermobbing ermöglichen, aber gleichzeitig Aufklärung und Information anbieten, und das für alle Schulakteure.

Eines ist dabei auch klar: Es müssen zukünftig an allen Schulen, beginnend schon in den Grundschulen, regelmäßig Gewaltpräventionsprojekte zur Thematik „Tatort Internet" durchgeführt werden! Wie das gelingen kann, zeigen verschiedene neuartige Präventionsansätze und Konzepte, von denen einige im Folgenden dargestellt werden.

So kann z. B. die Initiierung einer kontinuierlichen Präventionsarbeit zunächst durch eine umfassende Sensibilisierung aller Beteiligten in Form eines Medien- oder Cybermobbingtages stattfinden. Wichtig ist hierbei, dass dieser nicht nur Coachingelemente für die Schüler enthält, sondern auch für Lehrer, Schulpsychologen, Schulsozialarbeiter und Eltern. Hier gibt es aktuell Beispiele wie den *Medienpräventionstag „Cyberlife & Gewaltprävention"* (Katzer und Heinrichs 2012a, b), der in einer Kombination von Erwachsenenbildung und kreativer Präventionsarbeit mit den Jugendlichen durchgeführt wird, das Projekt *FAIRStändnis für neue Medien – Medienethik und Zivilcourage fördern* (Netzwerk gegen Gewalt, Hessen) oder das Konzept *Medienhelden* (Prof. Scheithauer, FU Berlin).

Weitere sinnvolle Einstiegskonzepte für den Beginn der Präventionsarbeit an Schulen sind z. B. auch Tagesveranstaltungen für Kinder und Jugendliche. So sollen sie z. B. über eine *Expertenkonferenz* (Markus Gerstmann), den Einsatz eines Aufklärungstheaters wie *click it! 2* (Zartbitter, Köln) oder eines Kurzfilms wie *Gunther geht unter* (Gesamtschule Sternberg) angeregt werden, über die Problematik von Cybermobbing nachzudenken und darüber hinaus Möglichkeiten zu entwickeln, Cybermobbing zu verhindern.

Eine weiterer Ansatz, Prävention gegen Cybermobbing an unseren Schulen zu etablieren, ist z. B. auch die Teilnahme an Anti-Mobbing-Wettbewerben wie z. B. dem deutschlandweiten Wettbewerb des Malteser Hilfsdiensts e. V. *Fit in Fair Play – Gemeinsam an Schulen gegen Mobbing und Gewalt.*

Ein beispielhaftes Konzept, das mehrere Ansätze miteinander vereinbart, ist das von australischen Pädagogen entwickelte *MindMatters-Programm* (Ainley et al. 2006). Dieses zeigt sehr gut, wie Schulen auf verschiedenen Ebenen Gewaltprävention und Hilfe für Betroffene leisten und in die schulischen Abläufe integrieren können.

Des Weiteren wurde ja bereits angesprochen, dass der Einsatz sogenannter Peer-to-Peer-Konzepte an unseren Schulen nötig ist, um Gewaltprävention und Medienarbeit sinnvoll und nachhaltig miteinander verbinden zu können. Diese Konzepte basieren darauf, dass Jugendliche andere Jugendliche ausbilden. Gerade für moderne Themen bietet ein solches Vorgehen große Vorteile, da Kinder und Jugendliche uns Erwachsene gerade in Bezug auf neue Medien nicht immer ganz so ernst nehmen. Wenn wir ihnen z. B. etwas von Gefahren und Risiken erzählen, hören gerade die Pubertierenden kaum zu. Berichten ihnen hingegen Gleichaltrige über unangenehme Erlebnisse und Probleme im Netz, dann ist die Glaubhaftigkeit um ein Vielfaches höher! Beispiele für eine solche erfolgreiche Peer-to-Peer-Arbeit sind das *Smart-User-Programm* (Innocence in Danger e. V., Berlin) oder der Einsatz von *Schülerscouts* (Landesanstalt für Medien Nordrhein-Westfalen sowie Aktion Kinder- und Jugendschutz Schleswig-Holstein).

Diese verschiedenen Ansätze als Beispiele für die praktische Arbeit gegen Cybermobbing und Gewalt an Schulen werden im Folgenden detailliert erörtert.

4.2.6.1 Medienpräventionstag: Cyberlife & Gewaltprävention – Wir tun was gegen Cybermobbing und Gewalt im Netz!

Dieser Präventionstag wird von Catarina Katzer und Dirk Heinrichs gemeinsam durchgeführt und unter anderem von dem Malteser Hilfsdienst Deutschland e. V. unterstützt (s. Katzer und Heinrichs 2011). Es handelt sich um ein Multiplikatorenkonzept für Schüler, Lehrer, Mitarbeiter aus der Jugendsozialarbeit und auch Eltern. Da sich die Gewaltsituation in den letzten Jahren deutlich gewandelt hat, müssen wir in Zukunft viel stärker diese Veränderungen in die Präventionsarbeit an Schulen integrieren. Aufklärung und Prävention werden deshalb immer wichtiger.

Es gilt, Gefahren bekannt zu machen, ohne dabei den Nutzen der neuen Medien zu vernachlässigen, und über Strategien, wie man mit unangenehmen Erlebnissen umgeht, aufzuklären.

Gewaltprävention und Medienerziehung müssen als Einheit gesehen werden. Es ist ganz deutlich, dass zum Teil gerade bei Pädagogen, Jugendsozialarbeitern, aber auch Eltern große Unsicherheiten bestehen, wie mit der Problematik „Cyberlife und neue Gewaltformen" umzugehen ist und was präventiv gerade an Schulen getan werden kann. Gleichzeitig besteht ein erhöhter Aufklärungsnotstand auch bei Kindern und Jugendlichen selbst.

Ein neuer wichtiger Schritt auf dem Weg der Präventionsarbeit gegen Gewalt und Mobbing ist das vorliegende Konzept für die Multiplikatorenausbildung „Cyberlife & Gewaltprävention – Wir tun was gegen Cybermobbing und Gewalt im Netz!".

Zum einen sollen Jugendliche und Lehrer, die auf verschiedene Weise mit dem Bereich Gewalt im Kontext der neuen Medien in Kontakt kommen, einen detaillierten Einblick in die Thematik und neue Präventionsmöglichkeiten bekommen.

Zum anderen werden sie angeleitet, sich kreativ mit der Problematik auseinanderzusetzen und selbstständig neue Präventionsansätze zu entwickeln, die sie in ihre Schulen hineintragen können. So setzen sich z. B. die jugendlichen Teilnehmer auch visuell mit der Thematik auseinander, indem sie multimediale Collagen zur Problemstellung Cybermobbing entwerfen und Handyfilme, Videoclips oder Hörspiele erstellen. Diese können dann wiederum an den eigenen Schulen z. B. als „Präventionsfilme" eingesetzt werden.

Ziel der Module für Schüler ist somit, die ausgewählten Teilnehmer zu befähigen als „Medienexperten" und „Troubleshooter" direkt vor Ort an ihrer Schule Hilfe und Rat geben zu können, z. B. auch beim Aufbau von Präventionsprojekten oder der Ausbildung von Medienscouts und Mobbingexperten. Wichtig ist allerdings, dass auch die Eltern als bedeutsames Bindeglied zwischen ihren Kindern und der Institution Schule in das Präventionskonzept miteinbezogen werden.

Gleichzeitig konzentriert sich das Konzept aber nicht nur auf den Bereich Schule, sondern bindet auch solche Institutionen mit ein, die sich generell in ihrer Arbeit mit Kindern und Jugendlichen befassen. Deshalb werden z. B. auch Schulpsychologen und Jugendsozialarbeiter als „Medien- und Gewaltexperten" ausgebildet, damit sie später in ihrem Umfeld kompetent agieren können.

Dieser Präventionstag besteht somit aus verschiedenen Modulen für Schüler, Lehrer und Sozialarbeiter sowie einem Elternabend, der Eltern umfassend informiert und zeigt, was ihre Kinder an diesem Tag kreativ erarbeitet haben. In den letzten 2 Jahren wurden ca. 2000 Multiplikatoren auf diesem Weg ausgebildet.

Modul für Schüler: „Gewaltprävention in Aktion"

- Was ist Gewalt und wo liegen die Ursachen gewalttätigen Handelns?
- Was ist Mobbing/Cybermobbing?
- Was ist Zivilcourage?
- Konzeption multimedialer (Video-, Text-, Ton-, Foto- usw.) Collagen zur Problemstellung Mobbing/Cybermobbing
- Produktion der multimedialen Collagen mit den Schülerhandys
- Die Spontaneität der szenischen Improvisation ist wichtiger Bestandteil des Konzeptes, da sie den Akteuren Authentizität verleiht.
- Zusammenschneiden der Collagen für den nachfolgenden Elternabend

Modul für Lehrer, Schulpsychologen und Schul-/Jugendsozialarbeiter: „Cybermobbing und sexuelle Gewalt im Netz"

- Das Internet als idealer Tatort
- Ausmaß, Arten und virtuelle Orte für Cybermobbing und sexuelle Gewalt (Chatrooms, soziale Netzwerke, Handy usw.)
- Täter- und Opferanalyse, Motive der Täter, Folgen für die Opfer
- Neue Präventionsansätze und Handlungsoptionen für Schulen. Dabei werden neue Konzepte diskutiert und Wege für die Zukunft aufgezeigt. Insbesondere Möglichkeiten der Peer-to-Peer-Education werden erörtert. Beispiele sind:
  - Jugendliche als „Medienscouts" für jüngere Schüler und „Cyberpolice" an Schulen durch Schüler initiiert
  - Schüler arbeiten als „Anti-Mobbing-Beauftragte" in der Schule und im Netz
  - Schüler als „Erste-Hilfe-Berater" oder „Cyberdocs" für Opfer von Mobbing im Netz
  - Kreative Präventionsarbeit: Medientage, Wettbewerbe, eigene Präventionsfilme, Theateraufführungen usw.

- Diskutieren der individuellen Mobbingschulsituation und der Bedürfnisse für die Prävention:
  - Warum passiert das gerade an unserer Schule, wo passiert was am häufigsten?
  - Was können wir dagegen tun? Wie kann Präventionsarbeit aussehen? (Aufklärung, Peer-to-Peer- und Peer-to-Parent-Ansätze, Opferhilfe, Pausengestaltung, Schulklima, Lehrerengagement usw.)
  - Schulkultur und Schulstrukturen gegen Mobbing entwickeln

4.2.6.2   FAIRStändnis für neue Medien – Medienethik und Zivilcourage fördern

Das Netzwerk gegen Gewalt ist eine Initiative des Landes und der Kriminalprävention Hessen unter Leitung von Christine Klein. Es versucht, die Öffentlichkeit über verschiedenste Gewaltphänomene aufzuklären. Dazu werden unterschiedliche Ansätze der Präventionsarbeit angeboten, auch im Bereich Gewalt und Medienkompetenz (www.medienkompetenz-hessen.de).

So führt das Netzwerk gegen Gewalt z. B. in Kooperation mit der Microsoft-Fortbildungsinitiative Partners in Learning und der kontextmedien GbR seit 2009 das Projekt „FAIRStändnis für neue Medien – Medienethik und Zivilcourage fördern" durch. Ziel dieses Projektansatzes ist es, den inhaltlichen Diskurs über neue Medien gemeinsam mit Heranwachsenden zu stärken und auszuweiten.

Im Zentrum stehen hier die Inhalte von Medien und der kritische Diskurs über die Erfahrungen, die Heranwachsende im digitalen Zeitalter im Umgang mit sozialen Netzwerken machen (z. B. Cybermobbing). Im Jahr 2010 wurde das Projekt auch aufgrund dieser Schwerpunktsetzung vom Bundes-

ministerium für Wirtschaft und Technik mit dem zweiten Platz des Wettbe-
werbs „Wege ins Netz" ausgezeichnet.

Das Projekt „FAIRStändnis für neue Medien – Medienethik und Zivilcourage fördern" besteht aus zwei Modulen:

Das erste Modul dient zur Fortbildung der Lehrkräfte und Pädagogen in
der Schule, aber auch z. B. bei der Polizei. Die Teilnehmer bekommen anhand
aktueller und praktischer Beispiele einen Eindruck, wie unterschiedliche Medien das Denken, Empfinden und Verhalten beeinflussen und verändern. Die
Auseinandersetzung mit der eigenen pädagogischen Position ist dann die Ba-
sis eines medienpraktischen Teils, in dem die Teilnehmer in Kleingruppen
einen Handyclip zu einem selbstgewählten medienethischen Thema erstellen.

Das zweite Module beinhaltet insgesamt zwei Tage, wobei der erste Tag sich
mit der Umsetzung der thematischen Auseinandersetzung mit Cybermobbing in der eigenen Zielgruppe befasst. D. h., hier erhalten z. B. Schüler in
Kleingruppen die Möglichkeit, das kreative Potenzial neuer Medien zu nutzen und unter Anleitung eigene Audio-, Video- und/oder Handyclips zu pro-
duzieren. Jede Schülergruppe rückt in ihrem Produktionsprozess das in den
Mittelpunkt, was aus ihrer Sicht „FAIRStändnis für neue Medien" bedeutet.

Im Anschluss an die Veranstaltung werden die fertigen Clips auf die Pro-
jektwebseite www.innovative-students.de/kontextmedien/Seiten/Startseite.
aspx hochgeladen. Dadurch bekommen Jugendliche die Möglichkeit, sich
über ihre Clips zu medienethischen Fragen auszutauschen, und lernen die
Chancen der Partizipation über neue Medien kennen. Der zweite Tag befasst
sich mit der Vermittlung und Informationsweitergabe des Erlernten. Hierzu
sollen die Schüler selbst eine Podiumsdiskussion, einen Elternabend oder einen Pädagogischen Tag planen und durchführen.

Ziel soll der medienpädagogische Diskurs, die Auseinandersetzung mit einem Thema sein, das durch das Web 2.0 gefördert oder erst entstanden ist,
wie z. B. Cybermobbing. Wichtig hierbei ist, dass die Jugendlichen selbst alle
Prozesse selbst entwickeln, von der Idee bis zur Durchführung und der Do-
kumentation des Projektes, und die Themen aus ihrer Perspektive vertreten.

Das Projekt FAIRStändnis im Praxistest – Kontext „Isharegossip"

Am 27. und 28. Januar 2011 fand Modul 2 in einer 10. Klasse der Helene-Lan-
ge-Schule in Wiesbaden statt. Schnell kam das Gespräch auf das Online-Portal
„Isharegossip". Nach einer medienethischen Pro-und-Contra-Diskussion konzen-
trierten sich die Jugendlichen auf die Umsetzung eigener Clips. Im dynamisch-krea-
tiven Prozess entstanden vier Clips, die im Rahmen eines Gesamtelternabends im
März 2011 von den Schülerinnen und Schülern präsentiert wurden. Die Jugendlichen entschieden sich für folgende Themen:
Mobbing, Sicherheit im Netz, Freundschaft und Außenseiter, TV-Formate.
Die Filme sind unter www.kontextmedien.de/index.php?site=aktuelles anzusehen.

4.2.6.3 Medienhelden

Das Konzept „Medienhelden" ist ein evaluiertes Manual für den Unterricht, das das Team um Herbert Scheithauer (FU Berlin) im Rahmen des EU-Programms Daphne III entwickelt hat. Lehrkräfte können es einfach und ohne zusätzlichen Aufwand im Unterricht als Curriculum umsetzen oder als Projekttag durchführen. Das Programm baut auf wissenschaftlichen Erkenntnissen auf und bietet pädagogische Methoden an, um Cybermobbing vorzubeugen und wichtige Kompetenzen zu stärken, zum Beispiel Internetsicherheit, Förderung von Empathie und Handlungsmöglichkeiten im Umgang mit Cybermobbing.

Ein Testlauf an 35 Berliner Oberschulen erbrachte nach Ansicht der Wissenschaftler gute, anhaltende Erfolge. Seit zwei Jahren läuft das Forschungsprojekt „Medienhelden" bereits, rund 900 Schüler der Klassen 7 bis 10 wirkten bislang dabei mit – in zwei Testgruppen, die einen Medienhelden-Projekttag oder aber eine zehnwöchige Intensivkur absolvierten, sowie in einer Kontrollgruppe. Dabei nahmen die Schüler in Rollenspielen verschiedene Perspektiven ein: als Opfer, Täter oder Mitläufer. Aber auch umfassende Informationen zu rechtlichen Fragen gehörten dazu, das Medienverhalten war Thema, außerdem wurden die Eltern in Form eines Elternabends, den die Schüler vorbereitet hatten, miteinbezogen.

4.2.6.4 Expertenkonferenz

„Wir haben die Expertenkonferenz entwickelt, weil wir nicht wussten, wie wir mit Schülern zu schülerVZ arbeiten sollten", so Markus Gerstmann. Die Expertenkonferenz ist für sechs Schulstunden konzipiert und beinhaltet eine Diskussionsphase mit den Schülern, Gruppenarbeit unter den Schülern zu bestimmten Medienthemen (z. B. Chatten, YouTube oder Cybermobbing) mit einer bestimmten Zielvorgabe (z. B. Antworten auf bestimmte Fragen zu finden und in Plakatform festzuhalten) sowie eine Art Pressekonferenz für Schüler, Lehrer und Eltern, zu der auch richtige Medienvertreter eingeladen werden können. Ziel ist es, den Jugendlichen Eigenverantwortung zu übertragen, um sie so für einen sichereren Umgang mit den neuen Medien zu schulen.

4.2.6.5 Theaterstück: click it! 2

„click it! 2" ist ein Präventionstheaterstück, das zur Aufklärung über Cybermobbing speziell für die 5. bis 7. Klasse entwickelt wurde. „click it! 2" stellt die Gewalt unter Jugendlichen in Chatrooms, in sozialen Netzwerken und Messengerprogrammen in den Mittelpunkt einer spannenden Geschichte.

Die Story von „click it! 2" greift die Erfahrungen vieler Mädchen und Jungen auf, die gemeinsam mit Zartbitter (Köln) in mehr als 20 Workshops die Theaterproduktion vorbereiteten. Sie berichteten über die Konfrontation mit harter Pornografie, sexueller Anmache, Horror- und Ekelvideos und vor allem über Cybermobbing durch Jugendliche, die sie über die Schule oder privat kannten. Cybermobbing und sexuelle Übergriffe im Netz sind für die Opfer extrem belastend, denn ihr privater Lebensbereich verliert die Funktion als Schutzraum. Viele dieser persönlichen Erlebnisse flossen in die Story und Chatdialoge des Theaterstücks ein.

Das Theaterstück „click it! 2" überwindet die Isolation des Opfers vor dem Bildschirm: Das junge Publikum erlebt in der Identifikation mit Silvio und Billa, dass Cybermobbing und die Konfrontation mit pornografischem Bildmaterial im Internet keineswegs „witzig" ist. „click it! 2" zeigt keine Bilder der Gewalt, um eine mögliche Retraumatisierung betroffener Mädchen und Jungen auszuschließen, sondern fördert die Empathie mit den Opfern.

Die jungen Zuschauerinnen und Zuschauer erleben mit, wie tief Silvio und Billa durch Cybermobbing verletzt werden, und sind erleichtert, als die Peergroup und die Erwachsenen sich mit den Opfern solidarisieren. „click it! 2" vermittelt Normen eines respektvollen Umgangs im Netz und fördert den Dialog unter Jugendlichen und zwischen den Generationen. In den Aufführungen vor Schulklassen und Jugendlichen sitzen oftmals nicht nur die Opfer, sondern ebenso die Jungen und Mädchen, die diesen in Form von Cybermobbing Gewalt zugefügt haben. Nicht wenige junge Zuschauer und Zuschauerinnen kennen beide Rollen.

„click it! 2" will einen Beitrag dazu leisten, dass nach dem gemeinsamen Theaterbesuch in Schulklassen und Jugendgruppen das Gespräch über Cybermobbing unter den Betroffenen erleichtert wird und Gewaltdynamiken unter dem jugendlichen Publikum abgebaut werden.

4.2.6.6 Kurzfilm: Gunther geht unter

Der Träger und Initiator dieses Projektes ist die kooperative Gesamtschule Sternberg, Mecklenburg Vorpommern. Die Grundidee war, eine Diskussionsgrundlage zu schaffen, über die es gelingt, dass sich Schüler mit der Thematik Mobbing und Cybermobbing auseinandersetzen. Dabei ergab sich der Gedanke, einen Film zu drehen, der dann an weiterführenden Schulen zur Mobbingprävention eingesetzt werden kann. Ein entsprechender Antrag auf Unterstützung bei der Projektdurchsetzung wurde an den Medientrecker Rostock gestellt, der auch genehmigt wurde.

Eine Gruppe von Schülern der kooperative Gesamtschule Sternberg machte sich an die Umsetzung des Projektes. Sie schrieben selbst das Drehbuch.

Über die Handlungen und die Orte wurde im Team beraten und auch die Texte für den Kurzfilm von den Schülern selbst ausgedacht. Die Schulleitung organisierte die Freistellung der Schüler für die Woche der Umsetzung des Projekts. In Zusammenarbeit mit den Klassenlehrern erfolgte die Präsentation des Ergebnisses. Der Kurzfilm kommt nun in Klassenleiter- und Sozialkundestunden zum Einsatz.

Der Film soll die Jugendlichen dafür sensibilisieren, welche Ursachen und Folgen Mobbing haben kann. Es werden Szenen aus dem Schulalltag gezeigt, wie sie an allen Schularten stattfinden könnten. Der Hauptdarsteller Gunther ist verschiedenen Formen von Gewalt und Mobbingaktionen ausgesetzt. Es wurden Handlungsorte ausgewählt wie: der Schulhof, die Toilette und das Klassenzimmer. Eine Steigerung der Situation erkennen die Zuschauer in der letzten Einstellung: So sind nicht nur die eigenen Mitschüler die Täter, sondern – was sehr schwerwiegend für das Opfer ist – auch indirekt der Lehrer, da er nichts gegen die Aktionen der Schüler unternimmt. Er findet diese Taten lustig. Am Ende eskaliert die Situation durch Gunther und er verlässt den Raum. Das Ende ist offen.

Durch eine anschließende Diskussionsrunde werden mögliche Schritte und Wege aus der Gewalt erörtert. Sie soll zur kritischen Reflexion zum Thema „Mobbing und Gewalt" anregen und die Zivilcourage fördern. Gleichzeitig soll eine Verantwortungsübernahme für das eigene Verhalten sowie eine moralische Sensibilisierung erreicht werden. Durch die filmische Darstellung und die Diskussion der sozialen Mobbing- und Konfliktsituationen sollen Kinder und Jugendliche verschiedene Handlungsmöglichkeiten erlernen.

Solche eigenen Filmprojekte kann durchaus jede Schule für sich umsetzen.

4.2.6.7 Wettbewerb: Fit in Fair Play – Gemeinsam an Schulen gegen Mobbing und Gewalt

Ein neuer interessanter Schritt auf dem Weg der Präventionsarbeit gegen Mobbing, Cybermobbing und Gewalt ist das Konzept des deutschlandweiten Wettbewerbes „Fit in Fair Play" des Malteser Hilfsdienst e. V. „Fit in Fair Play" ist nicht ein Präventionskonzept im klassischen Sinne, denn es wird nicht ein bestimmtes Konzept bei allen teilnehmenden Schulen eingesetzt. Es geht vielmehr darum, dass die einzelnen Schulen oder Schulteams als Projektteilnehmer Präventionsmaßnahmen gegen Mobbing selbst neu entwickeln oder bereits existierende bekannte Konzepte an die eigene individuelle Schulsituation anpassen. Dabei sollen verschiedene Projekte an den Schulen vertieft und dauerhaft implementiert werden.

Diese größtenteils selbständige kreative und konstruktive Auseinandersetzung von Kindern und Jugendlichen mit der Problematik „Mobbing und

Cybermobbing" wird durch begleitende Aktionen, Workshops und Trainings mit zahlreichen prominenten Paten sowie durch die Malteser Deutschland vor Ort unterstützt.

„Fit in Fair Play" möchte vorhandene Kompetenzen der Schüler in Teamgeist, Sozialkompetenz und Zivilcourage ausbauen und verstärken. Gemeinsam stark sein ist das Motto: Im Vordergrund steht immer, dass sich Kinder und Jugendliche, Freunde, Eltern und Lehrer gemeinsam und kreativ mit Mobbing an den Schulen auseinandersetzen, gemeinsam Wege und Möglichkeiten finden, sich dagegen stark zu machen und Mobbing an Schulen gar nicht erst zuzulassen.

Natürlich steht am Ende jeden Wettbewerbes die Möglichkeit, mit dem eingereichten Projekt eine Trophäe für die eigene Schule zu gewinnen. Und: Die Erfahrungen der einzelnen Schulen können mit anderen geteilt werden, indem z. B. erfolgreich etablierte Präventionsansätze, Präventionsfilme, Musikclips oder Hörspiele, die die Schulen selbst entwickelt haben, auf der Website von „Fit in Fair Play" veröffentlicht werden (www.fifp.net).

Inhalte des Präventionskonzepts „Fit in Fair Play"

- Sensibilisierung für das Thema Mobbing, Cybermobbing und Gewalt
- Maßnahmen zur Stärkung der Klassengemeinschaft
- Sozialtraining zur Stärkung von Vertrauen und Verantwortung
- Vermittlung von Sachinformationen zum Thema Mobbing, Cybermobbing und Gewalt
- Thematische Projektarbeit in einzelnen Klassen/Stufen
- Unterrichtsreihen mit den Schwerpunkten Kooperation und Teamfähigkeit
- Einführung von Paten, Soziallotsen und Streitschlichtern
- Implementierung eines Schulsanitätsdienstes
- Inhaltliche Projekttage für die gesamte Schule rund um das Thema Fairness
- Aktionen zur Förderung der persönlichen Sozialkompetenzen
- Fortbildungsveranstaltungen für Lehrer
- Informationsveranstaltungen für Eltern
- Nachhaltige Konzepte für das Miteinander an der Schule

4.2.6.8 Mobbingprävention als Teil des MindMatters-Programms

Das Konzept MindMatters wurde Ende der 1990er Jahre an australischen Universitäten (Melbourne, Sydney, Deakin) in Kooperation mit dem Gesundheitsministerium entwickelt. Dieses Konzept arbeitet nach dem Prinzip der „gesunden Schule" und betrachtet Mobbing im Kontext psychischer Gesundheitsförderung. D. h. also, wenn Lehrer Mobbing verhindern können, dann geht es ihren Schülern auch gesundheitlich besser.

Der besondere Vorteil des MindMatters-Programms ist, dass es die verschiedenen Akteure im Umgang mit Mobbing und somit das gesamte schulische Umfeld (Schüler, Lehrer, Schulleitung, Eltern, nichtunterrichtendes Personal) miteinbezieht.

MindMatters hat zwei große Ziele: Zum einen die Entwicklung der Schulstruktur und -organisation hin zu einem besseren Schulklima und einer gesunden Klassenatmosphäre, zum anderen die Vermittlung von sozialen Kompetenzen (Wissen, Fähigkeiten, Hilfestrategien usw.) bei Kindern und Jugendlichen zur Prävention von Mobbing. Um diese Ziele umsetzen zu können, werden auf der Grundlage verschiedener Module gezielt Strategien auf der Schulebene, der Klassenebene und der individuellen Schülerebene eingesetzt.

Zu den Strategien auf Schulebene unter dem Motto „Mobbing – nicht an unserer Schule" gehört z. B. die Bildung eines Schulteams, das für die Auseinandersetzung mit Mobbing zuständig ist, Befragungen zur Auftretenshäufigkeit und Intensität der Problematik Mobbing an der Schule, das Planen von Präventionsmaßnahmen individuell für die Schule (auch z. B. Örtlichkeiten oder Schulpausen verändern) oder von schulinternen Fortbildungen für Lehrer.

Auf Klassenebene wird stark auf die Eigenverantwortung der Jugendlichen gesetzt, d. h., sie selbst sollen Klassenregeln gegen Mobbing aufstellen, durch Gruppenarbeit und auch Rollenspiele das Thema erarbeiten und Verständnis für die Opferseite erlernen sowie Problemlösestrategien entwickeln. Dabei werden auch die Integration in den Klassenverband und das Finden von Freunden als wichtige Aspekte bei der Verhinderung von Mobbing herausgestellt.

Auf der individuellen Ebene wird bei den beteiligten Personen, die zu Opfern und zu Tätern werden können, angesetzt und gezielt Wissen vermittelt (Hintergründe von Mobbingverhalten, Auswirkungen auf Opfer und Täter usw.). Widerstandsfähigkeit (Resilienz) und Stressbewältigung (Coping) sowie Selbstwert- und Selbstwirksamkeitserfahrungen, Empathie und Hilfeverhalten werden gefördert. Aber auch der Umgang mit Verlust, Trauer und psychischen Störungen, selbstverletzendem Verhalten und Suizid wird mit den Schülern erarbeitet (Michaelsen-Gärtner und Witteriede 2009).

Wir sehen also, dass MindMatters die Förderung der psychischen Gesundheit der Schüler und die Prävention von Mobbing als umfassendes Konzept erfolgreich in die Schul- und Qualitätsentwicklung integriert (Franze et al. 2007).

4.2.6.9   Peer-to-Peer-Konzept: Smart User

Das Smart-User-Konzept arbeitet nach dem Peer-to-Peer-Ansatz, d. h., Jugendliche lernen, andere Jugendliche über das Thema sexualisierte Gewalt und Cybermobbing mittels digitaler Medien aufzuklären. Dafür werden Jugendliche so zu Smart-User-Trainern angeleitet, dass sie in ihrem Umfeld in altersgerechter Form grundlegende Informationen zum sicheren Umgang mit den digitalen Medien geben können.

Zudem werden erwachsene pädagogische Fachkräfte und Lehrer zu Multiplikatoren ausgebildet, die anschließend in ihren Institutionen Jugendliche zu Smart-User-Trainern schulen und ihnen als Ansprechpartner zur Verfügung stehen. Die Smart-User-Trainer-Schulung richtet sich an 14- bis 18-jährige Jugendliche, die Smart-User-Multiplikatoren-Schulung an Erwachsene.

Durchgeführt wird das Smart-User-Programm von festen und freien Mitarbeitern von Innocence in Danger e. V., Berlin, und Kooperationspartnern wie die Mutwilligen, Köln, und EigenSinn e. V., Bielefeld. Das Projekt wird von der Stiftung „RTL – Wir helfen Kindern" gefördert.

Ziele: Die jugendlichen Smart-User-Trainer lernen eine kritische Reflexion ihres eigenen Umgangs mit dem Medium Internet. Sie erweitern ihr Wissen, werden zu Experten und bringen jüngeren Kindern und Jugendlichen bei, wie diese das Internet sicher nutzen können. Über ein flächendeckendes Peer-to-Peer-Präventionskonzept soll ein Schneeballeffekt erzielt werden. Die erwachsenen Multiplikatoren erreichen ihrerseits weitere Jugendliche.

Wissensvermittlung findet zu folgenden Themen statt:

- Think before you post
- Täterstrategien
- Trau deinem Gefühl
- Was macht Freundschaft aus?
- Wo sind meine Grenzen?

Es steht ein inhaltsreiches Portfolio zur Verfügung, das von den Ausbildern und von den Smart-User-Trainern genutzt werden kann (theoretischer Input, praktische Übungen mit den Medien, Rollenspielanleitungen, Anleitung zu Gesprächsführung und Gruppenarbeit).

4.2.6.10 Peer-to-Peer-Konzept: Schülerscouts

Auch bei dem Einsatz von Schülerscouts handelt es sich um ein Peer-to-Peer-Konzept. Träger des Projektes „Medienscouts" ist die Landesanstalt für Medien Nordrhein-Westfalen, durchgeführt wird es u. a. am Elsa-Brandström-Gymnasium in Oberhausen unter der Leitung von Marco Fileccia. Träger des Projektes „Handy-Scouts" ist die Aktion Kinder- und Jugendschutz Schleswig-Holstein, die Leitung hat Kathrin Gomolzig.

Zielgruppe sind vorwiegend Schüler der 5. bis 7. Klassen, die von ihren Scouts (Schüler der 9. Klasse) über die sozialen Netzwerke und Cybermobbing aufgeklärt und darüber hinaus immer weiter in neue Themen eingeführt werden, so dass sie eine wachsende Fähigkeit zum Selbstschutz entwickeln. Inhalte sind auch: Rechtsnormen im Netz, Datenschutz, Urheberrecht und Persönlichkeitsrechte (Wie kann ich mich vor Identitätsklau schützen, was darf ich kopieren und ins Netz stellen, welche Persönlichkeitsrechte habe ich und wie wirken diese im Internet, gibt es Software auf meinen PC, die mich ausspionieren kann?).

Vor allem über selbst inszenierte Rollenspiele, die die Schüler mit den eigenen Handys festhalten und filmen, wird das Verständnis für Problemsituationen gefördert. Kinder und Jugendliche sollen durch dieses Peermonitoring also dafür sensibilisiert werden, dass sie genau hinschauen, mit wem sie chatten und twittern, welche Nicknames ihre Gesprächspartner benutzen und welche Vorlieben und Hobbys sie auf ihren Profilen angeben, oder dass bestimmtes Verhalten, auch das eigene, andere provozieren kann.

Ziel dieser Projekte ist somit eine umfassende Medienausbildung, damit unsere Digital Natives zu kompetenten und verständnisvollen Internet- und Handy-Usern werden.

4.2.6.11 Fazit

Die oben genannten Beispiele machen eines ganz deutlich: Es gibt viele kreative Ansätze, die zeigen, wie wir es schaffen können, die Problematik Cybermobbing in das Bewusstsein von Kindern und Jugendlichen zu rücken und hier eine kritische Auseinandersetzung zu fördern. Sie dienen als praktische Anleitungen, wie Lehrer an Schulen mit dieser Thematik umgehen können, ohne Angst haben zu müssen, selbst etwas falsch zu machen oder nicht genug zu wissen.

Und diese Beispiele zeigen auch, dass Präventionsarbeit Spaß machen kann und soll! Gerade wenn die neuen medialen Hilfsmittel wie Internet, Handy und Co. mit herangezogen werden und Präventionsarbeit direkt hier stattfindet (z. B. über Facebook-Gruppen, YouTube oder Online-Wettbewerbe).

Wichtig ist, dass all diese Präventionsansätze eine längerfristige nachhaltige Präventionsarbeit einleiten. Vor allem die regelmäßige Ausbildung und Aufklärung von Kindern und Jugendlichen ist von großer Bedeutung, denn das Internet ändert sich ständig und somit ändern sich auch die Möglichkeiten, Opfer von Cybermobbing oder Cybercrime zu werden.

Natürlich müssen immer die individuellen Gegebenheiten der Schulen mit in die Planung von Prävention einfließen. Auch sollten wir über eine geschlechtsspezifische Prävention nachdenken, gerade im Bereich der sexuellen Übergriffe in den Online-Medien.

Folglich ist es ganz besonders wichtig, dass in unseren Schulen ein Gesamtkonzept etabliert wird, dass Gewalt-, Mobbing- und Cybermobbingprävention in die alltägliche Schularbeit integriert, sozusagen ein Präventionsmanagementsystem für alle Schulen. D. h., zukünftig sollte in die Schulcurricula Folgendes fest verankert werden: Gewalt und Mobbing wird bei uns nicht geduldet und hat bei uns keine Chance! Den Schülern sollte also eine Schulkultur vermittelt werden, die sagt: Helfen ist cool!

Handlungsempfehlungen für Schulen

Schulkultur des Helfens und der Gewaltfreiheit in das Schulcurriculum fest integrieren:
- Allgemeine Anti-Mobbing-Richtlinien für die ganze Schule und Regeln für den Umgang innerhalb der Klassen etablieren
- Strukturen für die Arbeit gegen Mobbing und Cybermobbing schaffen (z. B. Anti-Mobbing-Beratungsteams, Ansprechpartner/Tutoren, die in der Schule immer sichtbar sind)

Cybermobbingproblematik an der Schule erfassen und sichtbar machen:
- Den Opfern eine Lobby geben
- Konsequenzen für die Täter umsetzen, sich mit rechtlichen Folgen auseinandersetzen

Schülertrainings zur Gewaltprävention in Verbindung mit den neuen Medien durchführen:
- Empathie im Netz vermitteln
- Copingstrategien für das Cyberlife entwickeln
- Längerfristige Medienprojekte gegen Gewalt umsetzen
- Peer-to-Peer-Projekte (z. B. Medienscouts)
- Kreative Auseinandersetzung mit den neuen Gewaltphänomen initiieren (z. B. Präventionsclips drehen, Hörspiele gestalten, Radioweb an der Schule einführen, Theaterstücke aufführen)

Lehrertrainings zur Gewaltprävention in Verbindung mit den neuen Medien durchführen

Eltern in die Gewaltpräventionsarbeit integrieren (Elternberater), regelmäßig informieren, auch Elternworkshops anbieten

Kooperation und Netzwerk mit anderen Schulen bilden, gemeinsame Präventionsprojekte sowie Lehrer- und Elternfortbildungen durchführen

Kampagne gegen Cybermobbing starten (z. B. mit Plakaten an der Schule)

4.3 Cybermobbing: Eine Herausforderung für die Politik

Um nachhaltige Präventionsarbeit an Schulen durchführen zu können, müssen auch die Rahmenbedingungen stimmen und diese werden zum Großteil von der Politik geprägt. Welche neuen Herausforderungen sich durch das Internet als neuer Lebensraum von Erwachsenen, aber eben auch von Kindern und Jugendlichen für unsere politischen Entscheidungsträger ergeben, kann im Folgenden nur kurz andiskutiert werden.

Das Verständnis des Mediums Internet als neuer Lebensraum macht es notwendig, dass sich die Politik nicht nur auf nationaler, sondern auch auf europäischer und internationaler Ebene mit diesem Medium befasst. Zudem stellt das Internet als Medium der Sozialisation und Wertevermittlung, aber eben auch als Tatort für kriminelles Verhalten, Delinquenz und sexualisierte Gewalt, wie wir ja bereits gesehen haben, völlig neue Anforderungen an die Gesellschaft, und dies gilt besonders auch für die Politik.

Insbesondere drei Bereiche tangieren die Handlungsfelder der Politik, die hier neue Rahmenbedingungen für eine neue Lebenssituation unserer Gesellschaft schaffen muss:

1. Bildungspolitik,
2. Online-Markt,
3. Justiz

4.3.1 Ansätze für die Bildungspolitik

Wie Abschn. 4.1 und Abschn. 4.2 gezeigt haben, muss die Politik gerade in Erziehung und Bildung die flächendeckende Umsetzung eines umfassenden Präventionsmanagements in ganz Deutschland ermöglichen. Dieses Präventionsmanagement sollte sich mit allen Akteuren, die in der Jugendarbeit tätig sind, befassen. Damit sind zum einen die drei wichtigsten Säulen der Präventionsarbeit gemeint, Eltern, Lehrer und Schüler, aber auch Sozialarbeiter und Psychologen, die Hilfestellung leisten können, sowie die Bereiche der Justiz oder der Kriminalitätsbekämpfung und Vorbeugung (z. B. Jugendrichter, Kriminalbeamte und viele mehr).

Unsere Bildungspolitik in Deutschland ist hier also gefordert, neue Rahmenbedingungen für die Ausbildungs- und Erziehungssituation zu schaffen. Dies betrifft vor allem die Verbesserung der Medienkompetenz der Bildungsakteure wie Lehrer, Erzieher, aber auch Eltern. Dabei sollten die Inhalte der Medienkompetenzausbildung verstärkt den Fokus auf die Bedeutung des eigenen Handelns im Netz legen: Beispielsweise darauf, inwiefern das Internet immer stärker zum Sozialisations- und Lernmedium wird, z. B. durch Peers aus dem Netz, und in welcher Art und Weise das Internet Individuum und Gesellschaft insgesamt verändert. Gute Beispiele liefern Großbritannien oder auch Irland (s. Mona O'Moore).

Ein diskussionswürdiger Ansatz ist auch die Einführung von Schaltzentralen, sogenannten Mobbingcentren oder Anti-Gewalt-Akademien, für jedes Bundesland (s. Katzer und Heinrichs 2013). Diese Akademien würden zum einen die Fortbildung der verschiedenen Schulakteure und sozialen Institutionen vor Ort übernehmen, gleichzeitig aber auch als zentrale Melde- oder Anlaufstelle für Cybermobbing und Mobbing sowie als Forschungszentrum für Prävention und Medien fungieren.

Außerdem sind zwei Punkte bezüglich des Präventionsmanagements besonders bedeutsam:

1. Aufklärung und Sensibilisierung für Gefahren, Risiken, aber auch Nutzen und Chancen des Cyberspace,
2. eine altersgerechte Medienerziehung, die bereits in den Kindergärten beginnt und in den Schulen implementiert wird (Katzer 2011, 2012b; Schultze-Krumbholtz und Scheithauer 2009).

Dies könnte folgendermaßen erreicht werden:

- In allen Schulen (Grund- und weiterführenden Schulen) sollte ein verpflichtender Medienunterricht eingeführt werden. Dazu können sich auch bestimmte Unterrichtsfächer dem Thema öffnen (z. B. Ethik). Hierzu liegen ja auch bereits Konzepte vor (z. B. Medienpräventionstag „Cyberlife & Gewaltprävention", Medienhelden, Smart User).
- Auch ein obligatorisches Lehrfach „Medienerziehung" könnte an allen Schulen eingerichtet werden (Katzer 2011), wobei eben nicht nur die reine Handhabung im Vordergrund steht, sondern Themen, die sich mit der Medienpsychologie und Medienpädagogik befassen (z. B. die Identitätsbildung Jugendlicher durch den Kontakt zu Peers aus dem Cyberspace, die Suche Jugendlicher nach ihrer Identität im Netz, Gewalt und Aggression im Netz).
- In allen Schulen muss über Angebote zum Opferschutz (z. B. Weißer Ring) und zur Opferberatung (www.juuuport.de; www.bündnis-gegen-cyber-mobbing.de) informiert werden.
- Auch sollten an allen Schulen Gremien eingerichtet werden, die sich mit dem Cyberlife und der Mediennutzung befassen. Dabei sollten diese auch mit Schülern sowie Eltern besetzt sein, wobei die Jugendlichen die leitende Stimme haben sollten („Student Voice").

- Peer-to-Peer-Education an den Schulen zum Thema neue Medien und Gewalt (Mediencoachs, Schülerscouts) muss verstärkt werden.
- Auch sollte es an jeder Schule eine Person als Medienbeauftragten geben, die auch die rechtlichen Hintergründe im Umgang mit Cybermobbing kennt.
- Jede Schule benötigt auch eigene Richtlinien für ein gesamtschulisches, einheitliches Vorgehen gegen Mobbing und Cybermobbing, präventiv und bei konkreten Vorfällen.
- Zudem sollten konkrete Projekte zum Thema Cybermobbing in den Schulen durchgeführt werden, deren Wirksamkeit auch beurteilt wird (Evaluation).

4.3.2   Ansätze für den Online-Markt

Das politische verantwortungsvolle Handeln, gerade auch bezogen auf den Kinder- und Jugendmedienschutz, betrifft allerdings auch das Internet selbst, den Markt für Online-Angebote. So sollte durchaus darüber nachgedacht werden, die Anforderungen an Anbieter von Kinder- und Jugendforen zu erhöhen. Dies kann z. B. geschehen durch:

- Verringerung der Anonymität (z. B. durch Ausweispflicht).
- die Verpflichtung, eine allgemein bessere Kontrolle und eine kontinuierliche Aufsicht zu gewährleisten sowie ein funktionierendes Hilfe- und Beratungsteam einzusetzen,
- die Einrichtung einer staatlich zertifizierten Online-Hilfe für Opfer, auf die sämtliche soziale Netzwerke, Chatrooms, Online-Spiele-Anbieter usw., die ihre Dienste für deutsche Nutzer anbieten, hinweisen müssen,
- eine Zertifizierung der Online-Angebote für Kinder und Jugendliche (z. B. durch ein staatliches Siegel),
- ein gesetzlicher Pflichtenkatalog bzw. ein Zulassungssystem für Betreiber, z. B. eine Gewerbeanmeldung für Online-Anbieter von Jugendplattformen. Problematisch hieran ist sicher, dass es sich um ein globales Problem handelt, das vermutlich nicht national lösbar ist.

Auch die Frage „Wer prüft die Online-Angebote, um die Gesundheit von Kindern und Jugendlichen im Netz zu schützen?" ist zu beantworten. In unserem normalen Alltag existieren Ordnungsämter, Gesundheitsämter usw., die sich um die Gefahrenabwendung kümmern. Aber wer kümmert sich um die Gefahrenabwendung im Internet? Eine Institution wie das Zentrum für Jugendschutz im Internet (I-KiZ), das Familienministerin Schröder im Jahr 2012 initiiert hat, könnte hier die richtige Anlaufstelle sein.

4.3.3 Ansätze für die Justiz

Zu guter Letzt betrifft das politische Handeln auch den Bereich der Justiz bzw. die strafrechtliche Seite: Der Cyberspace ist als neuer Tatort zu betrachten. Aufgrund der Unbegrenztheit des Mediums Internet und dessen Grenzüberschreitung im Hinblick auf Länder und Kontinente sollten auch Kooperationen und Möglichkeiten im Bereich der internationalen Bekämpfung von Cybercrime, Cybergrooming oder Cybermobbing geschaffen werden.

Es stellen sich zukünftig folgende Fragen:

- Wie sind die Täter von Cybercrime, Cybergrooming oder Cybermobbing überhaupt zu ermitteln?
- Wie ist die strafrechtliche Umsetzung?
- Wie sieht es mit der Haftung der Anbieter aus?

Folgende Lösungen bieten sich an:

- Bei der Identifikation der Täter wäre z. B. auch an eine verdeckte Ermittlung zu denken: In der Schweiz war dies bis 2011 erlaubt, wurde aber unter Protest der verschiedenen Akteure in der Kriminalprävention abgeschafft.
- Es sollte überdacht werden, wie mit dem Tatbestand Cybermobbing strafrechtlich umzugehen ist. Ein Anti-Cybermobbing-Gesetz gibt es aktuell in Deutschland nicht, aber man kann viele Fälle von Cybermobbing unter dem geltenden Strafgesetz (StGB) subsumieren (Abschn. 2.3.1). Die Gesetzeslage ist allerdings insgesamt zu überdenken: Was ist mit einem Cybermobbinggesetz?
- Auch ist an eine Haftung der Anbieter von sozialen Netzwerken und Online-Plattformen für Inhalte, die von den Usern veröffentlicht werden, zu denken – zumindest für Online-Angebote, die sich gezielt an Jugendliche richten.

Wir sehen also, dass sich Politik und Gesellschaft in Zukunft viel stärker mit den Auswirkungen von Cybermobbing und dem Umgang mit dieser Problematik befassen müssen.

- Welche Herausforderungen stellen sich aus Ihrer Sicht für unsere Gesellschaft ganz allgemein, wenn Sie an das Thema Cybermobbing denken?
- Wie sollten Politiker Ihrer Ansicht nach handeln, damit wir mit dem Problem Cybermobbing besser umgehen können?
- Haben Sie eine Idee, wie Präventionsansätze an Schulen umgesetzt werden können?
- Welche Rolle können gerade auch soziale Netzwerke wie Facebook oder Videoportale wie YouTube in der Präventionsarbeit spielen?

Literatur

Ainley, J., Withers, G., Underwood, C., & Frigo, T. (2006). National survey of health and well-being promotion policies and practices in secondary schools. Report to the Australian Principals' Associations Professional Development Council. Australien Council for Education Research.

Bündnis gegen Cybermobbing e. V. (2012). Studie: Engagement deutscher Schulen zum Thema „Risiken im Web2.0: Cybermobbing & sexuelle Gewalt im Netz".

Bündnis gegen Cybermobbing (2013a). Cyberlife-Eltern-Studie: Cyberlife im Spannungsfeld zwischen Faszination und Gefahr – Bestandsaufnahme und Gegenmaßnahmen. Unterstützt durch ARAG Versicherung.

Bündnis gegen Cybermobbing (2013b). Cyberlife-Lehrer-Studie: Cyberlife im Spannungsfeld zwischen Faszination und Gefahr – Bestandsaufnahme und Gegenmaßnahmen. Unterstützt durch ARAG Versicherung.

Bündnis gegen Cybermobbing (2013c). Cyberlife-Schüler-Studie: Cyberlife im Spannungsfeld zwischen Faszination und Gefahr – Bestandsaufnahme und Gegenmaßnahmen. Unterstützt durch ARAG Versicherung.

Campbell, M. A., Butler, D. A., & Kift, S. M. (2008). A school's duty to provide a safe learning environment: Does this include Cyberbullying? *Australia and new Zealand Journal of Law and Education, 13*(2), 21–32.

Cierpka, M. (2005). *Faustlos – Wie Kinder Konflikte gewaltfrei lösen lernen*. Freiburg: Herder.

Datcu, S. (2012). http://www.pc-magazin.de/news/cyber-mobbing-studie-eltern-sprachgebrauch-1441830.html.

Farringdon, D. P., & Tfofi, M. M. (2009). School-based programs to reduce bullying and victimization. *Campbell Systematic Reviews, 6*.

Franze, M., Michaelsen-Gärtner, B., & Paulus, P. (2007). *Schoolmatters. Mit psychischer Gesundheit gute Schule machen*. Dortmund: Kontakt Offset-Druck.

Grimm, P., Rhein, S., & Clausen-Muradian, E. (2008). Gewalt im Web 2.0. Der Umgang Jugendlicher mit gewalthaltigen Inhalten und Cyber-Mobbing sowie die rechtliche Einordnung der Problematik im Auftrag der NLM, BLM, LMK, MAHSH, MSA, TLM.

Grimm, P., Rhein, S., & Müller, M. (2010). *Porno im Web 2.0*. Vistas.

Hampel, P., & Petermann, F. (2005). Age and gender effects on coping in children and adolescents. *Journal of Youth and Adolescence, 34,* 73–83.

Hampel, P., & Petermann, F. (2006). Perceived stress, coping, and adjustment in adolescents. *Journal of Adolescence Health, 38,* 409–415.

Hawker, D. S., & Boulton, M. J. (2000). Twenty years research on peer victimization and psycho-social maladjustment: A meta-analytic review of cross-sectional studies. *Journal of Child Psychology and Psychiatry, 41,* 441–455.

Heinrichs, N., Hahlweg, K., Bertram, K., Kuschel, A., Naumann, S., & Harstick, S. (2006). Die langfristige Wirksamkeit eines Elterntrainings zur universellen Prävention kindlicher Verhaltensstörungen: Ergebnisse aus Sicht der Mütter und Väter. *Zeitschrift für Klinische Psychologie und Psychotherapie, 35*, 82–96.

Katzer, C. (2011). Das Internet als Tatort: Cyberbullying und sexuelle Gewalt – Wer sind die Täter, wer wird zu Opfern? In Landesstelle Jugendschutz Niedersachsen (Hrsg.), *Cybermobbing – Medienkompetenz trifft Gewaltprävention*, Hannover.

Katzer, C. (2012a). Tatort Internet – Herausforderung für Politik, Bildung und Erziehung. Kongress: Ins Netz gegangen – Google Kulturen global? Veranstalter KIT – Universität des Landes Baden-Württemberg und nationales Forschungszentrum in der Helmholtz-Gemeinschaft, Karlsruhe.

Katzer, C. (2012b). Cybermobbing. In W. Gruber (Hrsg.), *Apropos, Wege und Ziele. Berufsorientierung und Lebenskunde*. Wien: Jugend & Volk.

Katzer, C. (2012c). Die Widersprüche des Internets: Tatort für Cybermobbing & Co. und gleichzeitig ein sozialer Raum. Fachtagung „Die Kraft des Sozialen", Landesverbands der bayerischen Schulpsychologen (LBSP) am 22.06.12, Freising.

Katzer, C. (2012d). Multiplikatoren-Fortbildung zum Thema Cybermobbing & sexuelle Viktimisierung von Mädchen, Hessisches Sozialministerium & Netzwerk gegen Gewalt, 22. Mai 2012, Erbach.

Katzer, C. (2013). Mobbing in der Schule und Mobbing im Internet. Vortrag im Rahmen von Kodex-L, Werte zur Bildung junger Menschen. Vorarlberger Volkswirtschaftliche Gesellschaft, 4. Februar 2013, Dornbirn.

Katzer, C., & Heinrichs, D. (2011). Medienpräventionstag. Gewaltpräventionskonzept für Schulen.

Katzer, C., & Heinrichs, D. (2012a). TV-Konzept: Netzmag@zin.

Katzer, C., & Heinrichs, D. (2012b). Radiokonzept: Netzl@ben.

Katzer, C., & Heinrichs, D. (2013). Akademie für Cyberlife und Gewaltprävention. Konzept für die Multiplikatorenausbildung in NRW.

Kerger-Ladleif, C. (2007). Können wir die Kids überhaupt noch einholen? Fortbildungskonzept für Multiplikatoren zum Thema Kinderpornografie im Internet. In Innocence in Danger, Deutsche Sektion e. V. und Bundesverein zur Prävention von sexuellem Missbrauch an Mädchen und Jungen e. V. (Hrsg.), *Mit einem Klick zum nächsten Kick. Aggression und sexuelle Gewalt im Cyberspace* (S. 114–120). Köln: Mebes & Noack.

KidSmart (2012). www.dortmund.de/media/downloads/pdf/news_pdf/KidSmart_analyse_03072012.pdf (abgerufen 05.01.2013).

Kimmel, B. (2010). Interview. In Landesstelle Jugendschutz Niedersachsen (Hrsg.), *Cybermobbing Medienkompetenz trifft Gewaltprävention*, Hannover.

Lasogga, F. (2012). Psychische Erste Hilfe in der Schule. In S. Drewes & K. Seifried (Hrsg.), *Krisen im Schulalltag. Prävention, Management und Nachsorge*. Stuttgart: Kohlhammer.

Lübke, A., Miller, Y., Köppe, E., Kuschel, A., & Hahlweg, K. (2000). *Abschlussbericht über die Braunschweiger Kindergartenstudie*. Braunschweig: Dornier-Stiftung für Klinische Psychologie.

Marci-Boehncke, G. (2013). Keine Kalorien und keine Vitamine. Wie viele und welche Medien tun Kindern gut? *medienconcret, Magazin für die pädagogische Praxis, 1,* 13.

Martinez, C. R., & Forgatch, M. C. (2001). Prevention Problems with Boys' Noncompliance effects of a parent training intervention for divorcing mothers. *Journal of Consulting and Clinical Psychology, 69,* 416–428.

Michaelsen-Gärtner, B., & Witteriede, H. (2009). Prävention von Bullying im Kontext psychischer Gesundheitsförderung und Qualitätsentwicklung in der Schule: das Programm MindMatters. *Praxis der Kinderpsychologie und Kinderpsychiatrie, 58,* 139–156.

O'Moore, M. (2012). http://www.education.ie/en/PressEvents/Conferences/cp_anti_bullying/Speech-by-Professor-Mona-O-Moore.pdf (abgerufen am 02.03.2013).

Olweus, D. (1991). Bully/Victim problems among schoolchildren: Basic facts and effects of a school based intervention program. In D. J. Pepler, K. H. Rubin (Hrsg.), *The development and treatment of childhood aggression* (S. 441–448). Hillsdale: Erlbaum.

Olweus, D. (1999). Täter-Opfer-Probleme in der Schule: Erkenntnisstand und Interventionsprogramm. In H. G. Holtappels, W. Heitmeyer, W. Melzer, K.-J. Tillmann (Hrsg.), *Forschung über Gewalt an Schulen. Erscheinungsformen und Ursachen, Konzepte und Prävention* (S. 281–298). Weinheim: Beltz Juventa.

Olweus, D. (2004). The Olweus Bullying Prevention Programme: design and implementation issues and a new national initiative in Norway. In P. K. Smith, D. Pepler, & K. Rigby (Hrsg.), *Bullying in Schools. How successful can interventions be?* (S. 13–36). London: Cambridge University Press.

Patchin, J. (2011). http://www.safekids.com/2011/09/12/interview-with-justin-patchin-of-cyberbullying-research-center/ (abgerufen am 06.12.2012)

Pfetsch, J. (2012). Studie Bystander von Cybermobbing. Technische Universität Berlin Institut für Erziehungswissenschaft, Pädagogische Psychologie. http://bildungsserver.berlin-brandenburg.de/fileadmin/bbb/medien/jugendmedienschutz/sicherheit_im_internet_und_beim_handy/fachtagung_cyber-mobbing_2012/Pfetsch_Cybermobbing_LISUM.pdf (abgerufen am 01.12.2012)

Phippen, A. (2011). Interview über Studie des UK Safer Internet-Centre: http://www.spiegel.de/schulspiegel/cyber-mobbing-studie-die-eltern-poebeln-mit-a-780562.html (abgerufen am 03.04.2012).

Prinstein, M. J., Bogers, J., & Vernberg, E. M. (2001). Overt and relational aggression in adolescents: Social-psychological adjustment of aggressors and victims. *Journal of Clinical Child Psychology, 30,* 479–491.

Retzlaff, M. (2012). Mobbing im Netz – ein Krisenfall für die Schule. In S. Drewes & K. Seifried (Hrsg.), *Krisen im Schulalltag. Prävention, Management und Nachsorge.* Stuttgart: Kohlhammer.

Risau, P. (2010). Online-Beratung als Präventionsmaßnahme für Jugendliche. In Landesstelle Jugendschutz Niedersachsen (Hrsg.), *Cybermobbing – Medienkompetenz trifft Gewaltprävention.* Hannover.

Röll, F.-J. (2013). Entdecken und fördern in virealen Lebensräumen. *medienconcret, Magazin für die pädagogische Praxis, 1,* 13.

Salmivalli, C., Lagerspetz, K., Björkvist, K., Ostermann, K., & Kaukiainen, A. (1996). Bullying as a group process: Participant roles and their relations to social status within the group. *Aggressive Behavior, 22,* 1–15.

Sanders, M. R. (1999). The Triple P – Positive Parenting Program. Towards an empirically validated multi-level parenting and family support strategy for prevention and treatment of child behavior and emotional problems. *Child and family Psychology Review, 2,* 71–90.

Sanders, M. R., Markie-Dadds, C., Bor, W., & Tully, L. A. (2000). The Triple P-Positive Parenting Program: A Comparison of enhanced, standard, and self-directed behavioral family intervention for parents of children with early onset conduct problems. *Journal of Consulting and Clinical Psychology, 68,* 624–640.

Scheithauer, H. (2012). Interview: 28.02.2012, http://www.bbpp.de/TEXTE/cybermobbing-FU.htm (abgerufen am 28.02.2012)

Schneewind, K. (1999). *Familienpsychologie.* Göttingen: Hogrefe.

Schultze-Krumbholz, A., & Scheithauer, H. (2009). Cyberbullying unter Schülern – Erste Ergebnisse einer Studie an Berliner und Bremer Schulen. Vortrag auf dem IX. Workshop Aggression, 6.–8. November 2009, Berlin.

Seiffge-Krenke, I., & Klessinger, N. (2000). Long-term effects of avoidant coping on adolescents' depressive symptoms. *Journal of Youth and Adolescence, 29,* 617–630.

Spears, B., Slee, P., Owens, L., & Johnson, B. (2009). Behind the Scenes and Screens. Insights of the human Dimension of Covert and Cyberbullying. *Journal of Psychology/ Zeitschrift für Psychologie, 217*(4), 189–196.

Spitzer, M. (2012). *Digitale Demenz. Wie wir uns und unsere Kindern um den Verstand bringen.* München: Droemer.

Wolff Metternich, T., Plück, J., Wieczorrek, E., Freund-Braier, I., Hautmann, C., Brix, G., & Döpfner, M. (2002). PEP – Ein Präventionsprogramm für drei- bis sechsjährige Kinder mit expansivem Problemverhalten. *Kindheit und Entwicklung, 11,* 98–106.

Wolke, D., Woods, S., Bloomfield, L., & Karstadt, L. (2000). The association between direct and relational bullying and behavior problems among primary school children. *Journal of Child Psychology and Psychiatry, 41,* 989–1002.

Young, K. S. (1998). *Caught in the net: How to recognize the signs of Internet addiction and a winning strategy for recovery.* New York: Wiley.

5

Fazit: Unsere schöne neue Cyberwelt – faszinierend, aber auch gefährlich!

Was können wir nun vom Inhalt dieses Buches mit in unser Alltagsleben nehmen? Worüber sollten wir alle nachdenken, wenn wir das nächste Mal unseren PC hochfahren, wenn wir neue Freundschaftsanfragen auf Facebook beantworten, auf E-Bay eine Digitalkamera kaufen oder mit unseren Kindern über Computerspiele oder soziale Netzwerke diskutieren wollen?

Eines möchte dieses Buch auf gar keinen Fall: Angst machen oder das Gefühl vermitteln, dass wir vor der „medialen Revolution" nur noch resignieren können. Denn die Cyberwelt ist vor allem auch ein spannender Ort für individuelle Selbstfindung, Persönlichkeitsbildung, Lernen und Wissensaustausch.

Deshalb ist es so wichtig, dass wir alle das Internet eben in genau diesem Spannungsfeld betrachten: als Tatort für virtuelle Verführungsmechanismen und kriminelle Strategien, aber auch als Ort, an dem Alltag, Gemeinschaft und Jugendkulturen gelebt und neu erfunden werden. Dies bedeutet allerdings: Wir sollten niemals – nicht im Umgang mit unseren Kindern und nicht, wenn es uns selbst betrifft – die dunkle Seite des Internets außer Acht lassen!

Wir alle müssen uns also trotz der vielen positiven Auswirkungen, die das Medium Internet auf unser Leben hat, zukünftig viel stärker auch mit den Gewaltphänomenen, die es hervorbringen kann, befassen. Denn eines wurde in diesem Buch deutlich: Gewalt an sich, unter Jugendlichen, aber auch unter uns Erwachsenen, hat sich durch die neuen Medien verändert.

Immer mehr Straftaten wie Diebstahl, Betrug, Erpressung, Verbreitung von Kinderpornografie, Kindesmissbrauch, aber auch Mobbing, Psychoterror, Stalking usw. verlagern sich in die virtuellen Welten des Web 2.0. Cybercrime, Cybermobbing, Shitstorm, und Grooming sind also der Ausdruck eines Fehlverhaltens, das in der anonymen, virtuellen Cyberwelt viel leichter auszuüben ist als im Alltagsleben zwischen Job, Schule und Einkaufszentrum. Anonymität und physische Abwesenheit im Internet führt zudem zu enthemmtem Verhalten und fördert dadurch virtuelle Gewaltphänomene.

Allerdings gilt das nicht nur für unsere Kinder. Denn, was in diesem Buch noch deutlich geworden ist: Cybermobbing ist nicht ausschließlich ein Problem unter Kinder und Jugendlichen. Auch wir Erwachsene sind immer häufiger involviert. So werden z. B. über Facebook auch Gerüchte und Lügen über Ex-Freundinnen, Mitarbeiter oder Kollegen verbreitet und so platziert, dass diese alle Online-Freunde oder auch der Vorgesetzte direkt einsehen können. Häufig sogar mit dem Ziel, einen Shitstorm auszulösen. Der Hintergrund: Man will das Image der betroffenen Person extrem beschädigen oder diese unbedingt loswerden und aus der Abteilung oder dem Unternehmen drängen. Ob private (z. B. Rache, Eifersucht oder Neid) oder berufliche Hintergründe (z. B. die Angst vor Jobverlust, Stress durch Umstrukturierungen am Arbeitsplatz oder Überforderung), die Auslöser für Cybermobbing bei Erwachsenen sind vielfältig.

Das Internet wird eben immer häufiger auch zu einer Waffe. Und wir alle müssen uns damit auseinandersetzen, dass die Gewaltsituation von heute eine ganz andere ist als vor der Zeit von E-Mail, Facebook, Smartphone & Co.

Damit wird allerdings auch eine weitere Problematik ganz offensichtlich: Kriminelles Verhalten und Gewalthandeln entziehen sich zu einem immer größeren Teil dem realen, physischen Umfeld. Straftaten oder Mobbingattacken, die online stattfinden, bleiben insbesondere dem Blickfeld der Erziehungsberechtigten häufig verschlossen. Diese Problemsituation wird zusätzlich verstärkt durch die starke Unkenntnis und das fehlende Medienwissen im Umgang mit den neuen Kommunikationsformen. Und gerade dieser Wissens- und Informationsmangel, führt dazu, dass Vorbeugung und Interventionsmaßnahmen oft nur schwer umzusetzen sind. Dies muss sich dringend ändern!

Das bedeutet aber, dass sich die Bereiche Erziehung, Bildung und Politik diesen neuen Herausforderungen stellen müssen. Gezielt sind Aufklärung und Sensibilisierung zu fördern und neue Präventionskonzepte flächendeckend zu etablieren. Und dies gilt für alle Akteure, die sich mit Kindern und Jugendlichen befassen, sei es durch ihre Arbeit als Lehrer, Psychologe, Pfarrer, Jugendsozialarbeiter, Richter, Anwalt oder Polizist oder als Eltern und Freunde. In Zukunft sollte das gesamte persönliche Beziehungsnetzwerk, online und offline, das familiäre sowie das schulische Umfeld, Hand in Hand gegen Cybermobbing & Co. vorgehen.

„Wir brauchen insgesamt mehr Zivilcourage und soziale Verantwortung", so Dirk Heinrichs, von Hause aus Schauspieler, Gründer des Vereins Sprache gegen Gewalt e. V. und einer der renommiertesten Gewaltpräventionsexperten in Deutschland. Dabei ist die Politik im Besonderen gefordert, alle Akteure zu unterstützen und entsprechende Rahmenbedingungen zu schaffen: „Wir müssen aufklären – und das in jedem Alter! Beginnend schon in den Kitas!", Kathrin Demmler, Direktorin des Münchner JFF – Institut für Medienpädagogik in Forschung und Praxis.

Was brauchen wir also, um kritisch mit den neuen Medien umgehen zu können und Gewaltformen wie Cybermobbing einzudämmen? Die wichtigste Aufgabe ist, unsere Gesellschaft aufzurütteln und sie für diese neuen Gewaltphänomene zu sensibilisieren. Dafür müssen die Bereiche Beratung, Hilfe und Prävention ausgebaut werden.

Worüber wir nachdenken sollten, sind z. B. deutschlandweite bzw. länderkoordinierte zertifizierte Online-Beratungsangebote, Hilfeportale, Gewaltmeldesysteme und innovative Online-Informationsangebote (z. B. Apps, Online-Coachings usw.). Auch Anbieter sollten auf Risiken und Gefahren aufmerksam machen und Hinweise geben, was man tun sollte oder an wen man sich wenden kann. Und natürlich müssen wir die Präventionsarbeit an Schulen fest verankern (z. B. durch ein Schulfach Medienerziehung, eine qualifizierte Lehrerfortbildung sowie Beratungs- und Aufklärungsteams an allen Schulen). Ein neuer Weg in der Multiplikatorenausbildung insgesamt können flächendeckende Präventionszentren oder -akademien sein, die in jedem Bundesland eingerichtet werden.

Allerdings müssen sich auch die Justiz und der Gesetzgeber mit der Frage befassen, wie Täter in Zukunft besser zu fassen sind (Stichwort: Vorratsdatenspeicherung, verdeckte Ermittlung, Übereinkommen mit anderen EU-Ländern usw.), inwiefern auch Anbieter stärker in die Pflicht genommen werden sollten (bezogen auf Information, Beratung, Hilfe, Kontrolle, aber auch als Plattform, die einen idealen Tatort bietet) und ob eventuell eine neue Gesetzeslage mehr Klarheit schaffen würde, wie es in Frankreich (s. Happy Slapping) und in Teilen der USA (s. Cyberbullying) bereits umgesetzt wird.

Eines ist allerdings besonders wichtig: Wir müssen uns selbst fragen, wie unser Netzleben eigentlich aussehen soll. Welche Umgangsformen wünschen wir uns von unseren Mitmenschen im virtuellen Raum? Wie sollen andere also mit uns im Internet umgehen? Trotz des hohen Anonymitätsgrades muss die Online-Kommunikation nicht auf eine reine Fäkalsprache oder einen asozialen Umgangston reduziert werden, die leicht in Shitstormattacken und Cybermobbing übergehen können. Doch das ist alleine die Entscheidung der Nutzer selbst.

Und wir müssen immer versuchen, bei uns selbst mögliche Suchtgefahren zu erkennen und dagegen vorzubeugen. Von welchen „Tools" lassen wir uns beherrschen? Sind Facebook und Smartphones für uns tatsächlich unersetzlich oder geht es auch einmal ohne? Können wir Verzicht lernen? Denn wir müssen nicht alle zwei Minuten auf unser Handy starren, nur um festzustellen, ob uns jemand gepostet hat – vor allem nicht während der Arbeitszeit oder in der Schule.

Es liegt also alleine an uns, den Weg vorzugeben, den wir online gehen wollen! Denn eines ist klar: Die volkswirtschaftlichen humanitären wie auch monetären Kosten der Cybermobbing- und Shitstormfolgen oder der Internetsucht sind immens hoch. Allein die hierdurch ausgelösten Depressionen, Traumata oder Psychosen können Schul- und Berufsunfähigkeit verursachen. Und dass bedeutet nicht nur eine schwierige Lebenssituation für die Betroffenen: Damit steigen auch die Kosten für Unternehmen sowie für unsere Sozialsysteme und Krankenkassen in unbeschreibliche Höhen. Auch vor diesem Hintergrund müssen wir versuchen, Cybermobbing & Co. zu verhindern.

Und denken wir zum Schluss noch einmal an unsere Kinder als Internetuser: Beobachtungen von aggressivem Verhalten auf Facebook und Co. können bei ihnen durchaus Lernmechanismen in Gang setzen: So z. B., wenn sie miterleben, dass Personen wegen ihrer ausgeübten Cybermobbingattacken sogar bewundert werden. Aggressives Verhalten und Mobbing kann somit als adäquates Mittel angesehen werden, das zu bekommen, was man sich erträumt, wie eben Bewunderung oder Respekt. Wir alle müssen uns also auch die Frage stellen: Woher nehmen unsere Kinder ihre Vorbilder, wer vermittelt ihnen Werte und von wem lernen sie ihr Verhalten?

In Zukunft geht es längst nicht mehr darum, zu beurteilen ob das Internet gut oder schlecht ist. Denn die virtuellen Welten des World Wide Web sind mittlerweile ein fester Bestandteil unseres Lebens geworden. Unser Fokus muss vielmehr darauf gerichtet sein, welche Bedeutung der Cyberspace für die Erziehung und Sozialisation der neuen Generationen hat. Und vor allem: wie wir alle lernen, mit diesen Lebensveränderungen umzugehen.

6
Anhang: Material für den Einsatz an der Schule

6.1 Cybermobbingreport für Schüler

Wenn du dich häufig im Internet aufhältst, ist dir vielleicht aufgefallen, dass manche Personen zu anderen richtig gemein sind.

Wenn ein Einzelner oder eine Gruppe auf Facebook zu einer Person häufig hässliche Dinge sagt, schlecht über sie redet usw., nennt man das *Cybermobbing*.

Wir möchten gerne wissen, ob dir solche Dinge im Internet auch schon passiert sind.

1. Wie oft wirst du von anderen unter Druck gesetzt, erpresst oder bedroht?

Über	Nie	Mehrmals im Monat	Mehrmals in der Woche	Täglich
E-Mail	☐	☐	☐	☐
Handy/Smartphone	☐	☐	☐	☐
Chatrooms	☐	☐	☐	☐
Soziale Netzwerke z. B. Facebook	☐	☐	☐	☐
Instant Messaging	☐	☐	☐	☐
Chatroulette	☐	☐	☐	☐

2. Wie oft wirst du von anderen beschimpft oder beleidigt?

Über	Nie	Mehrmals im Monat	Mehrmals in der Woche	Täglich
E-Mail	☐	☐	☐	☐
Handy/Smartphone	☐	☐	☐	☐
Chatrooms	☐	☐	☐	☐
Soziale Netzwerke z. B. Facebook	☐	☐	☐	☐
Instant Messaging	☐	☐	☐	☐
Chatroulette	☐	☐	☐	☐

3. Wie oft machen sich andere über dich lustig oder hänseln dich?

Über	Nie	Mehrmals im Monat	Mehrmals in der Woche	Täglich
E-Mail	☐	☐	☐	☐
Handy/Smartphone	☐	☐	☐	☐
Chatrooms	☐	☐	☐	☐
Soziale Netzwerke z. B. Facebook	☐	☐	☐	☐
Instant Messaging	☐	☐	☐	☐
Chatroulette	☐	☐	☐	☐

4. Wie oft verbreiten andere Lügen und Gerüchte über dich?

Über	Nie	Mehrmals im Monat	Mehrmals in der Woche	Täglich
E-Mail	☐	☐	☐	☐
Handy/Smartphone	☐	☐	☐	☐
Chatrooms	☐	☐	☐	☐
Soziale Netzwerke z. B. Facebook	☐	☐	☐	☐
Instant Messaging	☐	☐	☐	☐
Chatroulette	☐	☐	☐	☐

5. Wie oft kommt es vor, dass

	Nie	Mehrmals im Monat	Mehrmals in der Woche	Täglich
jemand Fotos von deinem Facebook-Profil oder aus deinen Online-Fotoalben kopiert und dann woanders veröffentlicht?	☐	☐	☐	☐
du z. B. auf Facebook ausgegrenzt wirst oder deine Freundschafts-/Kontaktanfragen abgelehnt werden?	☐	☐	☐	☐
unangenehme oder peinliche Fotos oder Videofilme von dir im Internet verbreitet werden?	☐	☐	☐	☐
sich Hassgruppen gegen dich in sozialen Netzwerken wie Facebook bilden?	☐	☐	☐	☐
andere Leute falsche Profile von dir in sozialen Netzwerken wie Facebook anlegen?	☐	☐	☐	☐
du Cyberstalking erlebst (z.B. dass dich jemand im Internet verfolgt und überall dort auftaucht, wo du bist z. B. bei Facebook)?	☐	☐	☐	☐
jemand Fotos von dir z. B. mit Fotoshop komisch oder doof verändert und diese dann im Internet veröffentlicht?	☐	☐	☐	☐
jemand *intime* Fotos oder Videoclips von dir im Internet veröffentlicht?	☐	☐	☐	☐
dich jemand im Internet schlimm belügt, z.B.sagt, er wäre in dich verliebt, und das stimmtgar nicht?	☐	☐	☐	☐

6. Wenn dir einige der Dinge, die eben geschildert wurden, schon mal passiert sind: Wie hast du dich dabei gefühlt?

	Ja	Nein
Ich war sehr wütend	☐	☐
Ich war sehr verängstigt	☐	☐
Ich war sehr verletzt	☐	☐
Das belastet mich heute noch sehr stark	☐	☐

7. Wenn du im Internet oder mit dem Handy gemobbt worden bist, was hast du dann getan?

	Ja, das habe ich gemacht	Nein, das habe ich nicht gemacht
Ich habe das mit meinen Eltern oder anderen Erwachsenen besprochen	☐	☐
Ich habe versucht, gemeinsam mit meinen Freunden oder Freundinnen aus der Schule eine Lösung zu finden	☐	☐
Ich habe es sofort den Betreibern der Internetforen gemeldet	☐	☐
Ich habe versucht, das zu vergessen, indem ich etwas gegessen, geraucht, Alkohol getrunken oder Tabletten genommen habe	☐	☐
Ich habe versucht im *Internet* über *Hilfeportale* wie *juuuport* Hilfe zu bekommen	☐	☐

8. Welche Hilfe würdest du dir wünschen, um Cybermobbing zu bewältigen?

	Trifft voll zu 1	Trifft stark zu 2	Trifft etwas zu 3	Trifft kaum zu 4	Trifft gar nicht zu 5
Mehr Unterstützung von den Lehrern	☐	☐	☐	☐	☐
Mehr Aufklärung in der Schule zum Thema Cybermobbing	☐	☐	☐	☐	☐
Hilfe und Unterstützung von meinen Freunden	☐	☐	☐	☐	☐
Hilfe von meinen Eltern	☐	☐	☐	☐	☐
Eine anonyme Online-Hilfe, an die man sich wenden kann	☐	☐	☐	☐	☐
„Anti-Mobbing-Trainings" an unserer Schule	☐	☐	☐	☐	☐
Ein Unterstützungsteam an unserer Schule für Opfer von Mobbing und Cybermobbing	☐	☐	☐	☐	☐
Schülerscouts, die andere Schüler über das Thema „Cybermobbing" informieren	☐	☐	☐	☐	☐

9. Kommt es vor, dass du selbst auch schon mal andere „mobbst", also hänselst, beleidigst oder fertigmachst?

Über	Ja	Nein
Handy/Smartphone	☐	☐
E-Mail	☐	☐
Videoplattformen wie YouTube	☐	☐
Soziale Netzwerke z. B. Facebook	☐	☐
Instant Messaging	☐	☐
Chatroulette	☐	☐
In der Schule	☐	☐

10. Wenn du schon mal andere Personen im *Internet* oder per *Handy* mobbst, also hänselst, beleidigst oder fertigmachst: Warum machst du das?

	Ja	Nein
Weil mir langweilig ist	☐	☐
Nur zum Spaß	☐	☐
Weil andere das auch machen	☐	☐
Weil diese Person es verdient hat	☐	☐
Weil ich Ärger mit der betreffenden Person habe	☐	☐
Weil ich schlechte Laune habe	☐	☐
Um andere, die gemobbt worden sind, zu rächen	☐	☐
Weil mich diese Person auch gemobbt hat	☐	☐
Weil es cool ist	☐	☐

11. Bist du ein Junge oder ein Mädchen?

☐ Ich bin ein Junge   ☐ Ich bin ein Mädchen

6.2 Cybermobbingreport für Lehrer

1. Unabhängig von der Stärke des Einflusses kann das Internet einen (eher) positiven oder (eher) negativen Einfluss haben. Hat das Internet aus Ihrer Sicht einen positiven oder negativen Einfluss auf Ihre Schüler in den folgenden Bereichen?

	Einen sehr positiven Einfluss 5	4	Einen ausgeglichen positiven wie negativen Einfluss 3	2	Einen sehr negativen Einfluss 1
… auf die Aneignung von Wissen	☐	☐	☐	☐	☐
… auf ihre Persönlichkeits- und Identitätsentwicklung	☐	☐	☐	☐	☐
… auf ihr Kommunikations- und Interaktionsverhalten	☐	☐	☐	☐	☐
… auf ihr soziales Leben allgemein (Freundschaft, Liebe, Sexualität, Familie, Freizeit, Schule)	☐	☐	☐	☐	☐
… auf ihre *psychische* Verfassung und Entwicklung	☐	☐	☐	☐	☐
… auf ihre *physische* Verfassung und Entwicklung	☐	☐	☐	☐	☐

2. Haben Sie das Internet schon einmal in ihrem Unterricht eingesetzt?

☐ Ja   ☐ Nein, noch nie

3. Es gibt verschiedene Meinungen zur Internetnutzung in der Schule. Inwieweit treffen aus Ihrer Sicht die folgenden Aussagen zu?

Internetnutzung in der Schule …

	Trifft voll und ganz zu 5	4	3	2	Trifft überhaupt nicht zu 1
… wirkt der sozialen Benachteiligung von Schülern entgegen	☐	☐	☐	☐	☐
… knüpft an Lebens- und Alltagswelt der Schüler an	☐	☐	☐	☐	☐
… gibt der Technik gegenüber der Pädagogik den Vorzug	☐	☐	☐	☐	☐
… ist ein pädagogischer Trend, der wieder vorübergeht	☐	☐	☐	☐	☐
… richtet die Schule an internationalen Standards aus	☐	☐	☐	☐	☐
… bindet Zeit, die für den Erwerb der Kulturtechniken Lesen, Schreiben und Rechnen fehlt	☐	☐	☐	☐	☐
… modernisiert grundlegend die Unterrichtsmethoden und Arbeitsformen	☐	☐	☐	☐	☐
… sichert die Zukunftsfähigkeit des Standortes Deutschland	☐	☐	☐	☐	☐
… übt bildungspolitischen Druck auf die Lehrkräfte aus	☐	☐	☐	☐	☐

4. Wie häufig haben Sie das Internet in dem letzten Schuljahr im Unterricht oder in AGs für folgende Aktivitäten genutzt?

Ich habe es mit den Schülern genutzt, um…

	Trifft voll und ganz zu 5	4	3	2	Trifft überhaupt nicht zu 1
… Sachthemen zu recherchieren	☐	☐	☐	☐	☐
… in E-Mail-Kontakt mit anderen Schulen zu treten	☐	☐	☐	☐	☐
… Texte zu kopieren und offline zu arbeiten.	☐	☐	☐	☐	☐
… in einem virtuellen Klassenraum zu interagieren	☐	☐	☐	☐	☐
… an einem Chat teilzunehmen	☐	☐	☐	☐	☐
… Lesen und Schreiben zu üben	☐	☐	☐	☐	☐
… Wissen zu erarbeiten	☐	☐	☐	☐	☐
… sie frei surfen zu lassen	☐	☐	☐	☐	☐
… an der Schulhomepage zu arbeiten	☐	☐	☐	☐	☐
… ein Pausenangebot zu machen	☐	☐	☐	☐	☐
… Vertretungsstunden zu gestalten	☐	☐	☐	☐	☐
… Projekte zu präsentieren	☐	☐	☐	☐	☐
… über Facebook-Nutzung aufzuklären.	☐	☐	☐	☐	☐

5. Wie häufig kommen unter Ihren Schülern Formen von Cybercrime vor (Datenklau, Passwortknacken, PC-Hacking etc.)?

☐ Täglich
☐ Alle 2–3 Tage
☐ Einmalin der Woche
☐ Seltener als einmal in der Woche
☐ Nie
☐ Weiß ich nicht

6. Wie häufig kommen unter Ihren Schülern Formen von Cybermobbing vor (z.B. über soziale Netzwerke wie Facebook werden Gerüchte oder Lügen verbreitet, peinliche Fotos veröffentlicht)?

☐ Täglich
☐ Alle 2–3 Tage
☐ Einmal in der Woche
☐ Seltener als einmal in der Woche
☐ Nie
☐ Weiß ich nicht

7. Wie häufig kommen unter Ihren Schülern Formen von Cyberstalking vor (z.B. jegliche Spuren im Internet einer Person verfolgen und kommentieren z. B. auf Facebook)?

☐ Täglich
☐ Alle 2–3 Tage
☐ Einmal in der Woche
☐ Seltener als einmal in der Woche
☐ Nie
☐ Weiß ich nicht

8. Wie häufig erleben Ihre Schüler Formen sexueller Übergriffe im Internet (z.B. Aufforderung zu sexuellen Handlungen vor der Webcam, sich vor der Webcam auszuziehen, Grooming: Heranmachen eines Erwachsenen an Kinder/Jugendliche, um Vertrauen aufzubauen und später sexuelle Übergriffe auszuüben)?

☐ Täglich
☐ Alle 2–3 Tage
☐ Einmalin der Woche
☐ Seltener als einmal in der Woche
☐ Nie
☐ Weiß ich nicht

9. Was wissen Sie an Ihrer Schule über die Thematik Cybercrime, Cybermobbing, Cyberstalking und sexuelle Übergriffe im Internet?

	Trifft voll und ganz zu 5	4	3	2	Trifft überhaupt nicht zu 1
An unserer Schule wissen wir, dass Schüler Opfer von **Cybercrime** werden (der eigene Rechner wird ausspioniert, Daten werden vom eigenen Rechner geklaut, hinterlegte Daten in sozialen Netzwerken werden verändert, Passwörter werden geknackt etc.)	☐	☐	☐	☐	☐
An unserer Schule wissen wir, dass Schüler Opfer von **Cybermobbing** werden (über soziale Netzwerke wie Facebook werden Gerüchte oder Lügen verbreitet, peinliche oder intime Fotos veröffentlicht etc.)	☐	☐	☐	☐	☐
An unserer Schule wissen wir, dass Schüler Opfer von **Cyberstalking** werden (jegliche Spuren im Internet einer Person werden beobachtet, verfolgt und kommentieren z. B. auf Facebook)	☐	☐	☐	☐	☐
An unserer Schule wissen wir, dass Schüler Opfer von **sexuellen Übergriffen** im Internet werden (Aufforderung zu sexuellen Handlungen vor der Webcam, sich vor Webcam auszuziehen, Grooming etc.)	☐	☐	☐	☐	☐

10. Kennen Sie konkret einen oder mehrere Fälle von Schülern, die Opfer von Cybermobbing oder Cyberstalking im Internet geworden sind?

☐ Ja, mehrere Fällen
☐ Ja, einen Fall
☐ Nein, keinen konkreten/sicheren

Haben Sie bei einem bzw. mehreren dieser Fälle die folgenden Symptome beobachtet bzw. berichtet bekommen?

☐ Kopf- oder Magenschmerzen
☐ Angstzustände
☐ Bedrückte Stimmungen
☐ (Plötzliche) Verschlossenheit
☐ Leistungsabfall in der Schule
☐ Konzentrationsprobleme
☐ Rückzug in andere Welten, wie z. B. intensive Online-Spiele- oder Fantasiewelten
☐ Wut
☐ Häufiges Fehlen vom Unterricht

11. Wie bewerten Sie die folgenden Aussagen?

	Trifft voll und ganz zu 5	4	3	2	Trifft überhaupt nicht zu 1
Cybercrime ist an unserer Schule kein Problem	☐	☐	☐	☐	☐
Cybermobbing ist an unserer Schule kein Problem	☐	☐	☐	☐	☐
Cyberstalking ist an unserer Schule kein Problem	☐	☐	☐	☐	☐
Sexuelle Gewalt/sexuelle Übergriffe im Internet sind an unserer Schule kein Problem	☐	☐	☐	☐	☐
Wenn an unserer Schule ein Fall von Cybermobbing, Cyberstalking, Cybercrime oder einem sexuellen Übergriff im Internet auftritt, wird dieser Fall genau untersucht	☐	☐	☐	☐	☐
An unserer Schule haben Cybermobbing, Cyberstalking oder Cybercrime im Internet disziplinarische Konsequenzen für den/die Täter zur Folge	☐	☐	☐	☐	☐
Wenn in unserer Schule ein Fall von Cybermobbing, Cyberstalking, Cybercrime oder eines sexuellen Übergriffs im Internet auftritt, holen wir uns auch schon mal Hilfe von außen z. B. bei der Polizei oder bei einem psychologischen Dienst	☐	☐	☐	☐	☐
Wir haben an unserer Schule eine anonyme Meldestelle eingerichtet, der Fälle von Cybermobbing, Cyberstalking, Cybercrime oder sexuelle Übergriffe im Internet mitgeteilt werden können (per Brief, per E-Mail, per Chat etc.)	☐	☐	☐	☐	☐
Wir haben an unserer Schule eine/n bzw. mehrere bestimmte Lehrer, sogenannte „Anti-Mobbing-Beauftragte", die sich speziell mit der Problematik „Gewalt und Mobbing unter Schülern" befassen	☐	☐	☐	☐	☐
Wir setzen bei Konflikten unter Schülern, auch bei solchen, die im Internet auftreten (wie z. B. Cyber-mobbing), Jugendliche als Streitschlichter oder Anti-Mobbing-Berater ein	☐	☐	☐	☐	☐
Wir haben an unserer Schule ein klares Verhaltensregelwerk für einen gewaltfreien Umgang miteinander entwickelt, das alle Schüler im Unterricht kennenlernen	☐	☐	☐	☐	☐
Schüler, Lehrer und Schulleitung werden angeregt, sich regelmäßig mit neuen Gewaltphänomenen und Internetproblematiken zu befassen und zur Bearbeitung im Unterricht vorzuschlagen	☐	☐	☐	☐	☐
Ich fühle mich gut informiert z. B. auch über strafrechtliche Folgen von Cybermobbing, Cyberstalking, Cybercrime und sexueller Gewalt im Netz	☐	☐	☐	☐	☐

12. Was geschieht an Ihrer Schule präventiv, um aktiv gegen Cybermobbing und andere Gefahren im Internet vorzugehen?

	Ja, das machen wir immer/ regelmäßig	Nein, das machen wir noch nicht, aber das führen wir (bald) ein	Nein, das machen wir nicht
	3	2	1
An unserer Schule bieten wir für Schüler „Anti-Gewalt-Trainings" an.	☐	☐	☐
Wir haben an unserer Schule ein Mediatoren-oder Streitschlichtungs-programm für Schüler	☐	☐	☐
An unserer Schule wird das Thema „konfliktfreie Problemlösung" unter Schülern im Unterricht bzw. in Workshops behandelt	☐	☐	☐
An unserer Schule haben wir eine bestimmte Projektgruppe von Lehrern und Schülern, die Jugendlichen dabei helfen, mit ihren Konflikten untereinander gewaltfrei umgehen zu können	☐	☐	☐
An unserer Schule lernen Schüler Strategien, wie sie sich verhalten sollen, wenn sie mitbekommen, dass andere Opfer von Cybermobbing, Cyberstalking, Cybercrime oder sexueller Übergriffe im Internet geworden sind	☐	☐	☐
Wir bieten unseren Schülern gezielt Workshops zum Thema „Cybermobbing" an	☐	☐	☐
Wir bieten unseren Schülern gezielt Workshops zum Thema „Medienkompetenz: Risiken und Gefahren, aber auch Nutzen des Internets" an	☐	☐	☐
Wir haben an unserer Schule ein spezielles Unterstützungsteam für Opfer von Cybermobbing, Cybercrime, Cyberstalking und sexueller Übergriffe	☐	☐	☐
An unserer Schule bilden wir Schülerscouts aus, die andere Schüler über „Gefahren im Internet", z. B. Cybermobbing oder sexuelle Übergriffe in sozialen Netzwerken, aufklären	☐	☐	☐

13. An unserer Schule wird Informationsmaterial an Schüler verteilt zum Thema:

	Ja, das machen wir immer/ regelmäßig	Das machen wir ab und zu/selten	Nein, das machen wir nicht
	3	2	1
Risiken und Gefahren im Internet	☐	☐	☐
Cybermobbing	☐	☐	☐
Richtige Mediennutzung	☐	☐	☐
Wo finde ich Hilfe bei Problemen im Internet	☐	☐	☐

14. Wir bieten an unser Schule Infoveranstaltungen, Workshops und/oder Fortbildungsseminare für Lehrer an zum Thema:

	Ja, das machen wir immer/ regelmäßig	Das machen wir ab und zu/selten	Nein, das machen wir nicht
	3	2	1
„Das Internet als Lebensraum der Jugendlichen, Nutzen, Gefahren und Umgang mit dem Internet im Unterricht usw."	☐	☐	☐
„Cybermobbing"	☐	☐	☐
„Strafrechtlichen Folgen von Cybermobbing, Cyberstalking, Cybercrime und sexueller Gewalt im Netz"	☐	☐	☐
„Allgemeine Medienerziehung"	☐	☐	☐
„Einsatz neuer Medien im Unterricht"	☐	☐	☐
„Wo finde ich Hilfe bei Problemen im Internet?"	☐	☐	☐

15. Die Lehrer an unserer Schule wissen gut Bescheid über:

	Trifft voll und ganz zu 5	4	3	2	Trifft überhaupt nicht zu 1
Cybercrime	☐	☐	☐	☐	☐
Cybermobbing	☐	☐	☐	☐	☐
Cyberstalking	☐	☐	☐	☐	☐
Sexuelle Gewalt im Netz/ Kinderpornografie	☐	☐	☐	☐	☐

16. Wir verschicken an unserer Schule Informationen und Newsletter an die Eltern zum Thema:

	Ja, das machen wir immer/regelmäßig	Das machen wir ab und zu/selten	Nein, das machen wir nicht
	3	2	1
Cybercrime	☐	☐	☐
Cybermobbing	☐	☐	☐
Cyberstalking	☐	☐	☐
Sexuelle Gewalt im Internet/ Kinderpornografie	☐	☐	☐

17. Wir organisieren an unserer Schule Informationsveranstaltungen für Eltern zum Thema:

	Ja, das machen wir immer/ regelmäßig	Das machen wir ab und zu/selten	Nein, das machen wir nicht
	3	2	1
„Risiken wie Cybercrime, Cyberstalking und sexuelle Gewalt im Internet"	☐	☐	☐
„Cybermobbing"	☐	☐	☐
„Mediennutzung und Medienkompetenz im Umgang mit Kindern und Jugendlichen"	☐	☐	☐
„Wo finde ich Hilfe bei Problemen im Internet?"	☐	☐	☐

18. Auf der Website unserer Schule geben wir nützliche Hinweise zum Thema:

	Ja, das machen wir immer/ regelmäßig	Das machen wir ab und zu/selten	Nein, das machen wir nicht
	3	2	1
„Risiken wie Cybercrime, Cyberstalking und sexuelle Gewalt im Internet"	☐	☐	☐
„Cybermobbing"	☐	☐	☐
„Strafrechtlichen Folgen von Cybermobbing, Cyberstalking, Cybercrime und sexueller Gewalt im Netz"	☐	☐	☐
„Wo finde ich Hilfe bei Problemen im Internet?"	☐	☐	☐

19. Was machen Sie selbst, um sich über Risiken im Internet für Schüler, aber auch für sich selbst zu informieren?

Um mich über Gefahren und Risiken, die im Internet lauern, zu informieren, mache ich Folgendes:

	Ja, immer/regelmäßig	Ab und zu/selten	Nein, nie
	3	2	1
Suche im Internet (Websites, Online-Portalen, Blogs etc.)	☐	☐	☐
Lese Fachbücher	☐	☐	☐
Schaue gezielt im TV-Programm	☐	☐	☐
Rede mit Freunden und Bekannten	☐	☐	☐
Besuche Fachkongresse	☐	☐	☐
Besuche Workshops	☐	☐	☐
Suche Infos in sozialen Netzwerken wie Facebook	☐	☐	☐
Bilde Diskussionsgruppen z. B. in Facebook	☐	☐	☐

20. Nun noch einige Fragen zu Gewalt und Mobbing allgemein. Hat sich aus Ihrer Sicht die Art der Gewalt unter Schülern in den letzten Jahren verändert?

☐ Ja, sehr
☐ Ja, etwas
☐ Nein

21. Würden Sie sagen:

	Trifft voll und ganz zu 5	4	3	2	Trifft überhaupt nicht zu 1
Jugendliche sind generell gewaltbereiter geworden	☐	☐	☐	☐	☐
Die Umgangssprache zwischen Jugendlichen ist härter, gewaltbetonter geworden	☐	☐	☐	☐	☐
Auch Mädchen schlagen immer häufiger zu	☐	☐	☐	☐	☐
Die Anonymität im Internet fördert die Bereitschaft der Jugendlichen, böse und gemein zu anderen sein	☐	☐	☐	☐	☐

22. Wenn Sie an die neuen Medien insgesamt denken:

	Ja,sehr	Ja, etwas	Nein
	3	2	1
Machen Sie oder Ihre Kollegen sich schon mal Sorgen wegen möglicher Probleme, die durch die neuen Medien, Internet & Co., in der Arbeit mit den Schülern auf Sie zukommen könnten?	☐	☐	☐
Befürchten Sie oder Kollegen von Ihnen, dass die *beruflichen Belastungen* durch den Einfluss der neuen Medien, Internet & Co., immer größer werden könnten?	☐	☐	☐
Befürchten Sie oder Ihre Kollegen schon mal, dass die vor Ihnen liegenden Aufgaben bezüglich neuer Medien (z. B.: deren Einsatz im Unterricht, Probleme wie Cybermobbing oder sexuelle Gewalt im Internet etc.) immer schwieriger zu bewältigen sind?	☐	☐	☐

23. Welche Art von Unterstützung würden Sie sich im Bereich „Medienarbeit und Medienkompetenz" an Ihrer Schule wünschen?

	Ja,sehr	Ja, etwas	Nein
	3	2	1
Mehr Unterstützung durch Schulleitung	☐	☐	☐
Mehr Einsatz von Eltern	☐	☐	☐
Gutes Unterrichtsmaterial oder Module, die man im Schulunterricht einsetzen kann	☐	☐	☐
Mehr Lehrerfortbildungen zu den Themen	☐	☐	☐
Medienbeauftragte an Schulen	☐	☐	☐
Mediengruppe an Schule (Schüler und Lehrer)	☐	☐	☐
Bessere Computerausstattung	☐	☐	☐
der Schule			
Hilfe- und Beratung oder Coaching von außen (durch Medienexperten, Computerspezialisten etc.)	☐	☐	☐
Fach „Medienerziehung" an allen Schulen obligatorisch	☐	☐	☐
„Netzwerk" zum Austausch für alle Betroffenen, Beteiligten, Interessierten	☐	☐	☐

FallsSie noch etwas nennen möchten, das nicht aufgelistet ist:_____

24. Welche der folgenden Arten von Unterstützung würden Sie bei der Prävention gegen Gewalt, Cybercrime, Cybermobbing, Cyberstalking etc. befürworten?

	Ja,sehr	Ja, etwas	Nein
	3	2	1
Mehr Ratgeber online	☐	☐	☐
TV-Angebote für Kinder	☐	☐	☐
TV-Angebot für Erwachsene	☐	☐	☐
Apps für Smartphones	☐	☐	☐
E-Mail-Dienste	☐	☐	☐
Online-Coaching	☐	☐	☐
Fortbildungen an Schulen und anderen Bildungsträgern	☐	☐	☐
Hilfe- oder Beratungsstelle im schulischen Umfeld oder von anderen öffentlichen Trägern	☐	☐	☐
Hilfe- oder Beratungsstellen im Internet	☐	☐	☐

6.3   Cybermobbingreport für Eltern

1. Wie viele Stunden am Tag verbringt Ihr Kind normalerweise im Internet?

❐ Mein Kind verbringt normalerweise ▭ Std. am Tag im Internet
❐ Weiß ich nicht

2. Hat Ihr Kind einen eigenen PC oder ein eigenes Laptop?

☐ Ja, hat einen eigenen PC
☐ Ja, hat ein eigenes Laptop
☐ Nein, hat keinen eigenen PC oder eigenes Laptop

3. Wenn Ihr Kind einen eigenen PC hat, wo steht der?

☐ Der PC steht in eigenen Zimmer
☐ Der PC steht im Wohnzimmer
☐ Der PC steht im Arbeitszimmer der Eltern
☐ Der PC steht im ▭ (nur angeben, wenn obige Angaben nicht stimmen)

4. Wie häufig nutzt Ihr Kind die folgenden Dienste im Internet?

	Mehrmals täglich	Einmal täglich	Alle 2–3 Tage	Einmalin der Woche	Seltener als einmal pro Woche	Nie
E-Mail	☐	☐	☐	☐	☐	☐
Chatrooms (z. B. Knuddels)	☐	☐	☐	☐	☐	☐
Soziale Netzwerke	☐	☐	☐	☐	☐	☐
Twitter	☐	☐	☐	☐	☐	☐
Facebook	☐	☐	☐	☐	☐	☐
Videoplattformen wie YouTube	☐	☐	☐	☐	☐	☐
Instant Messaging (z. B. ICQ)	☐	☐	☐	☐	☐	☐
Ebay	☐	☐	☐	☐	☐	☐
Online-Rollenspiele	☐	☐	☐	☐	☐	☐

5. Wie gehen Sie mit der Internetnutzung Ihres Kindes um?

Ich kontrolliere die Internetnutzung.

	Immer	Oft	Ab und zu	Manchmal	Gar nicht
Ja, das mache ich ...	☐	☐	☐	☐	☐

Ich blockiere bestimmte Software auf dem PC, den mein Kind zu Hause benutzt.

	Immer	Oft	Ab und zu	Manchmal
Ja, das mache ich …	☐	☐	☐	☐

Gehen Sie zusammen mit ihrem Kind ins Internet?

	Total	Stimmt etwas	Teils, teils	Stimmt kaum	Nein
Ja, das stimmt …	☐	☐	☐	☐	☐

Lassen Sie sich von Ihrem Kind im Internet Dinge zeigen, die Sie selbst nicht wissen oder können?

	Total	Stimmt etwas	Teils, teils	Stimmt kaum	Nein
Ja, das stimmt.	☐	☐	☐	☐	☐

Mein Kind ist ein Internetprofi, ich mische mich da nicht ein.

	Total	Stimmt etwas	Teils, teils	Stimmt kaum	Nein
Ja, das stimmt ...	☐	☐	☐	☐	☐

6. Sind Ihnen folgende Begriffe bekannt?

Cybercrime   Ja/Nein

Cybermobbing   Ja/Nein

Cyberstalking   Ja/Nein

Cybergrooming   Ja/Nein

7. Finden Sie generell, dass es sich bei Cybermobbing, Cyberstalking u. ä. Dingen, die Kinder im Internet erleben können, um gefährliche Problemlagen handelt?

❏   Ja
❏   Nein
❏   Weiß ich nicht

8. Ich weiß, dass Kinder und Jugendliche auch Opfer von *Cybermobbing* werden, d. h. über Chatrooms, soziale Netzwerke wie Facebook etc. werden Gerüchte oder Lügen verbreitet, peinliche oder intime Fotos veröffentlicht etc.

Ja, das stimmt	Stimmt etwas	Weiß nicht	Stimmt kaum	Nein, das stimmt nicht
❏	❏	❏	❏	❏

9. Hat Ihr Kind bereits Formen von *Cybermobbing* erlebt, also über Chatrooms, soziale Netzwerke wie Facebook etc. wurden Gerüchte oder Lügen verbreitet, peinliche oder intime Fotos veröffentlicht etc.

☐ Ja, mehrmals täglich
☐ Einmal täglich
☐ Alle 2–3 Tage
☐ Einmal in der Woche
☐ Seltener als einmalin der Woche
☐ Nein, noch nie
☐ Weiß ich nicht

10. *Cybermobbing* ist bei Kindern von Freunden und Bekannten kein Problem

Ja, das stimmt	Stimmt etwas	Weiß nicht	Stimmt eher nicht	Nein, das stimmt nicht
❏	❏	❏	❏	❏

11. Um mich über Gefahren und Risiken, die im Internet für mein Kind bestehen, zu informieren, mache ich Folgendes:

	Ja, regelmäßig	Ab un dzu	Weiß nicht	Sehr selten	Nein, nie
Suche im Internet (Websites Online-Portalen, Blogs etc.)	❏	❏	❏	❏	❏

	Ja, regelmäßig	Ab un dzu	Weiß nicht	Sehr selten	Nein, nie
Lese Fachbücher	❏	❏	❏	❏	❏

	Ja, regelmäßig	Ab un dzu	Weiß nicht	Sehr selten	Nein, nie
Schaue gezielt im TV-Programm	❏	❏	❏	❏	❏

	Ja, regelmäßig	Ab un dzu	Weiß nicht	Sehr selten	Nein nie
Rede mit Freunden und Bekannten	❏	❏	❏	❏	❏

	Ja, regelmäßig	Ab un dzu	Weiß nicht	Sehr selten	Nein, nie
Suche Infos in sozialen Netzwerken wie Facebook	❏	❏	❏	❏	❏

	Ja, regelmäßig	Ab un dzu	Weiß nicht	Sehr selten	Nein nie
Bilde Diskussionsgruppen z. B. in Facebook	❏	❏	❏	❏	❏

12. Ich fühle mich gut informiert z. B. auch über *strafrechtliche Folgen von Cybermobbing, Cyberstalking, Cybercrime und sexueller Gewalt im Netz.*

Ja, das stimmt	Stimmt etwas	Weiß nicht	Stimmt kaum	Nein, das stimmt nicht
❏	❏	❏	❏	❏

13. Wissen Sie, was die Schule Ihres Kindes in Fällen von Cybermobbing, Cyberstalking, Cybercrime oder sexuelle Übergriffe im Internet unternimmt?

14. Wenn an der Schule meines Kindes ein Fall von Cybermobbing, Cyberstalking, Cybercrime oder sexuellem Übergriff im Internet auftritt, wird dieser Fall genau untersucht.

Ja, das stimmt	Stimmt etwas	Weiß nicht	Stimmt kaum	Nein, das stimmt nicht
❏	❏	❏	❏	❏

15. An der Schule meines Kindes haben Cybermobbing, Cyberstalking, Cybercrime oder sexuelle Übergriffe im Internet disziplinarische Konsequenzen für den /die Täter zur Folge.

Ja, das stimmt	Stimmt etwas	Weiß nicht	Stimmt kaum	Nein, das stimmt nicht
❏	❏	❏	❏	❏

16. Wenn an der Schule meines Kindes ein Fall von Cybermobbing, Cyberstalking, Cybercrime oder sexuellen Übergriffenim Internet auftritt, wird auch schon mal Hilfe von außen geholt z. B. bei der Polizei oder bei einem psychologischen Dienst.

Ja, das stimmt	Stimmt etwas	Weiß nicht	Stimmt kaum	Nein, das stimmt nicht
❏	❏	❏	❏	❏

17. Die Schule meines Kindes hat eine *anonyme Meldestelle* eingerichtet, der Fälle von Cybermobbing, Cyberstalking, Cybercrimeoder sexuelle Übergriffe im Internet mitgeteilt werden können (per Brief, per E-Mail, per Chat etc.).

Ja, das stimmt	Weiß nicht	Wird gerade eingeführt	Nein, das stimmt nicht
❑	❑	❑	❑

18. Kinder und Jugendliche, Lehrer und Schulleitung werden angeregt, sich regelmäßig mit *neuen Gewaltphänomenen und Internetproblematiken* zu befassen und zur Bearbeitung im Unterricht vorzuschlagen.

Ja, das stimmt	Stimmt etwas	Weiß nicht	Stimmt kaum	Nein, das stimmt nicht
❑	❑	❑	❑	❑

Allgemeiner Umgang mit Gewalt an der Schule meiner Kinder:

19. An der Schule meines Kindes gibt es einen bzw. mehrere bestimmte/n Lehrer, sogenannte „Anti-Mobbing-Beauftragte", die sich speziell mit der Problematik Gewalt und Mobbing unter Kindern und Jugendlichen befassen.

Ja, das stimmt	Weiß nicht	Wird gerade eingeführt	Nein, das stimmt nicht
❑	❑	❑	❑

20. An der Schule meines Kindes lernen Kinder und Jugendliche Strategien, wie sie sich verhalten sollen, wenn sie mitbekommen, dass *andere Kinder und Jugendliche* Opfer von Cybermobbing, Cyberstalking, Cybercrime oder sexueller Übergriffe im Internet geworden sind.

Ja, das stimmt	Stimmt etwas	Weiß nicht	Stimmt kaum	Nein, das stimmt nicht
❑	❑	❑	❑	❑

21. Die Schule meines Kindes bietet Kindern und Jugendlichen gezielt *Workshops* zum Thema „*Cybermobbing*" an.

Ja, das wird regelmäßig gemacht	Ab und zu	Weiß nicht	Sehr selten	Nein, das wird nicht gemacht
❑	❑	❑	❑	❑

22. Die Schule meines Kindes bietet Kindern und Jugendlichen gezielt *Workshops*zum Thema „*Risiken und Gefahren, aber auch Nutzen des Internets*" an.

Ja, das wird regelmäßig gemacht	Ab und zu	Weiß nicht	Sehr selten	Nein, das wird nicht gemacht
❑	❑	❑	❑	❑

23. An der Schule meines Kindes werden jugendliche *Schülerscout* sausgebildet, die andere Kinder und Jugendliche über das Thema „Gefahren im Internet" informieren und aufklären.

Ja, das stimmt	Stimmt etwas	Weiß nicht	Stimmt kaum	Nein, das stimmt nicht
❑	❑	❑	❑	❑

24. An der Schule meines Kindes wird *Informationsmaterial* an Kinder und Jugendliche verteilt zum Thema:

	Ja, regelmäßig	Ab und zu	Weiß nicht	Sehr selten	Nein, nie
Cybermobbing	❑	❑	❑	❑	❑

	Ja, regelmäßig	Ab und zu	Weiß nicht	Sehr selten	Nein, nie
Hilfe bei Problemen im Internet	❑	❑	❑	❑	❑

Lehrerfortbildung an der Schule meines Kindes:

25. Die Schule meines Kindes bietet *Infoveranstaltungen, Workshops und/oder Fortbildungsseminare* **für** *Lehrer* **zum Thema „Cybermobbing" an.**

Ja, regelmäßig	Ab un dzu	Weiß nicht	Sehr selten	Nein, nie
❏	❏	❏	❏	❏

26. Die Lehrer der Schule meines Kindes erhalten Informationen zu *strafrechtlichen Folgen von Cybermobbing, Cyberstalking, Cybercrime und sexueller Gewalt im Internet*

Ja, das stimmt	Stimmt etwas	Weiß nicht	Stimmt kaum	Nein, das stimmt nicht
❏	❏	❏	❏	❏

27. Die Lehrer der Schule meines Kindes wissen gut Bescheid über:

	Ja, das stimmt	Stimmt etwas	Weiß nicht	Stimmt kaum	Nein, das stimmt nicht
Cybermobbing	❏	❏	❏	❏	❏
Sexuelle Gewalt im Internet und Cybergrooming	❏	❏	❏	❏	❏

28. Die Schule meines Kindes verschickt *Informationen und Newsletter* **an die Eltern zum Thema**

	Ja, regelmäßig	Ab und zu	Weiß nicht	Sehr selten	Nein, nie
Cybermobbing	❏	❏	❏	❏	❏
Sexuelle Gewalt im Internet und Cybergrooming	❏	❏	❏	❏	❏

29. Die Schule meines Kindes organisiert *Informationsveranstaltungen* **für Eltern zum Thema „Cybermobbing".**

Ja, regelmäßig	Ab und zu	Weiß nicht	Sehr selten	Nein nie
❏	❏	❏	❏	❏

30. Die Schule meines Kindes bietet *Infoveranstaltungen, Workshops und/oder Fortbildungsseminare* **für** *Eltern* **zum Thema „Mediennutzung und Medienkompetenz im Umgang mit Kindern und Jugendlichen" an.**

Ja, regelmäßig	Ab und zu	Weiß nicht	Sehr selten	Nein nie
❏	❏	❏	❏	❏

31. Auf der *Website* **der Schule meines Kindes gibt es Hinweise (Links) zu Online-Hilfen bzw. Kontaktstellen im Internet, bei denen man sich im Fall von Cybermobbing u.ä. Erlebnissen Ratschläge holen kann.**

Ja, das stimmt	Stimmt etwas	Weiß nicht	Stimmt kaum	Nein, das stimmt nicht
❏	❏	❏	❏	❏

Noch einige Fragen zu Gewalt, Mobbing:

32. Hat sich aus Ihrer Sicht die Art der Gewalt unter Kindern und Jugendlichen in den letzten Jahren verändert?

Ja, sehr	Etwas	Weiß nicht	Kaum	Nein, gar nicht
❏	❏	❏	❏	❏

33. Würden Sie sagen:

	Trifft voll und ganz zu 5	4	3	2	Trifft überhaupt nicht zu 1
Jugendliche sind generell gewaltbereiter geworden	☐	☐	☐	☐	☐
Die Umgangssprache zwischen Jugendlichen ist härter, gewaltbetonter geworden	☐	☐	☐	☐	☐
Auch Mädchen schlagen immer häufiger zu	☐	☐	☐	☐	☐
Die Anonymität im Internet fördert die Bereitschaft der Jugendlichen böse und gemein zu anderen sein	☐	☐	☐	☐	☐

34. Welche der folgenden Arten von Unterstützung würden Sie bei der Prävention gegen Gewalt, Cybercrime, Cybermobbing, Cyberstalking etc. befürworten?

	Ja, sehr 3	Ja, etwas 2	Nein 1
Mehr Ratgeber online	☐	☐	☐
TV-Angebote für Kinder	☐	☐	☐
TV-Angebot für Erwachsene	☐	☐	☐
Apps für Smartphones	☐	☐	☐
E-Mail-Dienste	☐	☐	☐
Online-Coachings	☐	☐	☐
Fortbildungen an Schulen	☐	☐	☐
und anderen Bildungsträgern			
Anti-Gewalt-Trainings und Mobbingprävention an Schulen	☐	☐	☐
Hilfe- oderBeratungsstelle im schulischen Umfeld oder von anderen öffentlichen Trägern	☐	☐	☐
Hilfe- oder Beratungsstellen im Internet	☐	☐	☐
Mehr Initiativen und Hilfestellungen durch Politik	☐	☐	☐

35. Was sollte sich an der Schule Ihres Kindes bezüglich der Problematik „Gewalt und Cybermobbing" verändern?

Noch einige Fragen zu der zukünftigen Erziehungssituation durch neue Medien:

36. Machen Sie sich schon mal *Sorgen wegen möglicher Probleme*, die durch die neuen Medien, Internet, Handy & Co., in der Erziehung Ihres Kindes auf Sie zukommen könnten?

Ja, das stimmt	Stimmt etwas	Weiß nicht	Stimmt kaum	Nein, das stimmt nicht
☐	☐	☐	☐	☐

37. Befürchten Sie, dass *die familiären Belastungen*durch den Einfluss der neuen Medien Internet, Handy & Co., immer größer werden könnten?

Ja, das stimmt	Stimmt etwas	Weiß nicht	Stimmt kaum	Nein, das stimmt nicht
☐	☐	☐	☐	☐

38. Befürchten Sie schon mal, dass die *vor Ihnen liegenden Aufgaben* als Eltern durch den Einfluss der neuen Medien (Facebook, YouTube, Twitter, Online-Freunde etc.) immer schwieriger zu bewältigen sind?

Ja, das stimmt	Stimmt etwas	Weiß nicht	Stimmt kaum	Nein, das stimmt nicht
❏	❏	❏	❏	❏

39. Welche *Art von Unterstützung würden* Sie sich im Bereich „Medienarbeit und Medienkompetenz" an der Schule Ihres Kindeswünschen?

	Ja, sehr	Ja, etwas	Nein
	3	2	1
Mehr Unterstützung durch die Schulleitung	☐	☐	☐
Gutes Unterrichtsmaterial oder Module, die Lehrer im Schulunterricht einsetzen können	☐	☐	☐
Mehr Lehrerfortbildungen zu den Themen	☐	☐	☐
Medienbeauftragte an Schulen	☐	☐	☐
Mediengruppe an Schule (Schüler und Lehrer)	☐	☐	☐
Informationsmaterial und Infoveranstaltungen für Eltern	☐	☐	☐
Bessere Computerausstattung der Schule	☐	☐	☐
Hilfe- und Beratung oder Coaching von außen (z. B. durch Medienexperten, Computerspezialisten etc.)	☐	☐	☐
Fach „Medienerziehung" an allen Schulen obligatorisch	☐	☐	☐
„Netzwerk" bilden zum Austausch für alle Betroffenen, Beteiligten, Interessierten	☐	☐	☐

Fragen zu Cybermobbing für Grundschüler

1. Welche Webseiten besuchst du am häufigsten?
2. Was machst du auf deinen Lieblingswebseiten?
3. Gehst du auch schon mal zu Hause bei deinen Freunden ins Internet?
4. Hat dich im Internet auch schon jemand angesprochen, den du gar nicht kennst?
   a. Was wollte diese Person von dir?
   b. Was hast du da gemacht?
5. Weißt du was Cybermobbing ist?
6. Was machst du, damit du im Internet sicher bist?
7. Hast du schon eine E-Mail bekommen, die dir unangenehm war oder die dich aufgeregt hat?
   a. Was hast du da gemacht?
8. Ist dir im Internet schon mal etwas Unangenehmes passiert?
   a. Wie hast du dich da gefühlt?
   b. Wie hast du da reagiert?

Diskussionsleitfaden für die Arbeit im Unterricht

Szenario 1

Alter ab 7. Klasse

Teilen Sie Ihre Klasse in Gruppen zu ca. 7 Schülern ein. Jede Gruppe hat die Aufgabe, sich selbständig eine typische Cybermobbingsituation auszudenken und diese dann den anderen vorzustellen.

Jede Gruppe muss dabei Schüler bestimmen, die den/die Cybermobber, das Cyberopfer, die Unterstützer oder Helfer darstellen. Einer aus der Gruppe soll die Situation dabei kommentieren.

Wenn jede Gruppe ihre Cybermobbingsituation den anderen vorgeführt hat, soll darüber diskutiert werden.

Zunächst sollen **die Schüler**, die die jeweiligen Rollen spielen, ihre Situation aus ihrer Sicht beschreiben:
1. Opfersituation: Wie fühlt sich das Opfer?
2. Unterstützer: Was empfinden sie dabei? Warum unterstützen sie den Täter?
3. Helfer: Warum helfen sie? Was empfinden sie für das Opfer?
4. Täter: Warum macht der Täter das? Wie fühlt sich der Täter?

Danach soll im Plenum gemeinsam diskutiert werden:
1. Opfersituation: Warum wird jemand Opfer?
2. Unterstützer: Ist es in Ordnung, den Täter zu unterstützen?
3. Helfer: Was kann einen daran hindern, dem Opfer zu helfen?
4. Täter: Wie kann man verhindern, dass jemand zum Täter von Mobbing und Cybermobbing wird?

Abschluss:
   Fazit für die Klasse ziehen!
   Wie wollen wir weiter vorgehen?

Szenario 2

Alter ab 5./6. Klasse, geeignet für eine Doppelstunde

Machen Sie mit den Schülern zu Beginn der Studie aus, dass es heute um das Thema Cybermobbing gehen wird. Als Einstieg zeigen Sie dann den Film „Netzangriff" (s. YouTube). Die Story beinhaltet den Fall eines Mädchens, das Opfer von Cybermobbing durch ihre Mitschüler wird. Vor allem wird deutlich, welche wichtige Rolle die Freunde, aber auch die Bystander haben.

Nach dem Film sollte eine Diskussionsrunde beginnen, in der die Schüler erst einmal ihr Empfinden schildern sollten.

- Wie sehen sie die Rolle des Opfers?
- Was sollte ihrer Meinung nach mit den Tätern geschehen?
- Was würden sie an der Stelle des Opfers tun?
- Und wie sollte die Umgebung reagieren?

Zum Abschluss sollte man als Hausaufgabe die Frage stellen, was sich die Klasse wünschen würde, wie mit Cybermobbing und Co. umzugehen ist.

- Wie kann man verhindern, dass jemand zum Täter von Mobbing und Cybermobbing wird?
- Welche Rolle sollte die Schule spielen? Welche Rolle kommt den Eltern zu?
- Welche Ideen haben sie, dass Cybermobbing an ihrer Schule keine Chance hat?

Ziel für die nächste Stunde:
Fazit für die Klasse ziehen!
Was wollen wir gemeinsam gegen Cybermobbing tun?

Szenario 3

Daniela, eine 15-jährige Schülerin, und ihre Freundinnen haben sich bei einer Pyjama-Party mit nacktem Oberkörper gegenseitig mit ihren Handys fotografiert.

Plötzlich kommt Daniela in die Schule und wird von den Jungs als „geile Schlampe" begrüßt.

Sie weiß zunächst gar nicht was los ist und ist total schockiert. Dann fragt sie ihre beste Freundin, ob sie sich das erklären kann.

Daraufhin zeigt sie Daniela auf ihrem Handy Fotos, die eine andere Freundin von der Pyjama-Party an alle aus der Klasse per MMS geschickt hat: Darauf zu sehen ist Daniela, oben ohne in aufreizender Pose.

Diskutieren Sie mit ihren Schülern in der Klasse:
- Wie finden die Schüler das, was die angebliche Freundin mit Daniela gemacht hat?
- Geben die Schüler vielleicht Daniela eine Mitschuld: denn sie muss sich ja nicht halbnackt fotografieren lassen!
- Darf man Fotos von anderen Personen, ohne deren Zustimmung einfach veröffentlichen? Um welchen Straftatbestand handelt es sich? Lassen Sie die Schüler im Netz danach suchen!

- Was ist nun zu tun?
- Was soll Daniela machen?
- Wie könnte die beste Freundin reagieren?
- Welche Rolle soll die Klassenlehrerin/der Klassenlehrer spielen?
- Was soll die Schule in einem solchen Fall machen?

Ziel ist, dass die Schüler verstehen, dass hier etwas passiert ist, das nicht in Ordnung ist, und dass es sich auch um eine Straftat handelt.

Weiterführende Literatur

Literaturempfehlungen

Gollwitzer, M., Pfetsch, J., Schneider, V., Schulz, A., Steffke, T., & Ulrich, C. (Hrsg.). (2007). Gewaltprävention bei Kindern und Jugendlichen. Band I: Grundlagen zu Aggression und Gewalt in Kindheit und Jugend. Göttingen: Hogrefe.

Innocence in Danger, Deutsche Sektion e. V. und Bundesverein zur Prävention von sexuellem Missbrauch an Mädchen und Jungen e. V. (Hrsg.). (2007). *Mit einem Klick zum nächsten Kick. Aggression und sexuelle Gewalt im Cyberspace.* Köln: mebes & noack.

Grimm, P., & Badura, H. (Hrsg.) (2011). *Medien - Ethik - Gewalt, Neue Perspektiven.* Stuttgart: Franz Steiner.

Volpers, H. (Hrsg.) (2004). *Funktionsweise des Internets und sein Gefährdungspotenzial für Kinder und Jugendliche. Schriftenreihe der NLM Bd. 17.* Berlin: VISTAS media production.

Bundesarbeitsgemeinschaft der Kinderschutz-Zentren e. V. (Hrsg.) (2010). Sexualisierte Gewalt ans Kindern und Jugendlichen. Ein altes Thema und seine neuen Risiken in der medialen Ära. Köln: Die Kinderschutzzentren e. V.

Grimm, P., Rhein, S., & Müller, M. (Hrsg.) (2010). *Porno im Web 2.0. Die Bedeutung sexualisierte Web-Inhalte in der Lebenswelt von Jugendlichen, Schriftenreihe der NLM Bd. 25.* Berlin: VISTAS media production.

Weiterführende Links

www.bündnis-gegen-cybermobbing.de. Neue Initiative gegen Cybermobbing mit Unterstützung der Enquete-Kommission Internet und digitale Gesellschaft des deutschen Bundestages, vieler regionaler Unternehmen und überregionaler Institutionen z. B. Malteser Hilfsdienst e. V., Klicksafe.

www.klicksafe.de. Die EU-geförderte Online-Plattform bietet viele Informationen und Materialien rund um das Thema Internet und Medienkompetenz.

http://schau-hin.info. Informationsseite für Eltern und Kinder, die die Medienwelt entdecken.

www.watchyourweb.de. IJAB – Fachstelle für Internationale Jugendarbeit der BRD e. V. gibt Schülerinnen und Schülern wichtige Botschaften für den sicheren Umgang mit den Daten im Web.

www.cyberbullying-germany.de. Dr. Catarina Katzer, Aktuelles zu Cybermobbing und Präventionsmanagement.

www.juuuport.de. Hilfe- und Beratungsforum von Jugendlichen für Opfer von Schulmobbing und Cybermobbing.

www.save-me-online.de. Online-Beratungsstelle von Experten für Opfer von Cybermobbing und Grooming.

http://netzcheckers.de. Wie kann ich meine Daten schützen?

www.internet-beschwerdestelle.de. Internet-Beschwerdestelle, ein gemeinsames Projekt der Freiwilligen Selbstkontrolle Multimedia-Dienste-Anbieter (FSM) und eco – Verband der deutschen Internetwirtschaft.

www.fifp.net. Webseite des deutschlandweiten Anti-Mobbing-Wettbewerbes Fit in Fair Play des Malteser Hilfsdienst e. V. mit vielen Beispielen, was Schulen gegen Mobbing tun können.

Netzangriff. (s. YouTube) Film über Cybermobbing.

Speziell Thema Netzsicherheit:

www.webhelm.de.
www.jugenschutznet.de.
www.surfen-ohne-risiko.de.

Index